Eugen E. Hüsler

Tauferer Ahrntal

mit Pfunderer Bergen

50 ausgewählte Berg- und Talwanderungen

ROTHER BERGVERLAG

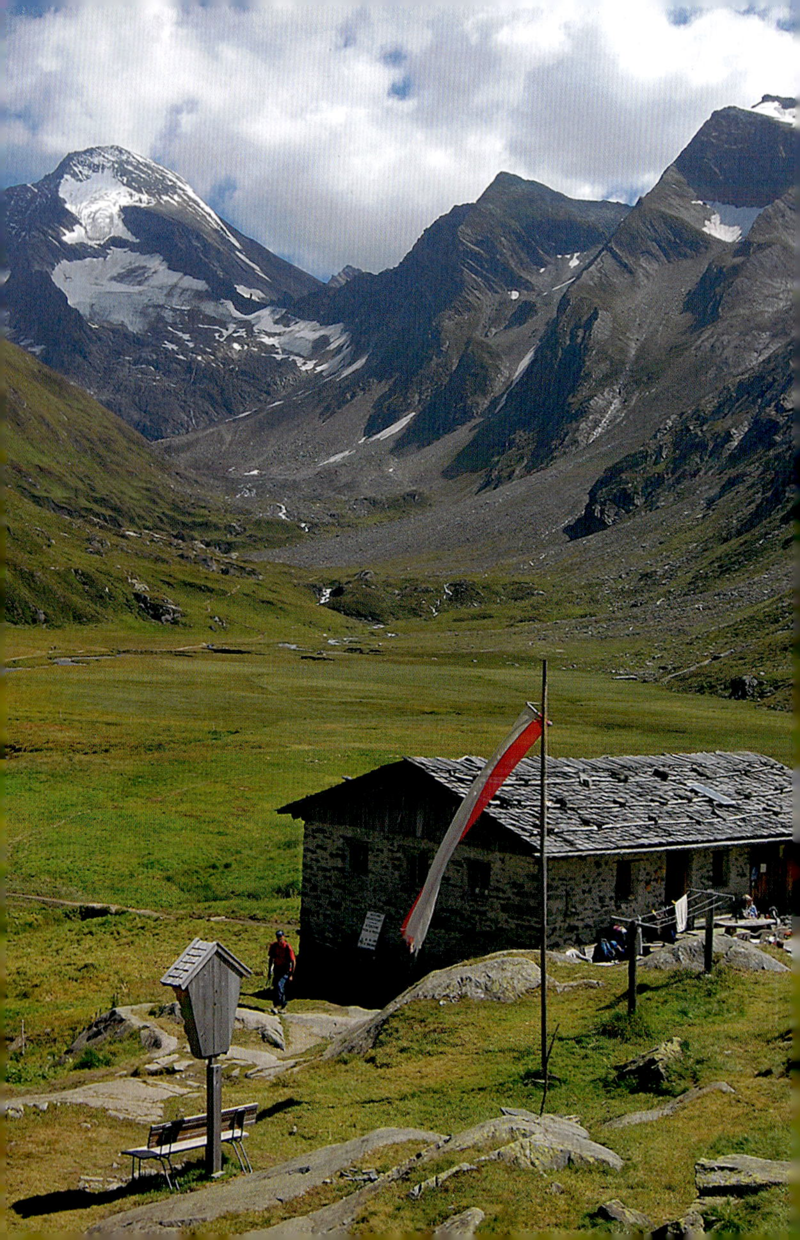

Vorwort

Dass die Zillertaler Alpen zwei Seiten haben, ist den Wanderfreunden hierzulande nicht unbedingt geläufig; die Nordtäler – »Gründe« genannt – und ihre Bergketten, gerade mal zwei Autostunden von München entfernt, sind beliebte Tourenziele, auch fürs Wochenende. Doch wer kennt schon den »Neveser« oder den »Stabeler Höhenweg«, die Erdpyramiden von Platten, die Große Windschar oder die Napfspitze?

Schade! Denn die Südtiroler Seite der Zillertaler braucht sich keineswegs zu verstecken. Über den Tälern liegt, trotz ihres inneralpinen Habitus, bereits ein leiser Hauch des nahen Südens, und von den meisten Gipfeln sind die vielgezackten Dolomiten faszinierender Blickfang. Bruneck, ein schmuckes Städtchen und der Geburtsort des Malers und Bildhauers Michael Pacher, ist das eigentliche Tor zu den Bergen südlich des Zillertaler Hauptkammes, und bereits auf der Fahrt nach Sand in Taufers zeigt sich das elegante Horn des Großen Löfflers. Gleißender Firn und dunkles Gestein herrschen auch im Reintal vor, das den Zugang zur stark vergletscherten Rieserfernergruppe vermittelt, und über dem innersten Ahrntal stehen die höchsten Gipfel der Region: Dreiherrnspitze, 3498 m, und Rötspitze, 3495 m.

Fast ein Tourengebiet für sich bilden die Pfunderer Berge, westlich ans Tauferer Tal anschließend: hohe Grate, tief eingeschnittene Täler, ein paar (gletscherfreie) Dreitausender – und jede Menge von der berühmten »Bergesruh«. Überhaupt gibt's zwischen Pustertal und Zillertaler Hauptkamm viele stille Winkel; Trubel ist eher selten, und mit Mega-Events wie drüben im Zillertal kann man hier nicht aufwarten. Das macht aber gar nichts, den meisten Besuchern ist die Blasmusik am Samstagabend eh lieber als die »Schürzenjäger«, und dazu passt ganz gut, dass es zwischen Bruneck und Prettau entschieden mehr freundliche Gastgeber als Vier-Sterne-Hotels gibt.

Viel Spaß auf den hohen Wegen rund ums Tauferer Ahrntal!

Dietramszell, im Sommer 2023 — Eugen E. Hüsler

Über dem weiten Boden der Rötalm erhebt sich majestätisch die Rötspitze (Tour 34).

Inhaltsverzeichnis

Symbole

	mit Bahn/Bus erreichbar		Ort mit Einkehrmöglichkeit
	Einkehrmöglichkeit		bewirtschaftete Hütte, Gasthaus
	für Kinder geeignet	†	Gipfel
		)(	Pass, Sattel
P	eingerichteter Parkplatz		Kirche, Kapelle, Kloster
	Bushaltestelle		Burg, Schloss, Ruine
	Fahrt mit Seilbahn/Sessellift		Picknickplatz

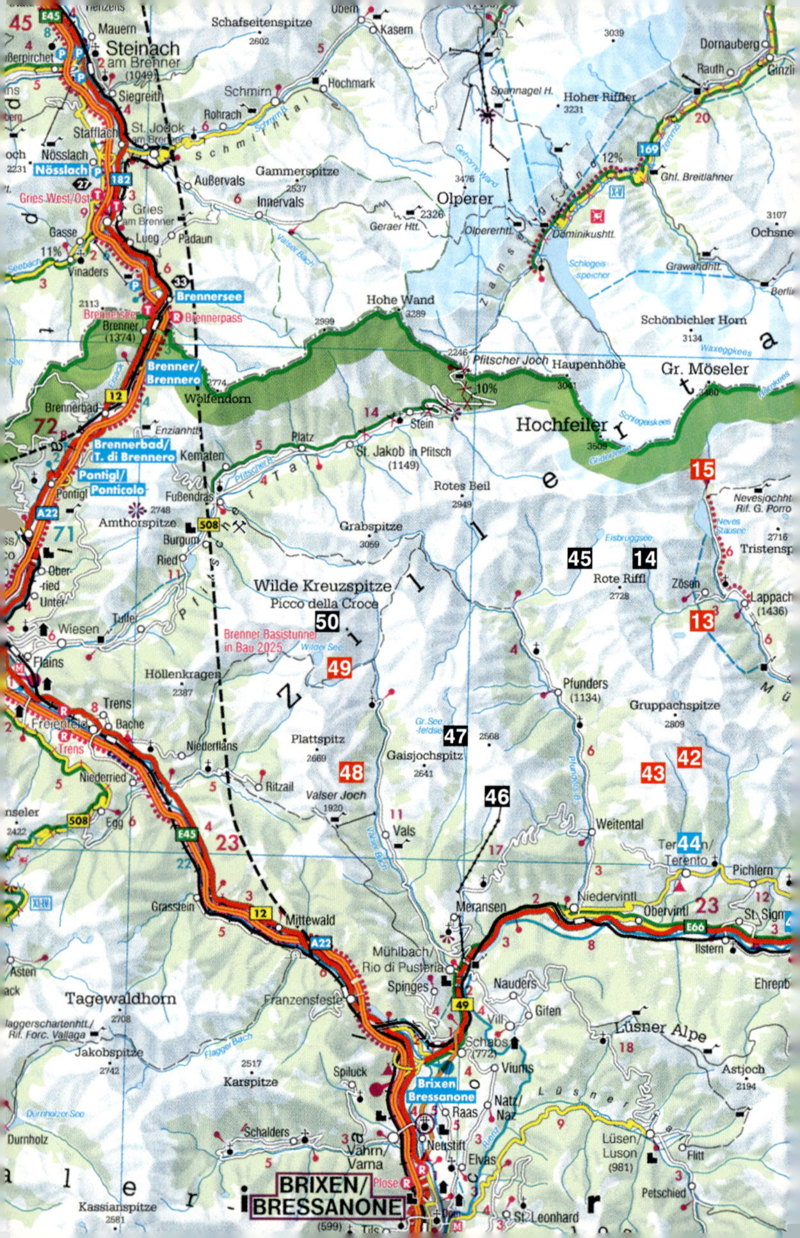
Steinach am Brenner (1049)
Mauern
Schafseitenspitze 2602
Kasern
Dornauberg
Rauth
Siegreith
Schmirn
Hochmark
Spannagel H.
Hoher Riffler 3231
Rohrach
St. Jodok
Stafflach
Nösslach
Gammerspitze 2537
Außervals
Innervals
Gries West/Ost
Gries am Brenner
Olperer
Olpererhtt.
Dominikushtt.
Ghf. Breitlahner
Geraer Htt.
Lueg
Padaun
Gasse
Vinaders
Brennersee
Brennerpass
Brenner (1374)
Hohe Wand 3289
Schlegeisspeicher
Grawandhtt.
Schönbichler Horn 3134
Pfitscher Joch
Haupenhöhe
Gr. Möseler
Brenner/ Brennero
Wolfendorn
Brennerbad
Enzianhtt.
Stein
Hochfeiler 3509
Platz
St. Jakob in Pfitsch (1149)
Brennerbad/ T. di Brennero
Kematen
Pontigl/ Ponticolo
Rotes Beil 2949
Fußendras
Amthorspitze 2748
Burgum
Grabspitze 3059
Ried
Rote Riffl 2728
Zösen
Lappach (1436)
Tristensp.
Nevesjochhtt. Rif. G. Porro
Wilde Kreuzspitze
Picco della Croce
Wiesen
Tulfer
Brenner Basistunnel in Bau 2025
Wilder See
Flains
Höllenkragen 2387
Pfunders (1134)
Gruppachspitze 2809
Trens
Bache
Freienfeld
Plattspitz 2669
Gaisjochspitz 2641
Niederflans
Niederried
Ritzail
Valser Joch 1920
Egg
Vals
Weitental
Terento
Pichlern
Grasstein
Mittewald
Meransen
Niedervintl
Obervintl
Mühlbach/ Rio di Pusteria
Spinges
Nauders
Ilstern
Tagewaldhorn 2708
Franzensfeste
Gifen
Vill
Lüsner Alpe
Schabs (772)
Jakobspitze 2742
Karspitze 2517
Spiluck
Vinms
Brixen Bressanone
Astjoch 2194
Raas
Natz/ Naz
Schalders
Vahrn/ Varna
Neustift
Elvas
Lüsen/ Luson (981)
Flitt
Petschied
Durnholz
Kassianspitze 2581
BRIXEN/ BRESSANONE
St. Leonhard
Plose

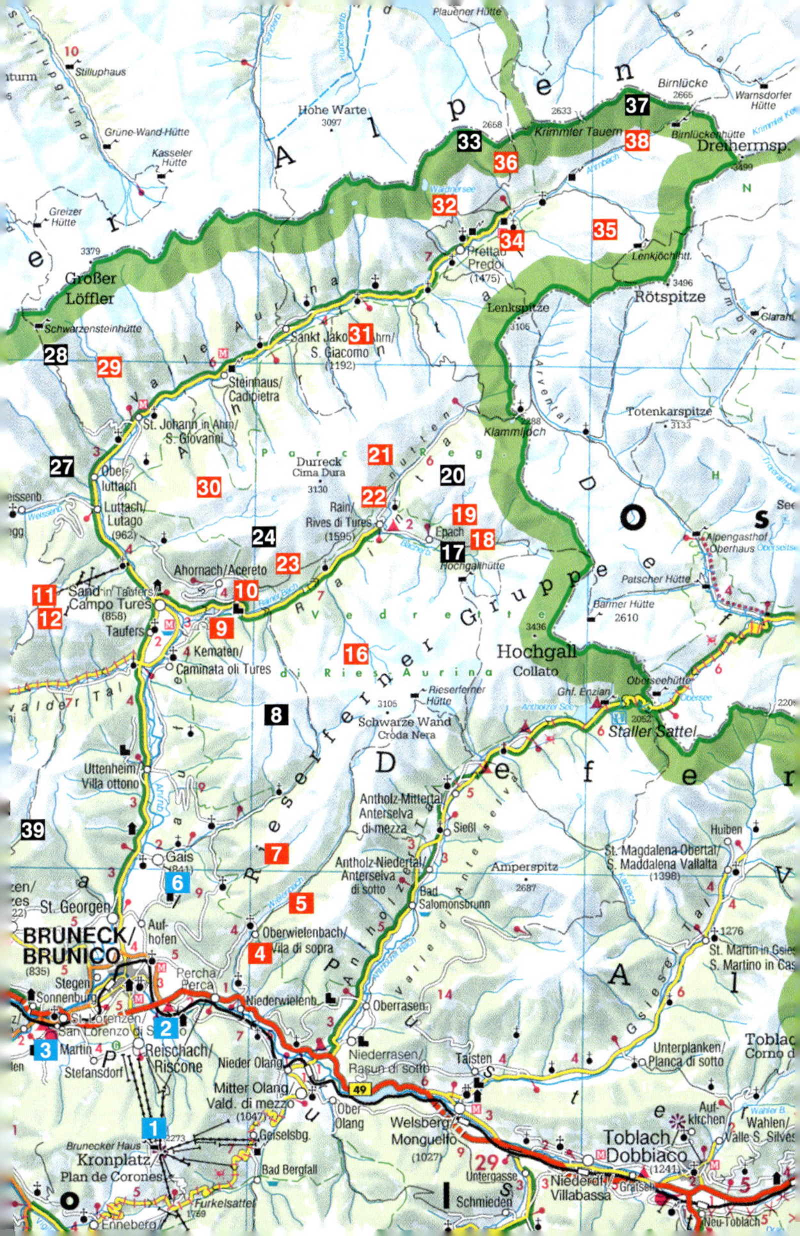

Stilluphaus
Grüne-Wand-Hütte
Kasseler Hütte
Greizer Hütte
Hohe Warte
3097
Plauener Hütte
Birnlücke
2665
Warnsdorfer Hütte
Birnlückenhütte
Dreiherrnsp.
3499
Krimmler Tauern
2633
2658
Großer Löffler
3379
Schwarzensteinhütte
Prettau
Predoi
(1475)
Lenkjöchlhtt.
3496
Rötspitze
Lenkspitze
3105
Sankt Jakob/Ahrn/
S. Giacomo
(1192)
Steinhaus/
Cadipietra
St. Johann in Ahrn/
S. Giovanni
Klammljoch
2288
Totenkarspitze
3133
Ober-
luttach
Luttach/
Lutago
(962)
Durreck
Cima Dura
3130
Rain/
Rives di Tures
(1595)
Epach
Hochgallhütte
Alpengasthof
Oberhaus
Patscher Hütte
Barmer Hütte
2610
Ahornach/Acereto
Sand in Taufers/
Campo Tures
(858)
Taufers
Kematen/
Caminata di Tures
Hochgall
Collato
3436
Rieserferner Hütte
3105
Schwarze Wand
Croda Nera
Obersee
Obersee Hütte
Ghf. Enzian
Staller Sattel
2052
Rieserferner Gruppe
Uttenheim/
Villa ottone
Antholz-Mittertal/
Anterselva
di mezzo
Sießl
Antholz-Niedertal/
Anterselva
di sotto
Bad
Salomonsbrunn
Amperspitz
2687
Huiben
St. Magdalena Obertal/
S. Maddalena Vallalta
(1398)
Gais
(841)
St. Georgen
BRUNECK/
BRUNICO
(835)
Auf-
hofen
Oberwielenbach/
Vila di sopra
Percha
Perca
Niederwielenb.
Oberrasen
St. Martin in Gsies
S. Martino in Casies
1276
Stegen
Sonnenburg
St. Lorenzen/
San Lorenzo di Sebato
Martin
Stefansdorf
Reischach/
Riscone
Nieder Olang
Niederrasen/
Rasun di sotto
Taisten
Unterplanken/
Planca di sotto
Mitter Olang/
Vald. di mezzo
(1047)
Ober
Olang
Welsberg/
Monguelfo
(1027)
Auf-
kirchen
Wahlen/
Valle S. Silves
Toblach/
Dobbiaco
(1241)
Geiselsbg.
Brunecker Haus
2273
Kronplatz/
Plan de Corones
Bad Bergfall
Untergasse
Niederdorf/
Villabassa
Gratsch
Furkelsattel
1789
Schmieden
Enneberg
Neu-Toblach
Rieserferner
Antholzer See
Gsieser Tal
Antholzer Tal
49
1
2
3
4
5
6
7
8
9
10
11
12
14
16
17
18
19
20
21
22
23
24
27
28
29
30
31
32
33
34
35
36
37
38
39

Allgemeine Hinweise

Anforderungen

Fast alles ist subjektiv, dazu zählt auch eine Anforderungsskala. Die Dreiteilung nach Farben – blau, rot, schwarz – soll aber wenigstens Anhaltspunkte über die unterwegs zu erwartenden Schwierigkeiten liefern. Diese Hinweise basieren auf persönlichen Eindrücken, sie sind deshalb nicht unbedingt auf jedermann zu übertragen. Die Bedeutung der Farben im einzelnen:

Leicht Diese Farbe steht für leichte, nicht zu lange Wanderungen auf überwiegend bequemen, gebahnten Wegen. Es treten keine größeren Steigungen und keine ausgesetzten Passagen auf.

Mittel Hier werden bereits ein sicherer Tritt und etwas Ausdauer verlangt. Die Wege – durchgehend markiert – sind gelegentlich schmal, auf kurzen Abschnitten auch einmal gesichert, dabei aber noch leicht. Die zu bewältigenden Steigungen können schon etwas länger ausfallen.

Schwierig Dieser Rubrik gehören anspruchsvolle Touren an, die eine gute Kondition, Trittsicherheit, Bergerfahrung und Schwindelfreiheit voraussetzen. Längere gesicherte Passagen, weglose Abschnitte oder Felsgelände im Schwierigkeitsgrad bis maximal I – II sind auf diesen Touren zu meistern.

Die Lobiser Schupfen im Reintal.

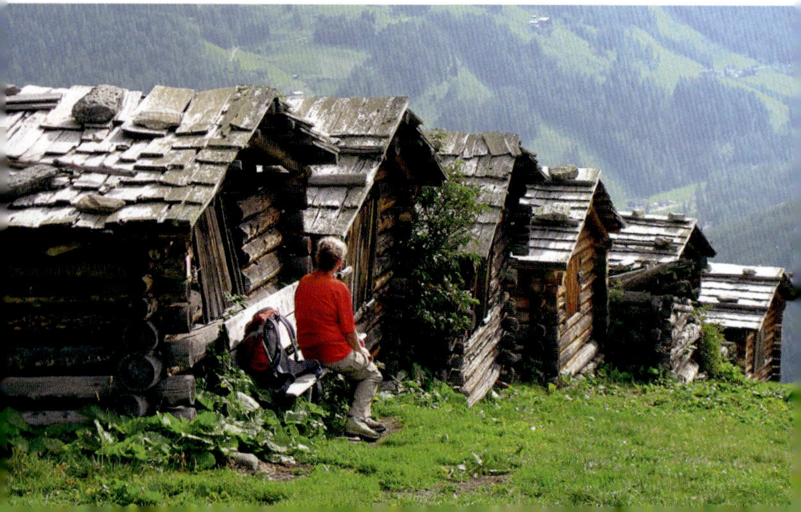

GPS-Tracks und Koordinaten der Ausgangspunkte

Auf **gps.rother.de** stehen zu diesem Wanderführer GPS-Tracks und die Koordinaten der Ausgangspunkte zum kostenlosen Download bereit. Dieser QR-Code führt direkt zum Download.
7. Auflage, Passwort: **418607hku**
Die GPS-Tracks können in die **Rother App** importiert werden. In der App kann man unterwegs stets sehen, wo man gerade ist und wo es langgeht. **Anleitungen dazu: rother.de/gps**
Trotz sorgfältiger Prüfung können wir Fehler und zwischenzeitliche Veränderungen nicht ausschließen. Verlassen Sie sich für die Orientierung niemals einzig und allein auf die GPS-Daten, sondern beurteilen Sie die Verhältnisse vor Ort.

Gefahren

Bergwandern ist nicht ganz ungefährlich, das beweisen die Unfallstatistiken. Gerade scheinbar harmlose Passagen erweisen sich oft als tückisch, weil sie unterschätzt werden oder Müdigkeit im Spiel ist. Vorsicht ist angeraten auf abschüssigen Schneefeldern, wie sie im Frühsommer oft auftreten, und auf steilen Grashängen, wie sie etwa in den Pfunderer Bergen anzutreffen sind. Im Hochsommer ist vor allem auf Gewitter zu achten, wie überhaupt das Wetter im Gebirge eine vielfach sträflich unterschätzte Gefahrenquelle bildet. Ein Wettersturz vollzieht sich in alpinen Regionen oft innerhalb weniger Stunden. Aus einer leichten Alm- oder Höhenwanderung kann dann sehr rasch ein riskantes Unternehmen werden.

Beste Jahreszeit

Das Tauferer Ahrntal ist ein Wanderrevier für den Sommer und (goldenen) Herbst. Talwanderungen sind natürlich bereits im Frühling möglich, wenn die hohen Gipfel noch eine dicke Schneekappe aufhaben. Besonders schön wandert es sich im Herbst: Das Wetter ist (meist) beständig, die Sicht besser als in der heißen Zeit. Was für herrliche Wanderungen im Oktober kann man hier erleben, unter einem tiefblauen Himmel, mit weiß überzuckerten Dreitausendern im Panorama und bei viel Ruhe auf den Wegen!

Ausrüstung

Das Tauferer Ahrntal ist eine ausgeprägt alpine Region mit zahlreichen Dreitausendern. Mehr als zwei Drittel der hier vorgestellten Wanderungen führen über die Baumwuchsgrenze hinaus, manche auch in hochalpines Gelände. Wichtig ist deshalb eine angemessene Ausrüstung, die auch der Möglichkeit eines sommerlichen Wettersturzes Rechnung trägt. Dazu gehören feste Schuhe, warme

Sachen, Regenschutz, Wäsche zum Wechseln. Wanderstöcke schonen die Gelenke, vor allem beim Bergabgehen. Im Frühsommer sind sie auch beim Queren von Altschneefeldern nützlich.

Gehzeiten

Die Zeitangaben enthalten die reine Gehzeit, d. h. ohne Rasten oder Fotopausen. Es werden Aufstiegs-, Abstiegs- und Gesamtgehzeit vermerkt. Bei längeren Touren sind Zeiten für einzelne Etappen zugefügt.

Einkehr und Unterkunft

Hütten und Jausenstationen prägen Südtiroler Wanderregionen. Geöffnet sind die meisten im Juli und August, davor und danach kommt es auf Wetter und Erreichbarkeit an. Bei Wanderstützpunkten ist die Öffnungszeit angegeben. Gasthöfe und Talwirtschaften schließen normalerweise nur in einigen Novemberwochen. Natürlich gibt es viele Wege, auf denen man sich unterwegs selbst versorgen muss. Da hat jeder sein eigenes Rezept. Wasser gibt es in den Gneis- und Schieferbergen der Region fast immer genug.

Anfahrt

In der Region Pustertal (mit Tauferer und Ahrntal) gibt es gute Busverbindungen. Die meisten Touren-Ausgangspunkte sind mit den SAD-Bussen erreichbar; Fahrplan jeweils an den Stationen.

Notruf

Einheitliche Notrufnummer Tel. 112 (Feuerwehr, Bergrettung, Polizei).

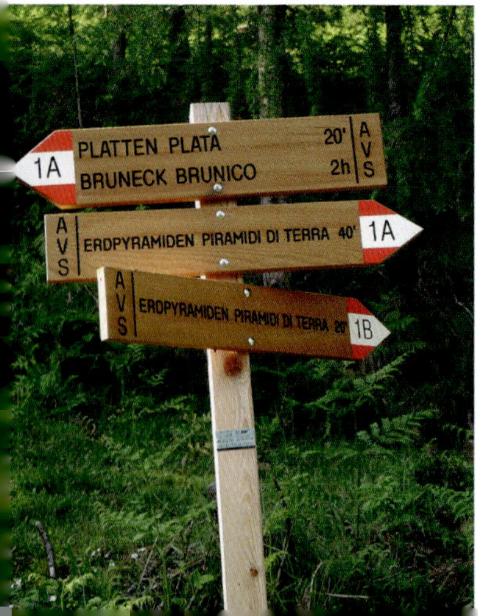

Orientierung

Das Wegenetz im Tauferer Ahrntal ist verhältnismäßig dicht und überall bestens markiert: rot-weiß-rot mit Wegnummern. Im Tourenkopf ist bei allen Routenbeschreibungen unter dem Stichwort »Anforderungen« auf die Nummer der Markierung hingewiesen.

Karten

Die auf die Touren abgestimmten Karten mit den Routeneinträgen (im Maßstab 1:50.000) sind ein wesent-

So mag man's gerne: Informationen am Weg, unmissverständlich.

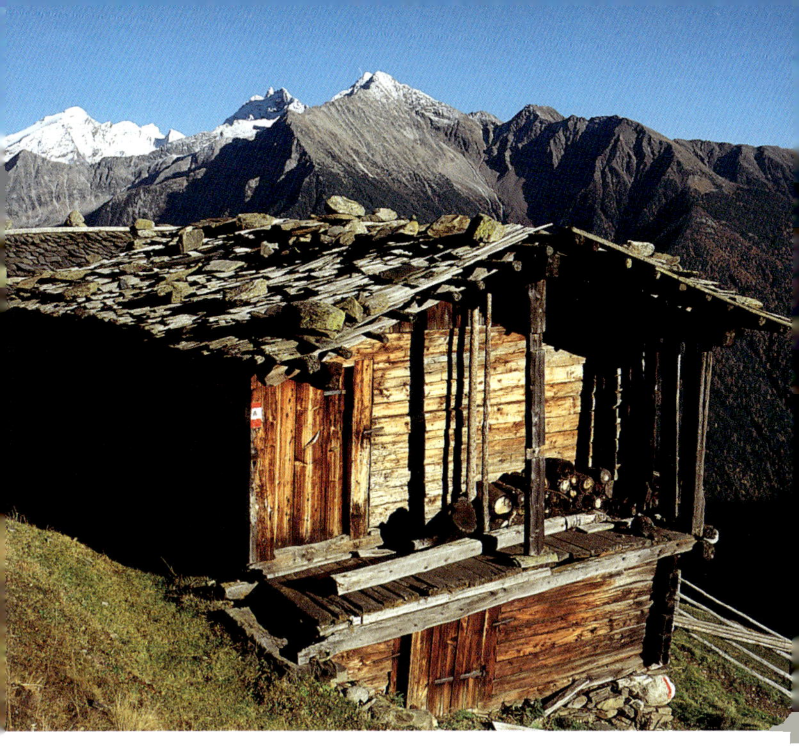

Almhütte über dem Mühlwalder Tal.

licher Bestandteil des Führers. Als zusätzliche Karte sei das Freytag& Berndt-Blatt WKS 3 »Pustertal – Bruneck – Drei Zinnen« (1:50.000) empfohlen. Wer es noch detaillierter haben möchte, greife zu den Alpenvereinskarten Nr. 35/1, 35/2 und 35/3 (Zillertaler Alpen) oder den Tabacco-Blättern 035 (Ahrntal), 036 (Sand in Taufers) und 037 (Hochfeiler/Pfunderer Berge), alle 1:25.000.

Kinder

Man sollte Kinder weder unter- noch überschätzen. In der Regel erweisen sie sich aber als entschieden leistungsfähiger, als ängstliche Eltern annehmen. Man muss sie allerdings begeistern können, ihre Fantasie ins Spiel bringen: Schluchten, Wasser, Burgen, Felsen sind natürlich viel spannender als eine Almwanderung. Eines nämlich ist Gift für jede Familienwanderung: Langeweile.

Wandern im Tauferer Ahrntal

Berge im Süden

Das in diesem Führer vorgestellte Wanderrevier liegt zwischen dem Alpenhauptkamm und dem Pustertal. Nördlich wird es von den Dreitausendern der Zillertaler Alpen begrenzt. Westlichstes Gipfelziel bildet die Wilde Kreuzspitze, 3132 m, in den Pfunderer Bergen, im Osten grenzt das Gebiet an die Venedigergruppe und mit der Rieserfernergruppe an die Osttiroler Grenze. Den tiefsten Punkt markiert die Rienz bei Mühlbach, 695 m, die höchsten Erhebungen stellen Dreiherrnspitze (3498 m), Rötspitze (3495 m), Großer Möseler (3479 m) und Hochgall (3436 m) dar.

Inneralpin – hochalpin

Wer über den Brennerpass fährt, der hat in der Regel Landstriche wie das Überetsch, Meran oder gar den Gardasee vor Augen – den »Süden« halt. Doch der beginnt nicht oben bei Sterzing, sondern erst drunten in der Brixener Gegend, wo die ersten Weinpergeln und schattige Kastanienhaine stehen. Da blüht im Januar der gelbe Winterjasmin, während in den Dolomiten fleißig gewedelt wird und im Pustertal der Schnee unter den Langlaufskiern knirscht. Das Tal der Rienz ist in seinem Wesen noch ganz inneralpin, und die Täler unter dem Zillertaler Hauptkamm gleichen jenen im Norden weit

So bauten die Alten: Hof im Mühlwalder Tal.

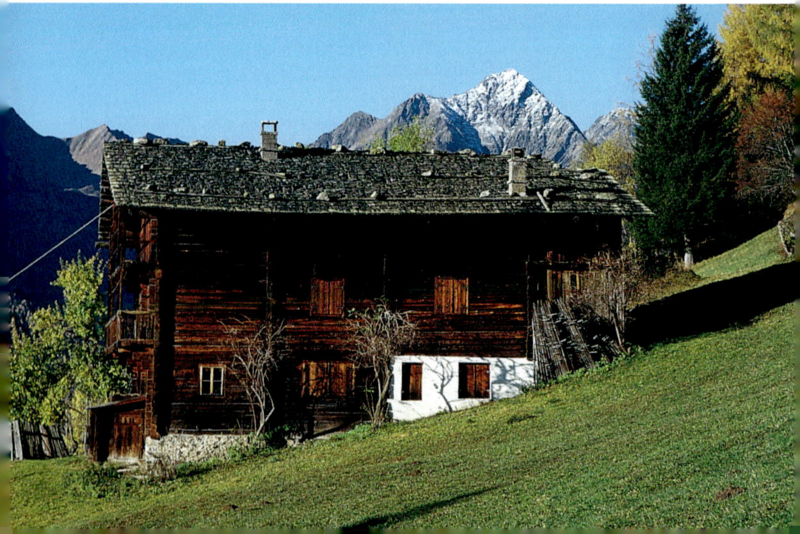

mehr als dem »Süden« Südtirols. Gerade darin liegt ein besonderer Reiz dieser Landschaft. Sie ist den vergletscherten Dreitausendern ganz nahe und bietet gleichzeitig immer wieder Aussicht auf das bizarre Profil der Dolomiten-Gipfel. Das Pustertal ist eine Grenzlinie, und für den Geologen beginnt der Süden ohnehin erst mit den Sedimenten der »Bleichen Berge«. Die Gebirgsketten nördlich dieser großen Alpen-Längsfurche gehören noch zu den Zentralalpen. Sie bestehen aus Schiefern (z. B. Pfunderer Berge, Durreckgruppe) oder Gneisen (Zillertaler Hauptkamm). Die Rieserfernergruppe wird im Wesentlichen aus Tonalit (dunkler Granit) aufgebaut. Sie weist die stärkste Vergletscherung der Region auf, doch ist hier, wie drüben an der Südabdachung des Zillertaler Hauptkamms, in jüngster Zeit ein dramatischer Rückgang des Eises zu beobachten. Die Farbe »schottergrau« löst immer mehr das Firnweiß von ehedem ab. Gletscher haben einst die großen Täler ausgehobelt (wie eine Rinne, daher »Rein«tal) und mächtige Geröllwälle zurückgelassen. Das Wasser wiederum beförderte den Moränenschutt talauswärts. Durch die damit verbundene Erosion entstanden an den Talflanken schöne Vorkommen von Erdpyramiden (bei Platten und Terenten).

Naturpark Rieserferner-Ahrn

Seit 1988 liegen große Teile des Ahrn-, Rein- und Antholzer Tals innerhalb des Naturparks Rieserferner-Ahrn (315 km^2). Das Schutzgebiet reicht von der Dreiherrnspitze im innersten Ahrntal bis zu den Höhen der Mittelgebirge bei Bruneck (Platten). Es erstreckt sich vertikal über eine Höhe von 2500 m. Daraus resultiert eine artenreiche Vegetation und Tierwelt. In den ausgedehnten Wäldern ist das Reh- und Rotwild heimisch, in den Hochkaren ertönt der Warnpfiff des Murmeltiers, dort lassen sich die putzigen Tiere beobachten. Aus dem Nordtiroler Floitengrund sind Steinböcke in die Prettauer Gegend eingewandert. Und sogar die Eisregion ist keineswegs ohne Leben: Auf dem Firn tummeln sich in großer Zahl die Gletscherflöhe (die gibt es wirklich!).

Ein Land im Wandel

Mit Bergen verbindet man gerne Begriffe wie »ewig« oder »unabänderlich«. Da ist gleich von »Äonen« und von Jahrmillionen die Rede. Und die »Bergler« gelten gemeinhin als konservativ, dem Neuen gegenüber als wenig aufgeschlossen. Dabei wird leicht übersehen, was für einschneidende Veränderungen gerade die alpinen Regionen immer wieder erlebten. Wo vor ein paar Generationen gerade einige Hundert Menschen mit dem lieben Vieh ein karges Auskommen fanden, blüht heute der Tourismus, surren Seilbahnen, tafelt man vornehm in Vier-Sterne-Hotels – wie beispielsweise im Ahrntal. Manches ist eindeutig zu groß, zu protzig geraten. St. Jakob im Ahrntal steht für beides, den baulichen Sündenfall schlechthin (das »Weiße Haus«) und gelungene moderne Architektur (das verglaste Bauernhaus und die neue Mehrzweckhalle).

Im Talboden zwischen Luttach, Steinhaus und Prettau belegen die vielen Neubauten augenscheinlich den Aufschwung der letzten Jahrzehnte. Von der »guten alten Zeit«, als die Bauern ihr Vieh noch über die hohen Pässe auf ihre Sommerweiden im Zillertal trieben (heute reist es im Laster außen herum), von diesen Tagen künden vor allem noch die stattlichen Paarhöfe hoch am sonnseitigen Hang.
Den Übergängen in die Nordtiroler Nachbarschaft kam früher eine weit größere Bedeutung zu. Der Krimmler Tauern etwa verzeichnete regen Säumerverkehr. Aus dem Norden kamen nicht nur viele Siedler, sondern später auch Bergknappen, die im Prettauer Kupferbergwerk Beschäftigung fanden. Nach dem Niedergang des Bergbaus gründete man in Prettau 1893 eine Schule für das Spitzenklöppeln – als Arbeitsbeschaffungsmaßnahme. Das Klöppeln wird heute noch betrieben.
Daneben ist das Ahrntal für seine Holzschnitzkunst (u. a. Maskenschnitzerei) bekannt. In St. Johann besteht eine Fachhochschule, die laufend Nachwuchs ausbildet. Geschnitzt wird längst nicht mehr nur nach traditionellen Vorlagen. Den modernen Zweig machen etwa die Kreuzigungsgruppe von Jakob Oberhollenzer (moderne Pfarrkirche von Steinhaus, 1998) oder die Arbeiten von Friedrich Sebastian Feichter anschaulich.

Wandern im Vorfeld der Gletscher: am »Neveser Höhenweg« (Tour 15).

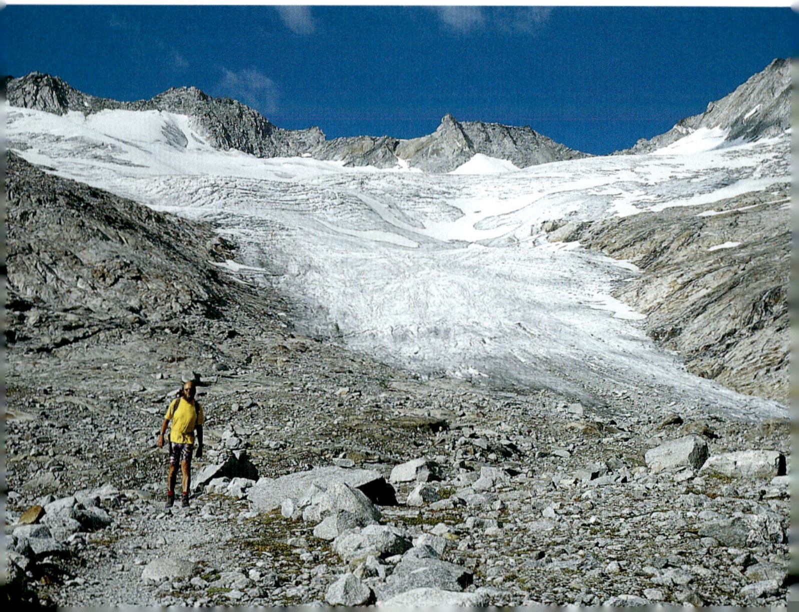

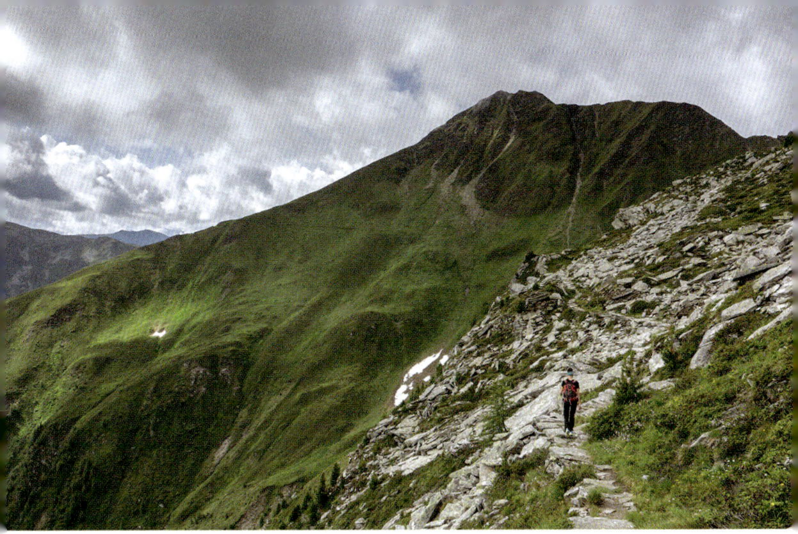

Ein schöner Höhenweg: der »Kellerbauer«.

Höhenwege

Die Berge südlich des Zillertaler Hauptkamms warten mit zahlreichen schönen Höhenwegen auf. Der längste und anspruchsvollste ist der »Pfunderer«, andere wie etwa der »Kellerbauer« und der »Stabeler« lassen sich gut miteinander verbinden.

- **Neveser Höhenweg** über dem Lappacher Tal, 8 Std., siehe Tour 15.
- **Arthur-Hartdegen-Weg** im Reintal, 5.45 bzw. 5.30 Std., siehe Touren 18 und 19.
- **Reiner Höhenweg** im Knuttental, 4.15 Std., siehe Tour 22.
- **Vegetationsweg** im Reintal, 4.15 Std., siehe Tour 23.
- **Kellerbauerweg** zwischen Weißenbach- und Mühlwalder Tal, 8 Std., siehe Tour 25.
- **Durreck-Höhenweg** am Durreckkamm, 7.15 Std., siehe Tour 30.
- **Lausitzer Höhenweg** am Zillertaler Hauptkamm, 8.30 Std., siehe Tour 37.
- **Pfunderer Höhenweg**, sechstägige Durchquerung der Pfunderer Berge, Gesamtgehzeit 35 Std., Übernachtung in Hütten und in einem Biwak. Verlauf: Wiesen (965 m) – Sengesspitze (2368 m) – Simile Mahdalm (2011 m, 1. Tag) – Rauhtaljoch (2808 m) – Brixner Hütte (2270 m, 2. Tag) – Steinkarlscharte (2608 m) – Brenninger-Biwak (2157 m, 3. Tag) – Gaisscharte (2740 m) – Edelrauthütte (2545 m, 4. Tag) – Hochsägescharte (2642 m) – Tiefrastenhütte (2312 m, 5. Tag) – Sambock (2396 m) – St. Georgen (821 m, 6. Tag), siehe Touren 39, 40, 42, 43, 45, 49 und 50.

Kultur und Kulinarisches

Wenn es einmal regnen sollte oder die Tour vom Vortag noch in den Knochen steckt, braucht man sich nicht gleich in seinen vier Wänden zu verkriechen. In der Brunecker Gegend und im Tauferer Ahrntal gibt's für kulturell Interessierte viel zu entdecken: malerische Dörfer, Burgen und Schlösser, Museen. Oder vielleicht gönnt man sich ein besonders gutes Essen.

- **Bruneck** hat seine Altstadtgasse, die außer mit historischer Bausubstanz auch mit einladenden Geschäften aufwartet (als Beweis, dass Trends bei Mode, Design und Sport nur selten diesseits der Alpen gesetzt werden). Im Jahr 1251 vom Brixner Bischof gegründet, wird das Städtchen optisch noch heute vom Schloss beherrscht.
- **Messner Mountain Museum Ripa:** Im Schloss Bruneck, einstmals der Sommersitz der Brixner Fürstbischöfe, stellt Reinhold Messner die Bergvölker Asiens, Südamerikas, Afrikas und Europas vor. Die Ausstellung zeigt ihre Geschichte und Kultur, aber auch die Auswirkungen des modernen Tourismus. Geöffnet vom zweiten Sonntag im Mai bis zum 1. Sonntag im November von 10–18 Uhr, 7. bis 23., 26. Dezember bis 25. April 12–18 Uhr (Dienstag geschlossen), messner-mountain-museum.it/ripa/museum.
- **Messner Mountain Museum Corones:** messner-mountain-museum.it/corones/museum; siehe Tour 1.
- **Dietenheim**, Landesmuseum für Volkskunde (2 km von Bruneck): Das Freilichtmuseum vermittelt ein umfassendes Bild vom bäuerlich geprägten Leben vergangener Tage. Auf dem Gelände des Ansitzes Mair am Hof

Die Top-Touren im Tauferer Ahrntal

Große Windschar, 3041 m

Ein stolzer Dreitausender mit langem Zustieg, etwas Kletterfeeling und einer tollen Aussicht (Tour 8; 7 Std.).

Neveser Höhenweg

Wandern vor dem Zillertaler Hauptkamm, hoch über dem Neveser Stausee (Tour 15; 8 Std.).

Dreieckspitze, 3031 m

Große Gipfeltour im Norden der Rieserfernergruppe mit viel Gletscherweiß im Panorama (Tour 20; 7.30 Std.).

Stabeler Höhenweg

Zwei einsame Täler, eine hohe Scharte, bezaubernde Wasserläufe und überraschende Fernblicke (Tour 26; 7.15 Std.).

Rauhkofel, 3251 m

Der höchste Gipfel in diesem Führer! Eine Tour für Leute, die Konditionsprobleme nur vom Hörensagen kennen (Tour 33; 9 Std.).

Lausitzer Höhenweg

Ein hundert Jahre alter Klassiker im innersten Ahrntal (Tour 37; 8.30 Std.).

Pfunderer Höhenweg

Hinein ins stille und weitgehend unberührte Herz der Pfunderer Berge, auf leicht abenteuerlichen Pfaden (Tour 45; 8.15 Std.).

Wilde Kreuzspitze, 3132 m

Der höchste Gipfel der Pfunderer Berge, ein Klasseziel (Tour 50; 7 Std.).

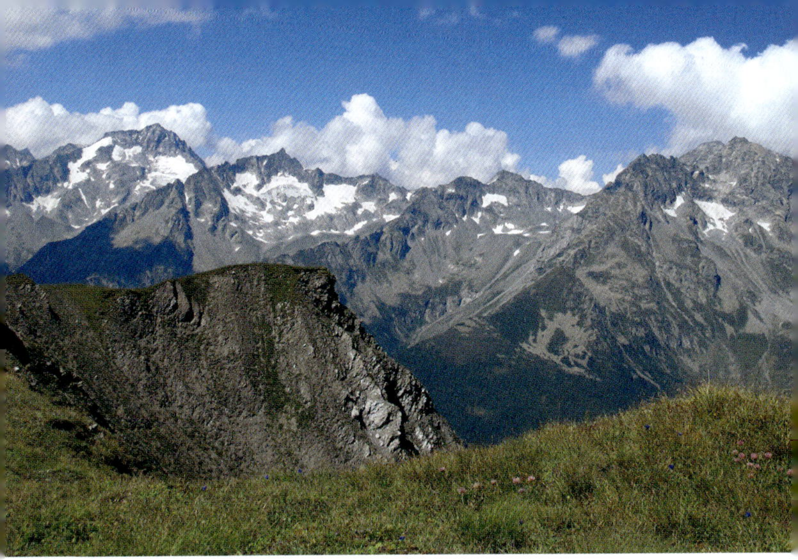

Großer Löffler und Keilbachspitze im Zillertaler Hauptkamm.

stehen alte Gebäude aus Südtiroler Regionen, es werden Sammlungen zur Volkstradition gezeigt und alte Handwerke demonstriert. Da haben Kinder garantiert ihren Spaß, und hinterher gibt's eine Jause in der Museumsstube. Geöffnet von 15. April bis Ende Oktober Dienstag bis Sonntag 10–17 Uhr, volkskundemuseum.it.

- **Gais** (Tauferer Tal, 5 km von Bruneck) besitzt eine sehenswerte romanische Pfarrkiche aus dem 12. Jahrhundert, die später wiederholt umgestaltet wurde. Über dem Ort thront Schloss Neuhaus, im Kern aus dem Spätmittelalter stammend, aber um 1900 vollständig erneuert (Burgschenke).
- **Niederdorf, Tourismusmuseum:** In die »gute alte Zeit« zurückversetzt fühlt man sich bei einem Besuch des Fremdenverkehrsmuseums im Haus Wassermann. Geöffnet Juli/August von Montag bis Samstag 16–18 Uhr, September/Oktober von Dienstag bis Freitag 16–18 Uhr, dreizinnen.info/de/niederdorf.
- **Prettau**, Südtiroler Bergbaumuseum: Anschaulich über den ehemaligen Kupferbergbau im inneren Ahrntal informiert das Museum bei Prettau. Die Grubenbahn bringt Interessierte ins Berginnere. Geöffnet von 6. April bis 5. November Dienstag bis Sonntag 10–18 Uhr (letzte Einfahrt 16 Uhr), bergbaumuseum.it.
- **Sand in Taufers:** Wahrzeichen des Ortes (und der gesamten Region) ist Schloss Taufers, das sich auf einem Felsriegel über Sand erhebt – eine

richtige Bilderbuch-Burg. Erbaut wurde sie im 13. Jahrhundert. Führungen, burgeninstitut.com/taufers_besucherinfo.htm.

- **Sankt Lorenzen**, Nachbarort von Bruneck (3 km), besitzt eine sehenswerte doppeltürmige Pfarrkirche. Ihr kostbarster Schatz ist die sogenannte »Traubenmadonna«, der Rest eines Flügelaltars, den Michael Pacher um 1460 schuf. An der Straße Richtung Bruneck liegen die 1938/39 freigelegten Fundamente des Römerlagers Sebatum. Im alten Rathaus von St. Lorenzen befindet sich das neue Museum Mansio Sebatum; es präsentiert eine Vielzahl von vorgeschichtlichen und römischen Funden aus der Region. Montag bis Freitag 9–12, 15–18 Uhr, Samstag 9–12 Uhr geöffnet, Juli/August Samstag auch 15–18 Uhr, sebatum.it.
- **Sonnenburger Hügel:** Es handelt sich dabei um einen geschichtsträchtigen Platz über dem Zusammenfluss von Rienz und Gader. Nachgewiesen sind gleich mehrere prähistorische Siedlungen. Im Mittelalter befand sich auf dem felsigen Hügel ein Stift der Benediktinerinnen. Neben Mauerresten und einer romanischen Krypta blieb der Wohntrakt der Äbtissin erhalten.
- **Stegen**, Nachbarort von Bruneck, ist vor allem bekannt für seinen großen Markt, den man früher wegen der vielen Schausteller und Akrobaten als »kleines Oktoberfest« bezeichnete (26. bis 28. Oktober).
- **Südtiroler Bergbaumuseum** im Kornkasten Steinhaus: eine reichhaltige Sammlung zum Bergbau im Ahrntal, geöffnet von 6. April bis 5. November Dienstag bis Sonntag 10.30–18 Uhr, bergbaumuseum.it.
- **Terner Mühlen:** Mehrere alte Mühlen stehen oberhalb von Terenten im Tälchen des Terner Baches. Lehrpfad.

Ein paar Tipps fürs leibliche Wohl

- **Gasthof Huber**, Mühlbach, 1462 m: alte Bauernstube, hausgemachter Speck, Südtiroler Kost, geöffnet täglich, Tel. +39/0474/504120, gasthof-huber.com.
- **Oberraut**, Amaten, 1232 m: Terrasse, Blick auf Bruneck. Hochhalten der kulinarischen Tradition Südtirols (Schlutzkrapfen, Pustertaler Tirtlen, Bauerngröstl, Brennnesselnockerl), feine Desserts, gute Weine, geschlossen Donnerstag, Tel. +39/0474/559977, oberraut.it.
- **Stallila**, 1472 m, am Rohrberg, über St. Johann: »A bissl an ondos Goschthaus«, gemütliche Bauernstuben, große Terrasse, Südtiroler Küche, Mai bis Oktober geöffnet; Tel. +39/0474/670141, stallila.it.
- **Sichelburg** in Pfalzen: feine Küche, zwischen traditionell und modern variiert, in stilvollem Ambiente genießen, Mittwoch und Donnerstag Ruhetag, Tel. +39/0474/ 055603, sichelburg.it.
- **Tanzer** in Issing, 986 m, bei Pfalzen: Gepflegtes Boutique-Hotel der Familie Baumgartener, nun in der zweiten Generation, mit angenehmer Atmosphäre. Regionale Küche, die einfach hervorragend schmeckt. Tel. +39/0474/565366, tanzer.it.

Der Umwelt zuliebe ...

Auch beim Wandern hinterlassen wir einen ökologischen Fußabdruck, aber im Einklang mit der Natur unterwegs zu sein, ist gar nicht so schwer!

VORBEREITUNG UND ANFAHRT

- Sich vorab informieren, worauf in Bezug auf Natur und Umwelt in der jeweiligen Wanderregion besonders zu achten ist.
- Soweit möglich mit Bahn und Bus anreisen, Wander- und Rufbusse nutzen.
- Ist eine Anfahrt mit dem Auto nötig, Fahrgemeinschaften bilden.
- Bei weiten Anfahrten Mehrtagestouren planen oder von einem Quartier vor Ort aus mehrere Touren absolvieren.
- Flugreisen möglichst reduzieren und durch Beiträge zu Klimaschutzprojekten kompensieren.

KLEIDUNG UND AUSRÜSTUNG

- Beim Kauf von Outdoor-Kleidung auf umweltfreundliche und faire Herstellung achten und Kleidungsstücke möglichst viele Jahre nutzen.
- Ausrüstung kann man eventuell auch gebraucht kaufen oder ausleihen.
- Reparieren statt neu kaufen.

VERPFLEGUNG

- Beim Einkauf Bio-Ware, regionale und saisonale Erzeugnisse bevorzugen.
- Hütten und Gasthäuser auswählen, die regionale Produkte verwenden.
- Auf Einwegflaschen und Plastikverpackungen verzichten, stattdessen wiederverwendbare Trinkflaschen und Brotzeitboxen benutzen.

ÜBERNACHTUNG

- Bei lokalen Anbietern buchen, damit Menschen vor Ort profitieren.
- Auf Hütten und in anderen Unterkünften Strom und Wasser sparen.

UNTERWEGS

- Wege benutzen und Abkürzer vermeiden.
- Sperrungen von Wegen und Schutzgebieten respektieren.
- Keine Blumen pflücken und keine Pflanzen entnehmen.
- Waldbrandgefahr beachten.
- Müll wieder mit nach Hause nehmen und dort entsorgen.
- Toilettengänge in freier Natur möglichst vermeiden.
- Lärm vermeiden.
- Hunde an die Leine nehmen.

ROTHER
BERGVERLAG

Informationen und Adressen

Anreise

Wer aus dem Norden anreist, kommt in aller Regel über den Brenner – nicht immer das reine Vergnügen. Ganz ohne Stau geht das natürlich mit der Bahn: Innsbruck – Franzensfeste – Bruneck. Eine alternative Anreisestrecke führt durch den Felbertauern-Tunnel nach Osttirol und weiter über den Staller-Sattel ins Antholzer Tal bzw. nach Bruneck.

Auskunft

Informationen (aus Deutschland 0039 mit voller Ortsvorwahl) gibt es bei:

- Südtirol Tourismus Information, Pfarrplatz 11, I-39100 Bozen, Tel. +39/ 0471/999999, info@suedtirol.info, suedtirol.info.

Ebenso geben die örtlichen Tourismusvereine Auskunft:

- Tourismusverband Ahrntal, Ahrnerstraße 95, I-39030 Steinhaus, Tel. +39/ 0474/652081, info@ahrntal.it, tauferer.ahrntal.com
- Bruneck Kronplatz Tourismus, Rathausplatz 7, I-39031 Bruneck, Tel. +39/ 0474/555722, bruneck.com, kronplatz.com.
- Tourismusverein Gais/Uttenheim, Ulrich-von-Taufers-Str. 5, I-39030 Gais, Tel. +39/0474/539420, info@bruneck.com, bruneck.com.
- Ski- & Almenregion Gitschberg-Jochtal, Jochtalstraße 1, I-39037 Mühlbach; Tel. +39/0472/886048, info@gitschberg-jochtal.com, gitschberg-jochtal.com.

Die Riesenferngruppe, links der Hochgall.

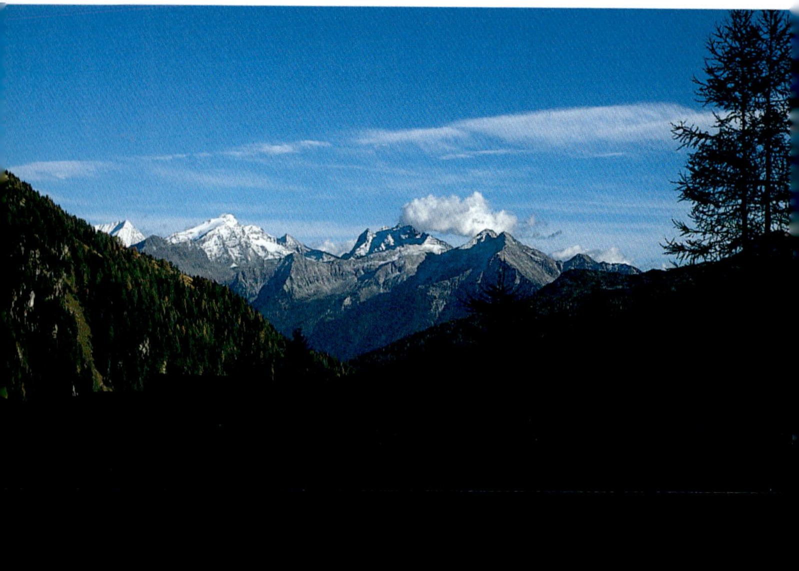

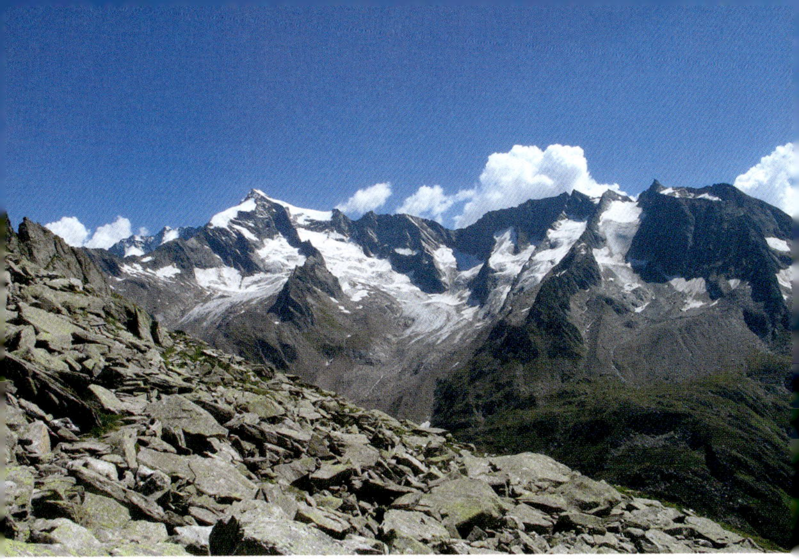

Die Dreiherrnspitze über dem Ahrner Talschluss.

- Tourismusverein Sand i. T., J.-Jungmann-Str. 8, I-39032 Sand in Taufers, Tel. +39/0474/678076, info@taufers.com, taufers.com.
- Tourismusverein, St. Georgstr. 1, I-39030 Terenten, Tel. +39/0472/ 546140, info@terenten.com, kronplatz.org.

Verkehrsmittel

Wer im Urlaub ab und zu auf das eigene Auto verzichten mag, der findet in der Region Tauferer Ahrntal ein gut funktionierendes öffentliches Verkehrsnetz. Die Ortschaften des Pustertals haben Bahnanschluss (Franzensfeste – Bruneck – Innichen – Lienz). Alle Dörfer werden regelmäßig von Linienbussen angefahren. Sessellifte erschließen die Wandergebiete Speikboden und Klausberg.

Wetter

Mit dem Bergwetter ist es so eine Sache, auch jenseits der Alpen, wo – so lautet die schwer ausrottbare Halbwahrheit – die Sonne ja fast immer scheint. Aufgrund seiner inneralpinen Lage, die vor feucht-kalten Nordwestwinden schützt, verzeichnet das Pustertal verhältnismäßig wenig Niederschlag; längere Schlechtwetter-Perioden sind hier ziemlich selten. Für Sand in Taufers gelten folgende Klimawerte: jährliche Niederschlagsmenge knapp 900 mm, mittlere Temperatur 6,7 °C (Winter -3,7 °C, Sommer 16,3 °C).

1 Kronplatz, 2275 m

2.45 Std.

Aussicht, Aussicht!

Keine Frage, der Kronplatz gehört zu den schönsten Aussichtspunkten Südtirols, ideal zwischen dem Gletscherkamm der Zillertaler Alpen und den Dolomiten platziert. Das ergibt eine Drei-Sterne-Rundschau, bei der man gar nicht so recht weiß, was mehr fasziniert: die Gletscherberge im Norden oder die markanten Zackenprofile im Süden. Dazu kommen Tiefblicke ins Pustertal, das man vom Drausattel bis zur Mühlbacher Klause überschaut. Nicht zu übersehen ist auch, dass der Kronplatz vor allem ein Skiberg geworden ist, mit 32 Aufstiegshilfen (die stündlich 70.000 Personen befördern, wie der Winterprospekt stolz vermerkt) und 116 Kilometern Piste.
Mehr Sommerbesucher soll das neue Messner Mountain Museum Corones auf den Berg locken. Am Westrand des Gipfelplateaus hat die berühmte britisch-irakische Architektin Zaha Hadid einen höchst eigenwilligen Bau gesetzt: geschwungene, ineinander übergehende Linien statt Kanten und Ecken. Ob sich das auch mit dem Thema des Museums, dem klassischen Abenteuerbergsteigen (Trade Adventure Alpinism) verträgt?
Jüngste Attraktion für Kronplatzbesucher ist das LUMEN-Museum in der Bergstation der alten Kronplatz-Seilbahn, das sich der Bergfotografie und ihrer Geschichte widmet (geöffnet Juni bis Mitte Oktober täglich 10–16 Uhr).
Ganz bequem kommt man mit der Seilbahn auf den total verbauten Gipfel. Natürlich führen auch zahlreiche Wege zum großen Panorama, sogar eine kleine (für den Autoverkehr gesperrte) Straße über die Südflanke. Sie ist bei Radlern mit dicken Waden und großer Lunge beliebt; auch die echten Cracks des Giro d'Italia waren hier schon unterwegs: Etappenziel Kronplatz. Bergwanderer nehmen es gemütlicher, genießen die schönen Ausblicke Richtung Dolomiten, bestaunen am Gipfel die monumentale Friedensglocke, die beiden Museen und den himmelhoch ragenden Antennenturm. Nicht weniger als acht Lifte enden am weiträumigen Gipfelplateau, und man kann sich gut vorstellen, in welcher Jahreszeit hier richtig Umsatz gemacht wird …

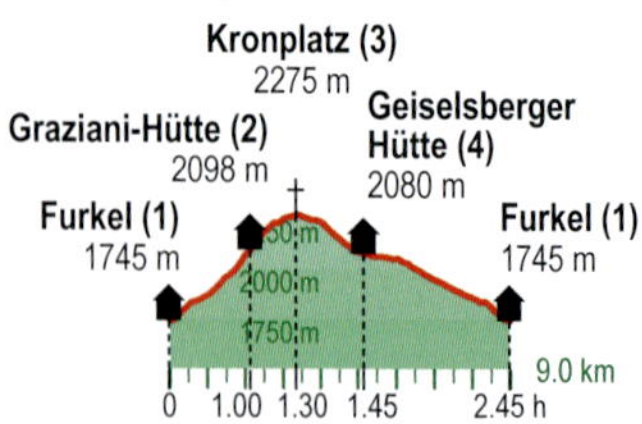

Ausgangspunkt: Furkel, 1745 m, Straßenpass zwischen Olang und St. Vigil in Enneberg. Parkplätze knapp westlich unterhalb der Scheitelhöhe. Keine Buslinie über den Pass!
Anforderungen: Mäßig anstrengende Gipfelwanderung, überwiegend Sandstraßen. Markierungen 1, 2, P.
Höhenunterschied: 530 m.
Einkehr: Mehrere Möglichkeiten am Weg bzw. rund um den Gipfel und am Pass.

Vom Parkplatz an der **Furkel (1)**, 1745 m, zunächst auf der ehemaligen Kronplatz-Militärstraße nordwärts bergan. Nach den ersten drei Kehren (alle mit Porträts von Heroen aus der Geschichte des Giro d'Italia geschmückt) verlässt man die staubige Trasse nach links und folgt dem Wanderweg, der im Wald steiler ansteigt. Bei der **Panoramahütte** kreuzt man die Straße; etwas höher liegt auf einer Hangterrasse die **Graziani-Hütte (2)**, 2098 m. Der weitere Anstieg verläuft über Wiesenhänge, mündet schließlich von Südwesten auf das verbaute Gipfelplateau des **Kronplatzes (3)**, 2275 m, – und zum großen Panorama. Seit 2003 schmückt die Friedensglocke »Concordia« den Aussichts- und Skiberg; am Westrand des abgeflachten Gipfels steht – halb in den Berg gebaut – das MMM Corones.

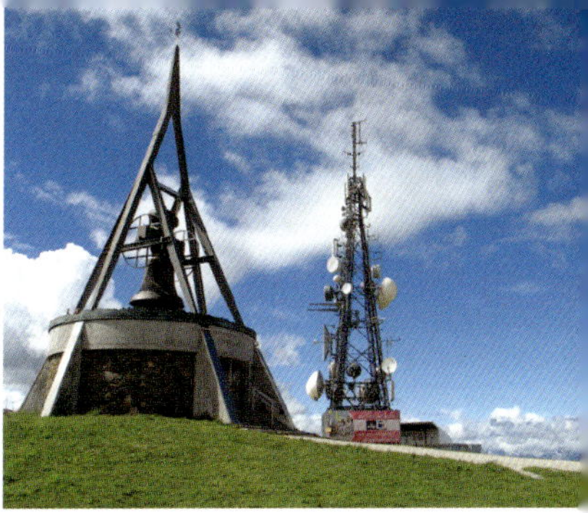

Friedensglocke und Sendemast am Kronplatzgipfel.

Der Abstieg folgt mit freier Sicht aufs obere Pustertal, die Gipfel der Rieserfernergruppe und der Pragser Dolomiten dem Nordostgrat bis in die Senke, 2153 m, vor dem felsigen Spitzhorn, 2173 m. Hier rechts hinab zur **Geiselsberger Hütte (4)**, 2080 m. Weiter auf der Schotterpiste, erst nur leicht, dann stärker an Höhe verlierend, mit schöner Aussicht auf den felsigen Gipfelkamm über Olang (Maurerkopf, 2567 m; Piz da Peres, 2507 m) durch die Südostflanke des Kronplatzes. An der 2000-Meter-Höhenmarke stößt man wieder auf die alte Gipfelstraße. Sie zieht in bequemen Schleifen hinab und hinaus zum Parkplatz an der **Furkel (1)**.

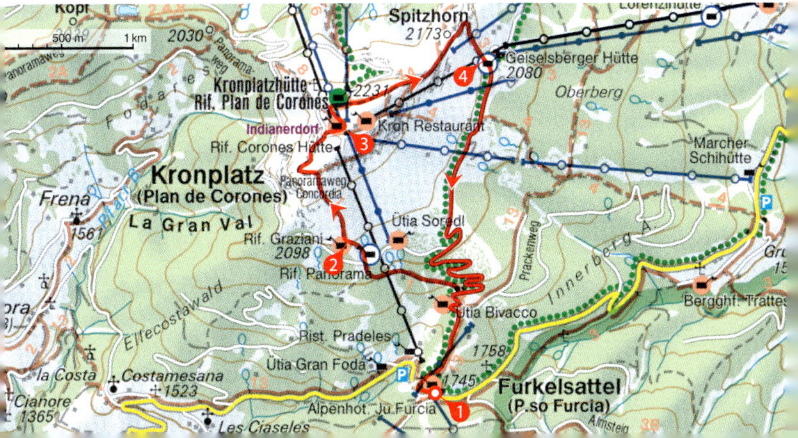

2 Lamprechtsburg – Reischach

2.30 Std.

Natur und Geschichte vor den Toren Brunecks

Trotz Stadtnähe bietet diese kleine Runde zwischen Rienz und Reischach viel Natur, dazu sind die Wege in Flussnähe angenehm schattig. Man bewegt sich in der Zone des Brixner Quarzphyllits, einer Gesteinsformation aus dem Erdaltertum (Kambrium, vor 500 Mio. Jahren), die gegen Reischach hin von mächtigen Schottermassen überlagert wird. Insgesamt 27 Haltepunkte an den beiden Schleifen des Naturlehrpfads weisen auf naturkundliche Besonderheiten hin. So ist in der Rienzschlucht u. a. auch der Dachs (Meles meles) heimisch, in der Schilfzone am Rand des Sternwaldele gedeihen Rohrkolben und der fleischfressende Sonnentau, im Laubwald ist der Igel zu Hause. Beschließen kann man die kleine Runde mit einer Besichtigung des Messner Mountain Museums Ripa im Schloss Bruneck.

Ausgangspunkt: Altstadt von Bruneck, 839 m, Hauptort des Pustertals, gute Bahn- und Busverbindungen. Großes Parkhaus im Stadtzentrum (unter dem Rathaus).
Anforderungen: Kurze, wenig anstrengende Wanderrunde. Markierungen 14, 15, 17.
Höhenunterschied: Etwa 250 m.
Einkehr: In Bruneck und Reischach.
Tipp: Eine Broschüre zum Lehrpfad gibt es beim Tourismusverein. Zwischen der Rienz und dem Schloss Bruneck bewegt man sich teilweise auf dem Planetenweg.

Die Wanderung beginnt man am besten in der schmucken Stadtgasse von **Bruneck (1)**. Knapp außerhalb des einst mauerumschlossenen historischen Kerns steht die Rainkirche, mit ihrem doppelten Zwiebelturm ein Wahrzeichen des Städtchens. Durch den Ortsteil **Oberragen** spaziert man hinaus zur Pfarrkirche und weiter zum sogenannten »Gallstöckl«, einer kleinen Kapelle, einst von der Familie Gall zu Ansiedl erbaut. Bei der großen Infotafel beginnt der Naturlehrpfad durch die Rienzschlucht. Auf bequemem Fahrweg in den bewaldeten Graben, den die Brunecker Umfahrungsstraße in gut 50 Meter Höhe überquert. Am gegenüberliegenden Hang verläuft die Pustertaler Bahnlinie. Bei der Weggabelung unterhalb der **Lamprechtsburg (2)**, 950 m, links über die gedeckte Holzbrücke und hinauf zu der malerischen Anlage (privat, keine Besichtigung). Anschließend wieder hinunter vom Burghügel und auf dem Sträßchen, einige Gräben ausgehend, hinüber nach **Reischach (3)**, 958 m. Am Ortseingang rechts und auf einem breiten Feldweg zu dem frei stehenden **Kappler Stöckl**, 947 m. Schöner Blick nördlich durch das Tauferer

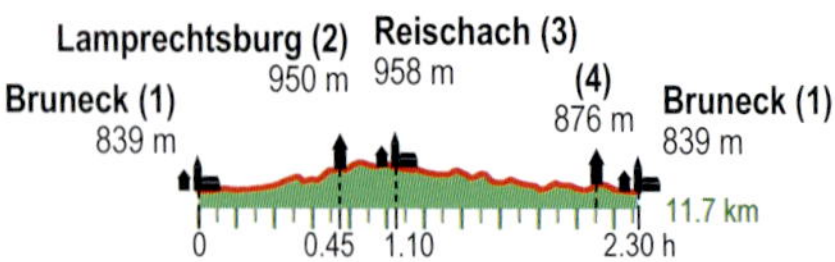

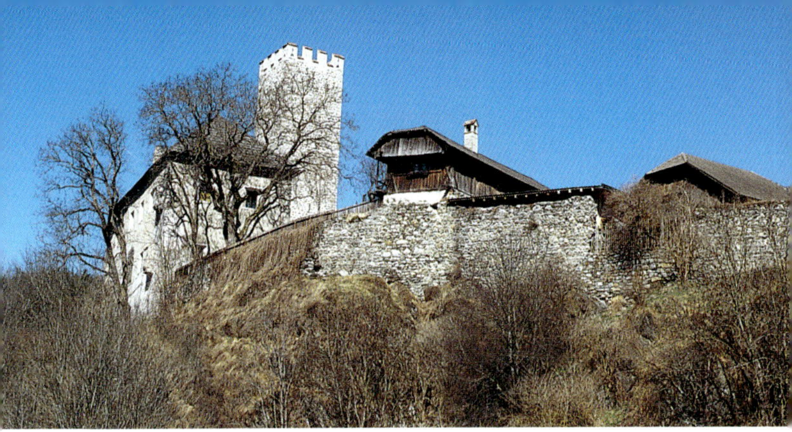

Kann leider nicht besichtigt werden: die Lamprechtsburg.

Tal zum Zillertaler Hauptkamm. Von der Kapelle zum nahen Waldrand, wo man wieder auf den Lehrpfad stößt. Auf ihm links direkt nach Bruneck oder (lohnender) rechts auf einem Hangweg in den nächsten Graben und durch ihn hinunter zur (bereits erwähnten) Holzbrücke. Hier links und der Rienz entlang zurück nach Oberragen. Bei der Informationstafel beginnt der zweite Abschnitt des Lehrpfads; er führt am Sternwaldele entlang und hinauf zum **Schloss Bruneck (4)**. Die stattliche Anlage mit ihrem mächtigen Burgfried stammt in den ältesten Teilen aus der Zeit der Stadtgründung (13. Jh.), ihre heutige Gestalt erhielt sie durch Um- und Erweiterungsbauten im 16. Jahrhundert (heute Museum). Vom Schloss hinunter zur Stadtgasse von **Bruneck (1)**.

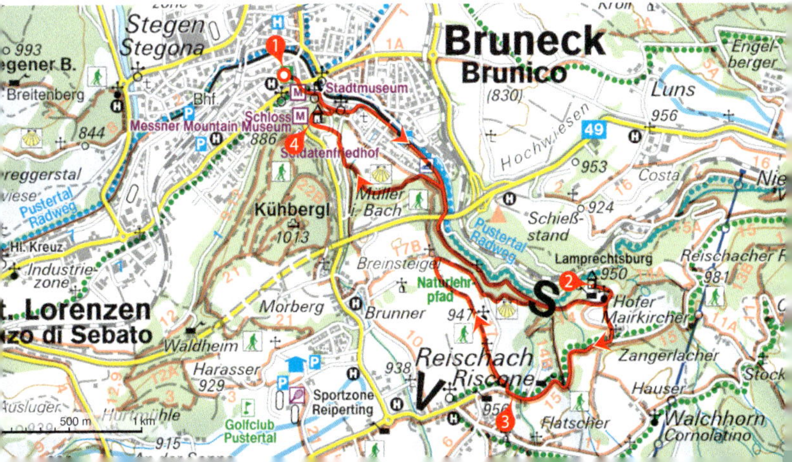

3 Rund um St. Lorenzen

2.30 Std.

Auf geschichtsträchtigem Boden

Einer Reise durch die Jahrtausende kommt diese Wanderrunde im Westen von Bruneck gleich. Auf den Hügeln rund um St. Lorenzen wurden zahlreiche neolithische und bronzezeitliche Stationen entdeckt (bis 3800 Jahre alt); direkt an der Pustertaler Straße liegen die Überreste des Römerlagers Sebatum, den Sonnenburger Hügel krönte einst ein Kloster, das zur Geschichte Tirols eine nicht ganz unbedeutende Episode beisteuerte (heute Hotel), auf der Höhe hinter St. Martin ragt wuchtig die Michelsburg in den Himmel, und die Kirche von St. Lorenzen bewahrt einen besonderen Schatz: die »Traubenmadonna«, ein Frühwerk des Bruneckers Michael Pacher (um 1460).

Ausgangspunkt: St. Lorenzen, 810 m, Nachbarort von Bruneck am Südufer der Rienz. Gute Bahn- und Busverbindungen.
Anforderungen: Ausgedehnter Spaziergang.
Höhenunterschied: Etwa 200 m.
Einkehr: In St. Lorenzen, Stefansdorf (kurzer Abstecher ins Dorf) und St. Martin.
Tipp: Archäologischer Themenpfad mit 16 Schautafeln am Sonnenburger Kopf. Museum Mansio Sebatum: siehe S. 18.

Die kleine Runde startet mitten in **St. Lorenzen (1)** am Kirchplatz, den die stattliche, doppeltürmige Pfarrkirche dominiert. Im Kern geht sie auf die Zeit der Spätromanik zurück, wurde dann vor allem in gotischer Zeit erweitert bzw. umgebaut. Hauptsehenswürdigkeit ist die Traubenmadonna, Teil eines größtenteils verschollenen Flügelaltars von Michael Pacher (links vom Chor). Hinter dem Gotteshaus liegt der stimmungsvolle Friedhof.

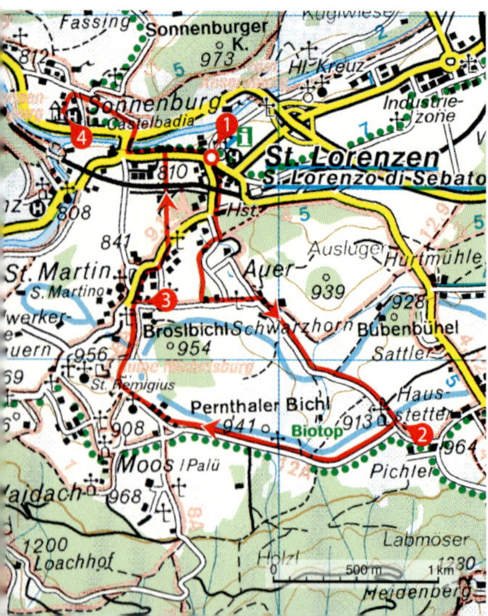

An der Südwestseite des Platzes steht das alte Rathaus, in dem sich seit 2011 das Museum Mansio Sebatum befindet. Hier wird die (bedeutende) römische Vergangenheit von St. Lorenzen lebendig. Grundmauern der Siedlung Sebatum am rechten Ufer der Rienz (direkt neben der Staatsstraße) wurden in den 1930er-Jahren freigelegt und können besichtigt werden.

Vom Kirchplatz spaziert man durch die St.-Martinsstraße zum Bahnhof. Unter den Gleisen hindurch und weiter zur Provinzstraße 56. Mit ihr ein paar Schritte nach rechts, dann links in die Fortsetzung der St.-Martinsstraße. Sie führt durch ein kleines Neubauquartier hinaus zum Ortsrand, zuletzt kurz ansteigend. Wenig weiter stößt man auf einen Wegweiser. Nun mit der Markierung 9 – vorbei an einem originellen modernen Wohnhaus mit hübschem Teich – zu einer Verzweigung. Geradeaus (Wegweiser) und in sanftem Anstieg übers freie Feld zu den ersten Häusern von **Stefansdorf (2)**. Hier hält man sich scharf rechts und biegt ein in einen geschotterten Fahrweg (Markierung 15). Er führt nach Westen, vorbei an dem Feuchtbiotop Brunnenmoos und dem Berntaler Bühel, 941 m, nach Moos. Noch bevor man den Weiler erreicht, kommt die wehrhafte Anlage der Michelsburg, die einen isolierten Hügel krönt, ins Blickfeld (privat, keine Besichtigung). Nun auf Asphalt (Markierung 8A) bergab nach **St. Martin (3)**, dessen Kirche (außen martialischer Christophorus) zusammen mit dem benachbarten Ansitz (15. Jh.) und einem modernen Betonkubus ein kontrastreiches Ensemble bildet. Weiter mit der Markierung 8A zum Camping Wildberg und zur Rienz. Am linken Ufer kurz flussabwärts, dann über das Wasser (gedeckte Holzbrücke), unter der Staatsstraße hindurch und zur Zufahrt nach Sonnenburg. Im Weiler entdeckt man mehrere stattliche alte Häuser, darunter der Ansitz Glurnhör und das alte Johannisspital mit einer angebauten Kapelle, die direkt auf einem Felssporn thront. Links führt eine Straße hinauf zur **Sonnenburg (4)**, 864 m. Der nur in Teilen erhaltene Baukomplex beherbergte im Mittelalter ein Frauenkloster, heute ein Hotel. Die Ruine der Kirche darf besichtigt werden (an der Rezeption fragen). Zuletzt zurück zur Rienz und hinein nach **St. Lorenzen (1)**.

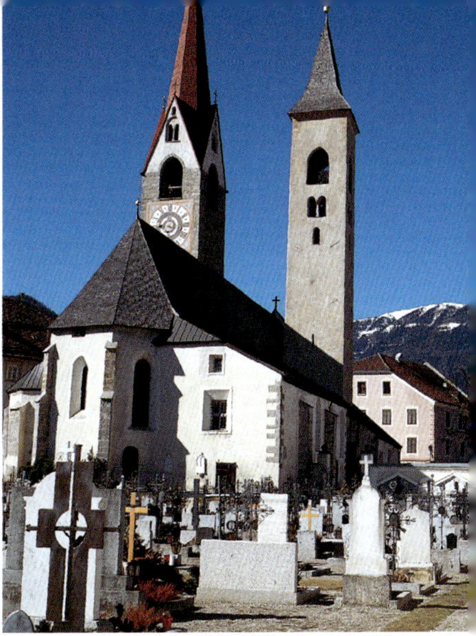

Die doppeltürmige Pfarrkirche von St. Lorenzen.

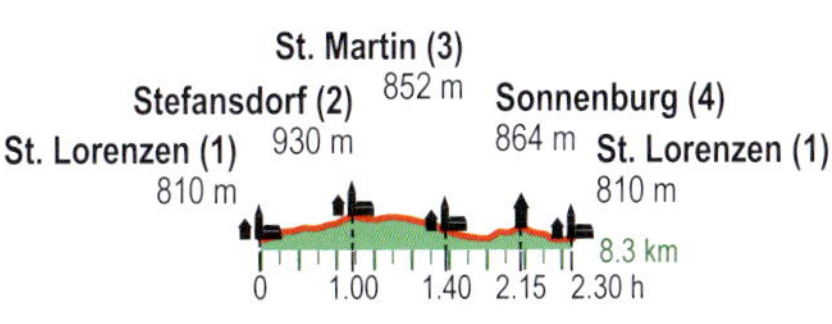

4 Erdpyramiden von Platten

2.30 Std.

Ein Erbe des Rienzgletschers

Der Weiler Platten, auf einer Anhöhe über dem untersten Wielental gelegen, kann mit zwei Sehenswürdigkeiten aufwarten: dem Blick übers Pustertal auf die Dolomiten und seinen Erdpyramiden. Den bizarren Gebilden begegnet man auch andernorts in Südtirol, etwa am Ritten und bei Schloss Tirol, das Vorkommen im Graben des Litschbachs – knapp innerhalb des »Naturparks Rieserferner« gelegen – kann dank eines neu angelegten Weges aus unmittelbarer Nähe besichtigt werden. Die originellen, recht kurzlebigen Naturerscheinungen entstehen durch Erosion; wo ein größerer Stein die Abtragung des Moränenschutts verhindert, bildet sich ein Turm, der allmählich höher und schlanker wird, bis er schließlich seine »Kappe« verliert.

Ausgangspunkt: Parkplatz, ca. 1435 m, an der Straße nach Platten, gut 1 km von Oberwielenbach. Anfahrt von Percha, Citybus.
Anforderungen: Zugang über schönen Waldweg, Abstieg entlang der Pyramidenzone sehr steil, bei Nässe nicht ratsam; Rückweg ab Thaler auf Asphalt. Markierung P und 1.

Höhenunterschied: 270 m.
Einkehr: Gasthaus Schönblick in Platten.

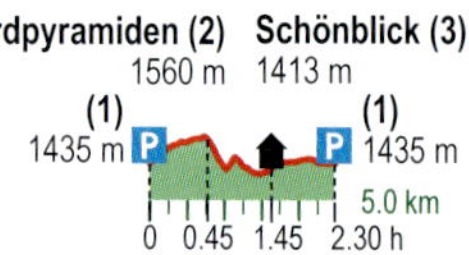

Der Anstieg zu den Erdpyramiden beginnt gegenüber vom **Parkplatz (1)**, 1435 m; ein Schild weist den Weg. Teilweise über Treppenstufen geht's an dem bewaldeten Hang bergan, dann quert man in den Graben des Kammerer Bachs und wandert anschließend hinüber zum Höllerhof. Der bleibt etwas oberhalb; an der Linkskehre seiner Straßenzufahrt markiert ein hübsch

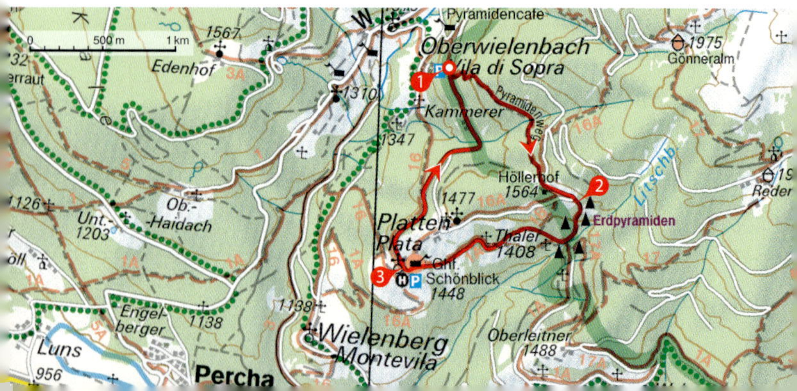

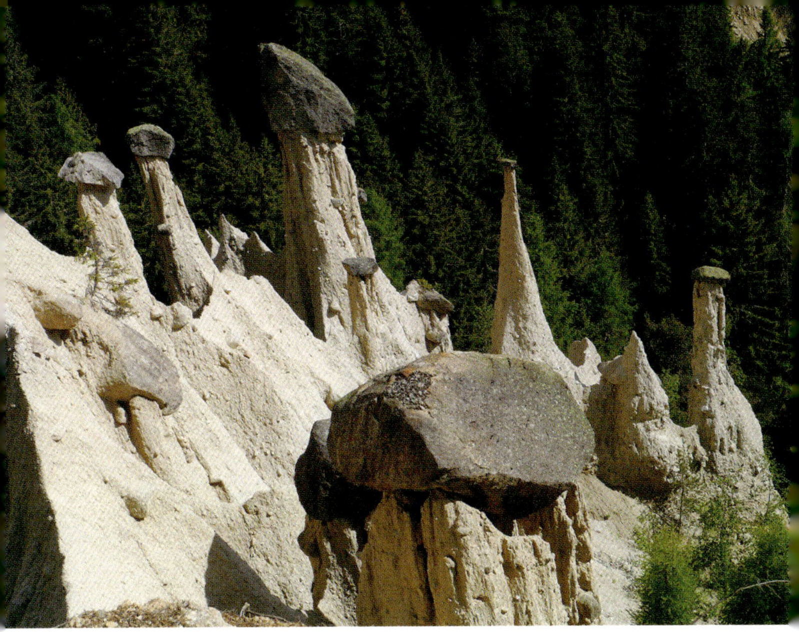

Erbe der Eiszeit: die Erdpyramiden von Platten.

gestalteter Durchlass den Zugang zu den **Erdpyramiden (2)**, ca. 1560 m, im Graben des Litschbachs. Unmittelbar vor den bizarren Gestalten aus eiszeitlichem Moränenschutt steigt man im Zickzack ab, vorbei an künstlich angelegten, besonders schönen Aussichtspunkten.
Nach unten hin wird der Weg zunehmend steiler, wer nur die fragilen Naturwunder besichtigen will, kehrt an der untersten Plattform um (hin und zurück dann etwa 1.30 Std.). Der Pyramidenweg steigt im Wald noch ein Stück weit ab, bis man schließlich auf einen quer verlaufenden Steig stößt. Mit ihm rechts aus dem Lahngraben heraus, dann steil etwa 50 Höhenmeter bergan zu einem breiten Ziehweg. Er führt flach hinüber zum Thalerhof, 1408 m (schmale Umgehung oberhalb). Auf der Straße geht's hinüber zum **Gasthaus Schönblick (3)**, 1413 m, der seinem Namen alle Ehre macht. Von dem Logenplatz überschaut man das Pustertal mit dem Brunecker Kessel, am Horizont stehen die Pragser Dolomiten und Südtirols berühmtester Skiberg, der Kronplatz.
Da ist die Versuchung natürlich groß, sich gleich auf der Terrasse zu einer Marende niederzulassen. Anschließend spaziert man auf der Asphaltstraße zurück zum **Parkplatz (1)** am Ausgangspunkt der kleinen Runde.

5 Rammelstein, 2483 m

5.00 Std.

Gipfelrunde mit Spitzenpanorama

Darüber, welcher der Gipfel im Umfeld von Bruneck das schönste Panorama bietet, lässt es sich trefflich streiten. Wer auf den Kronplatz tippt, liegt möglicherweise nicht falsch, wen der Rummel am Ausflugs- und Skiberg stört, steigt allerdings besser auf den Rammelstein. Der kann, was die Aussicht betrifft, locker mithalten, und oben ist es erst recht noch ruhig. Hier gibt's halt weder Bahnen noch bewirtschaftete Hütten, doch das stört bei Dolomitenschau und Glocknerblick überhaupt nicht.

Talort: Oberwielenbach, 1365 m, Bergdorf im Wielental. Zufahrt von Percha, 973 m, im Pustertal, 5 km. Keine Busverbindung!
Ausgangspunkt: Im Wielental Richtung Platten, bis links spitzwinklig ein Sträßchen abzweigt (Schranke, ca. 1450 m, Parkplatz).
Anforderungen: Trittsicherheit am felsigen Gipfel nötig. Gut bezeichnete Wege, Markierung 1, 6A, 6.
Höhenunterschied: 1040 m.
Einkehr: In Oberwielenbach; Lercheralm, 1651 m, und Gönneralm, 1975 m, beide im Sommer.

Die Gipfelrunde beginnt eher gemütlich: von **Oberwielenbach (1)** aus 1.30 Std. auf dem Fahrweg ins **Wielental**, nur am Beginn bis zum »Hochkreuz«, 1542 m, etwas steiler, danach ziemlich flach, vorbei an mehreren Hütten. Über den bewal-

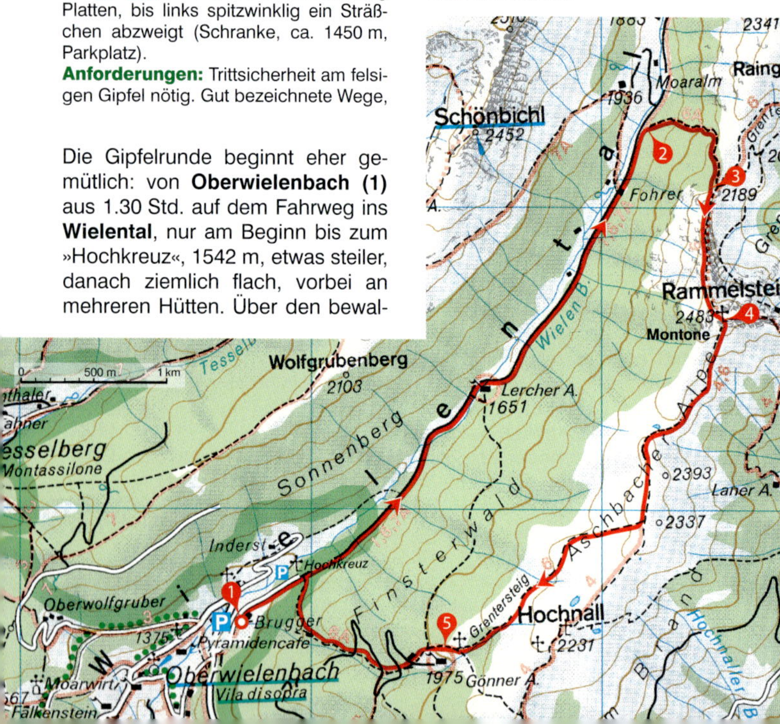

deten Talflanken zeigt sich links der Schönbichl (siehe Tour 7), rechts der aus dunklem Tonalit aufgebaute Rammelstein. Kurz vor der Moaralm verlässt man das Sandsträßchen und folgt dem **Weg** (**2**, Hinweis), der erst über Wiesen, dann im Zickzack rechts an dem bewaldeten Steilhang hinaufzieht und zunehmend freiere Sicht auf die Bergkulisse des Wielentals bietet. Über dem Talschluss tauchen die südlichsten Dreitausender der Rieserfernergruppe auf – durchwegs einsame Tourenziele für klettergewandte Bergsteiger. Richtig klettern muss man am Rammelstein nicht, aber in die Felsen führt der Gipfelweg. Von der namenlosen Wiesensenke am **Kamm (3)**, 2189 m, leiten die Markierungen aufwärts zum Fuß des Nordgrats, dann in die steile Westflanke. Über Stufen (Drahtseil) bergan zu einem aussichtsreichen Eck, dann links im Blockwerk kraxelnd zu einem Durchschlupf und zuletzt über gestufte Felsen zum Gipfelkreuz des **Rammelsteins (4)**, 2483 m.

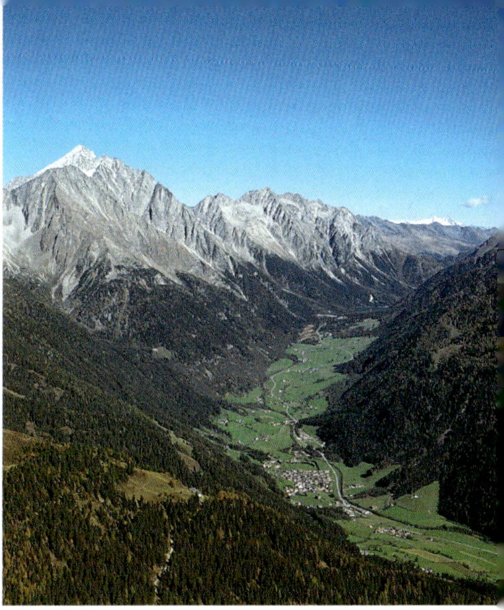

Blick von der Nachbarschaft: das Antholzer Tal vom Rammelstein.

Der Abstieg ist vor allem eine Aussichts- und Höhenwanderung. Mit freier Sicht auf die weitgefächerten Zackenketten der Dolomiten steigt man zunächst ab zur flachen Senke der **Aschbacher Alm**, 2283 m, dann leitet die Spur in die dem Wielental zugewandte Flanke des breiten Wiesenrückens, hält dabei noch eine Weile die Höhe. Nur allmählich kommt die Waldgrenze näher; schließlich taucht die Spur ein ins schattige Grün. Bei der **Gönneralm (5)**, 1975 m, stößt man auf die von Platten kommende Erschließungsstraße; der Weg läuft zunehmend steiler, die Schleifen der Piste abkürzend, einen Waldgraben hinunter – Vorsicht bei Nässe! Zuletzt leiten die Markierungen rechts zurück zum »Hochkreuz«, 1542 m, und auf dem Anstiegsweg nach **Oberwielenbach (1)**.

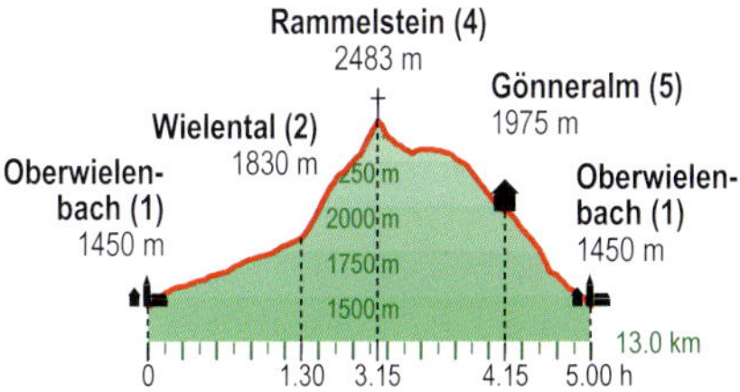

6 Kehlburg, 1187 m, und Amaten, 1260 m

3.15 Std.

Alte Mauern und frische Küche

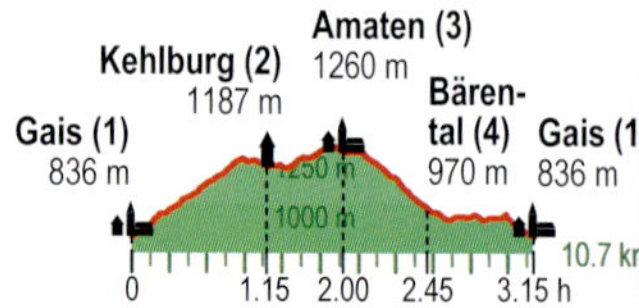

Zu den Vorzeigeobjekten des Burgenlandes Südtirol gehört die Kehlburg nicht, die auf einem Geländesporn südöstlich über Gais thront. Urkundlich erscheint sie erstmals Mitte des 12. Jahrhunderts, doch dürfte die bescheidene Anlage bereits um 1500 zur Ruine geworden sein. Viel Glück hatten auch die nachfolgenden Besitzer nicht, und einen ungarischen Bischof, der sie Ende des 19. Jahrhunderts erwarb, trieben die Renovierungskosten sogar in den Ruin. 1944 brannte die Kehlburg schließlich ab. Die Wanderung zur Kehlburg bietet natürlich nicht nur alte Mauern; man genießt immer wieder Aussicht auf das untere Tauferer Tal. Und am höchsten Punkt der Runde, in Amaten, sorgt Christoph Feichter für das kulinarische Highlight der Runde, weshalb Genießer die Tour keinesfalls auf einen Donnerstag legen. Da hat das Gasthaus Oberraut nämlich Ruhetag.

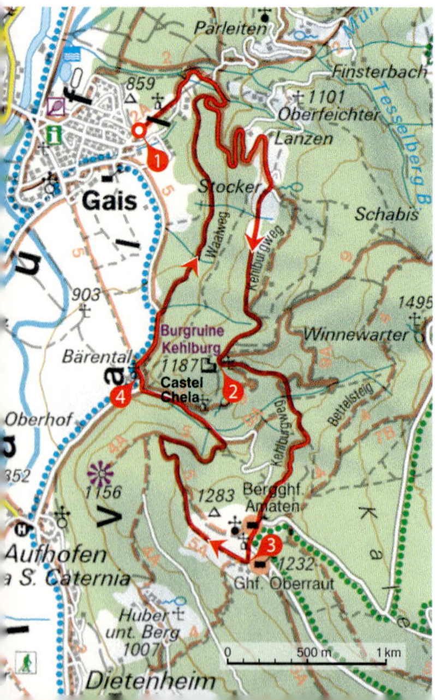

Ausgangspunkt: Gais, 836 m, im unteren Tauferer Tal. Busverbindung mit Bruneck und Sand in Taufers. Parkmöglichkeit an der Mühlenstraße.
Anforderungen: Halbtagswanderung auf gute Wegen. Markierungen K, 5, W.
Höhenunterschied: 450 m.
Einkehr: In Gais; Gasthaus Oberraut, 1232 m, in Amaten, Donnerstag geschlossen, Pustertaler Küche vom Feinsten! Gasthaus Amaten, 1260 m.

In **Gais (1)** zunächst durch den Ort und leicht aufwärts zur Mündung des Mühlbachtals. Hier hält man sich rechts und folgt dem mit »K« markierten Weg, die Serpentinen eines Erschließungssträßchens teilweise abkürzend, hinauf zu den einsamen Höfen am Osthang des untersten Tauferer Tals. Dabei bieten sich wiederholt hübsche Tiefblicke zur Ahr. Beim **Felderhof**, 1219 m, stößt man wieder auf eine Straße;

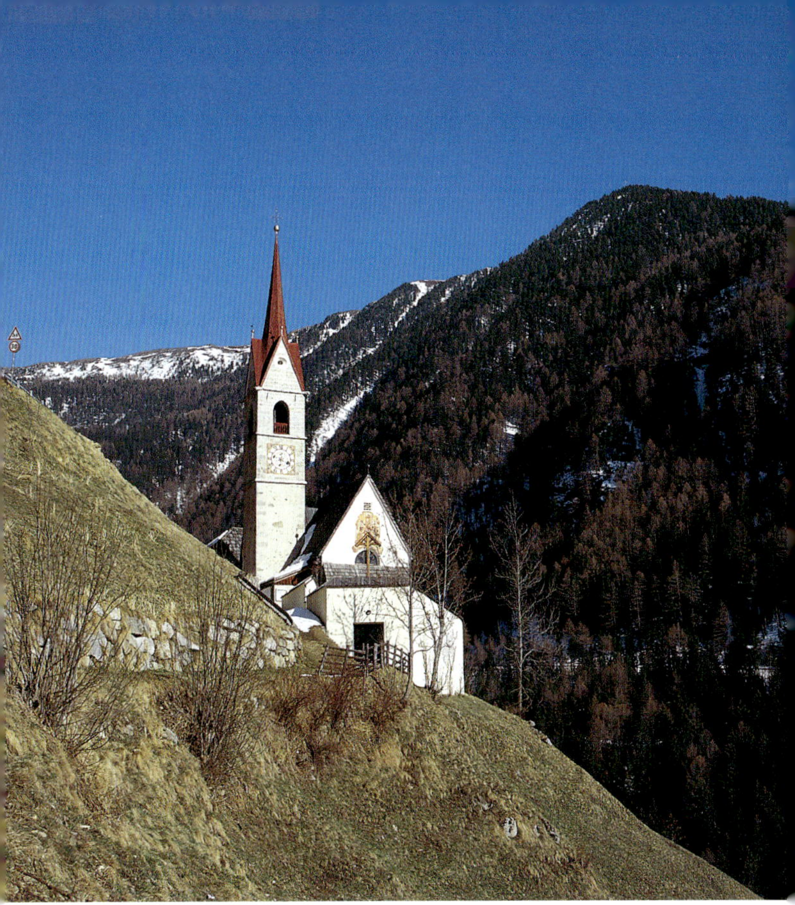

Auf den Mittelgebirgsterrassen über dem Tauferer Tal: Mühlbach.

sie führt leicht bergab zur **Kehlburg (2)**, 1187 m. Weiter mit der Markierung K in den düsteren Graben des Bärentals und im Wald hinauf nach **Amaten (3)**, 1260 m, das sich einer besonders schönen Terrassenlage über dem Brunecker Talkessel erfreut. Nun nördlich, teilweise auf Güterwegen, hinunter zur **Mündung des Bärentals (4)** und entweder direkt zurück nach **Gais (1)** oder auf einem alten Waalweg am Hangfuß zur Wegspinne am Mühlbach und links ins Dorf.

7 Schönbichl, 2452 m

5.15 Std.

Der Aussicht wegen

Im Gegensatz zum benachbarten Rammelstein (siehe Tour 5) ist der Schönbichl ein reiner Wanderberg, mit ähnlich weitreichender Rundschau und deshalb auch ein beliebtes Gipfelziel. Günstigster Ausgangspunkt ist der Weiler Tesselberg, dessen Name an die bajuwarische Kolonisierung des Pustertals im Mittelalter unter Herzog Tassilo III. erinnert; der Aufstieg folgt dem lang gestreckten Südwestrücken des Bergstocks.

Ausgangspunkt: Weiler Tesselberg, 1473 m, über dem untersten Tauferer Tal. Zufahrten von Percha (8,5 km) und von Uttenheim via Mühlbach (12,5 km). Keine Busverbindung!
Anforderungen: Aussichtsreiche Runde auf gut markierten Wegen. Übergang vom Schönbichl zum Kor verlangt einen sicheren Tritt. Etwas Ausdauer unerlässlich. Markierung 3, 7B, 8, 7, 8A.
Höhenunterschied: 1000 m.
Einkehr: Tesselberger Stuben im Naturhotel Miraval; Tesselberger Alm (im Sommer).

Der flache Südrücken des Schönbichl; am Horizont Zillertaler Dreitausender.

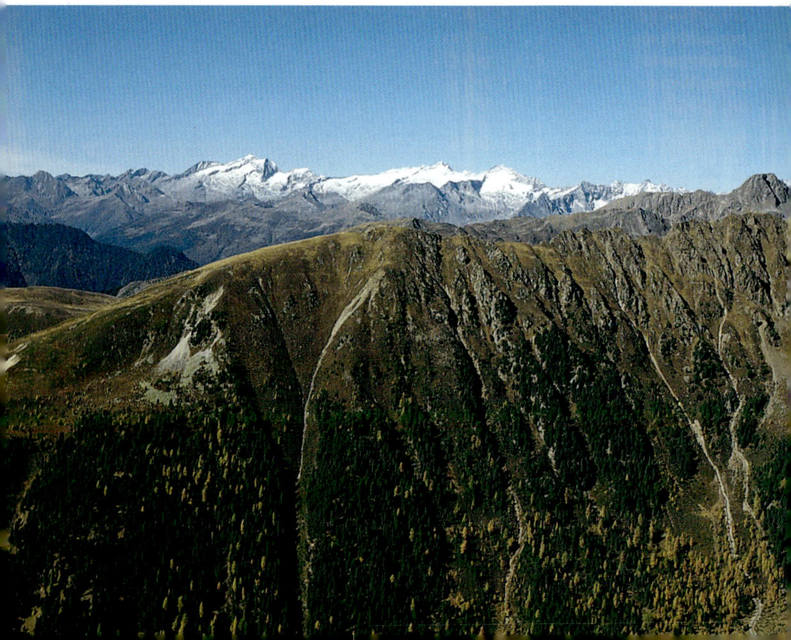

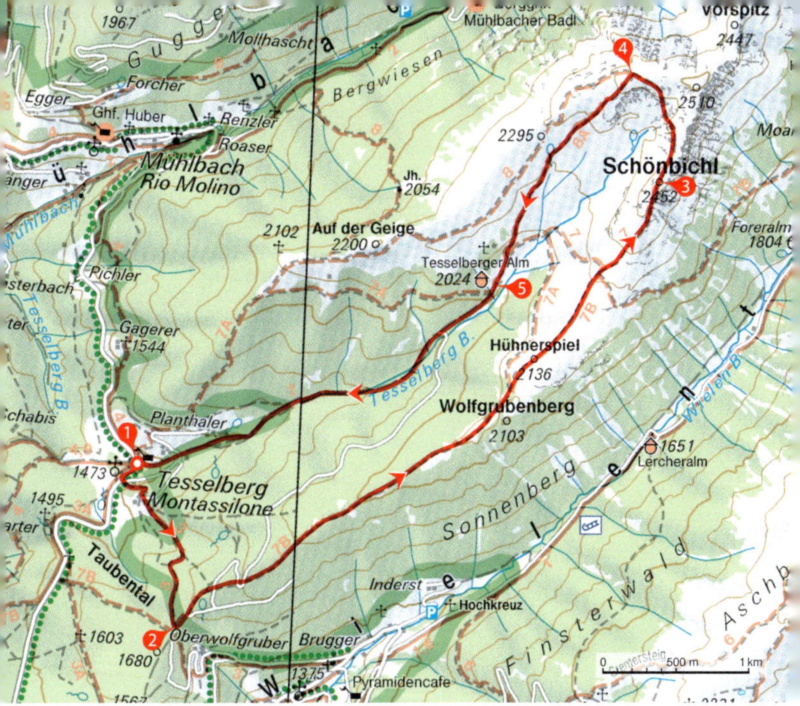

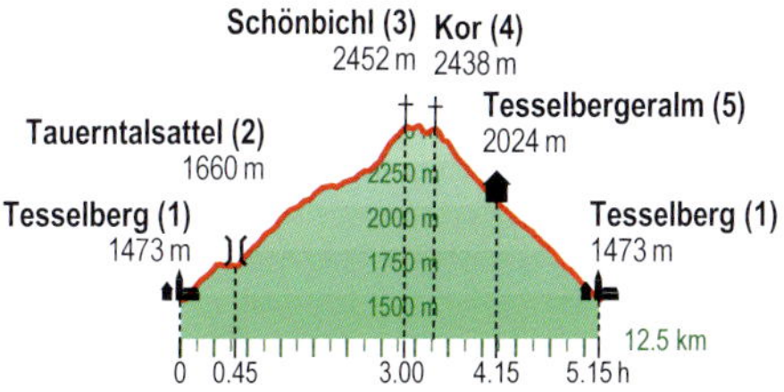

Von **Tesselberg (1)**, 1473 m, südlich hinauf zum Lercherhof, weiter der Markierung 3 folgend in eine Talmulde und hinüber in die schwach ausgeprägte Senke des **Tauerntalsattels (2)**, 1660 m. Hier beginnt der eigentliche Gipfelanstieg: erst im Wald, dann am breiten Grasrücken mit zunehmend schönerer Aussicht über das **Hühnerspiel**, 2136 m, bergan, zuletzt steiler, zum **Schönbichl (3)**, 2452 m.

Vom Gipfel am schmalen Nordgrat entlang (eine Stelle gesichert), dann in felsigem Gelände mehr oder weniger flach in weitem Linksbogen hinüber zum **Kor (4)**, 2438 m. Südseitig über offene Wiesenhänge hinab zur **Tesselberger Alm (5)**, 2024 m, und auf der Talstraße zurück nach **Tesselberg (1)**.

TOP **8** # Große Windschar, 3041 m

7.00 Std.

Ein Dreitausender mit Pfiff

Dass die höchsten Gipfel der Rieserfernergruppe ganz im Westen, direkt über dem Tauferer Tal, stehen, stimmt natürlich nicht. Und die bekanntesten schon gar nicht. Nimmt man allerdings den Höhenunterschied als Maßstab, können etwa Wasserfallspitz, 2652 m, und vor allem Windschar locker mit Hochgall oder Schneebigem Nock mithalten. Da ist es dann recht angenehm, dass man nicht drunten in Gais oder Uttenheim, 837 m, sondern bei Mühlbach, 1462 m, zur großen Gipfeltour starten kann: knapp 1500 Höhenmeter noch, gemütlich der Auftakt, steil das Finale. Und oben wird einem dann klar, weshalb der Gipfel als einer der lohnendsten Aussichtspunkte der Region gilt. »Was das Panorama besonders reizend macht, ist neben der Großartigkeit und Reichhaltigkeit der Gebirgsgruppen der Blick zu den Stätten menschlicher Cultur, in Thäler und Ansiedlungen hinunter …« (R. Seyerlein, 1878). Natürlich braucht's das richtige Wetter, damit man die so gepriesene Schau auch wirklich genießen kann, am besten ist da ein klarer Herbsttag. Im Hochsommer zieht das Massiv oft Gewitter an, die durch's Walburgtal heranziehen, um dann von den Gipfelgraten der Windschar geteilt zu werden. Daher hat der Berg auch seinen Namen (Schar = Schere).

Früher pilgerten die Leute aus ganz anderen Gründen ins Mühlbachtal, zum Baden nämlich. Das Mühlbacher Bauernbadl, 1694 m, das höchstgelegene der Region, wurde vor allem von den BruneckerInnen gerne aufgesucht; ob das bloß an der heilenden Wirkung der Quelle lag, sei dahingestellt … Das Bad, in den 1960er-Jahren abgebrannt, ist vor ein paar Jahren neu entstanden, die Quelle wird wieder genutzt. Moderne Kapelle.

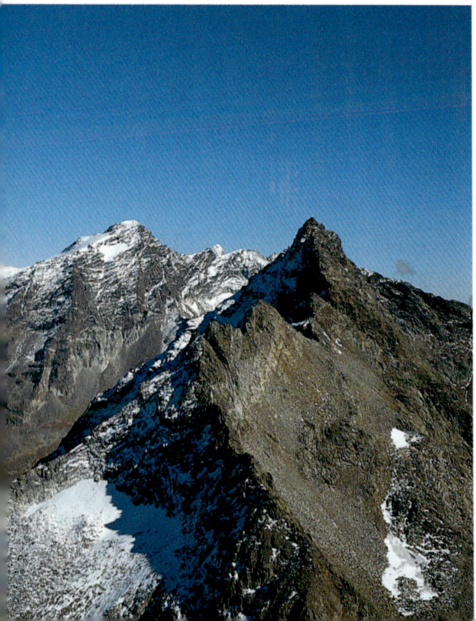

Schneebiger Nock und Großer Rauchkofel von der Großen Windschar.

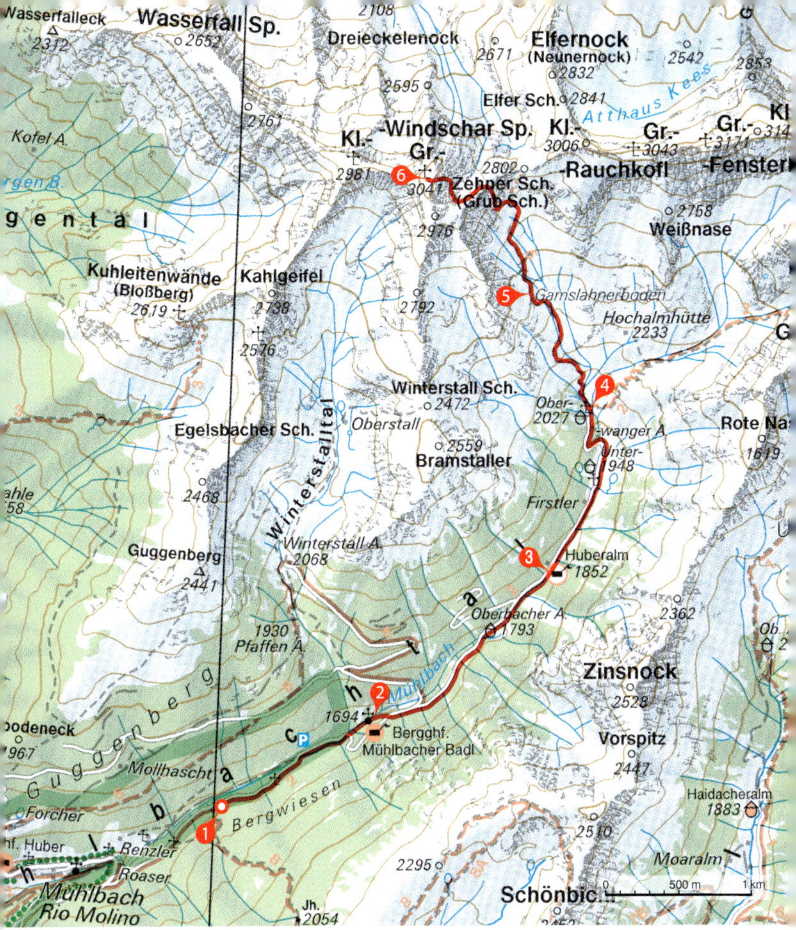

Talort: Mühlbach, 1462 m, Weiler am Eingang ins Mühlbachtal. Zufahrten von Percha via Tesselberg (12,5 km) und von Uttenheim (8,5 km). Keine Busverbindung!

Ausgangspunkt: Am Sträßchen ins Mühlbachtal, 1560 m, etwa 1,5 km von der Abzweigung; Parkmöglichkeit bei einem Stausee; Schranke.

Anforderungen: Recht anstrengende Gipfeltour mit felsigem Finale. Ausdauer und Erfahrung in weglosem Gelände sind unerlässlich; leichte Kletterpassagen (I), in der Steilrinne erhebliche Steinschlaggefahr durch Vorsteigende! Markierungen 2, 5.

Höhenunterschied: 1460 m.

Einkehr: Gasthaus Badl im Mühlbacher Talele, 1694 m; Huberalm, 1852 m.

In einer halben Stunde erreicht man vom **Parkplatz (1)** das **Gasthaus Badl (2)**; die Straßenschleife wenig unterhalb lässt sich auf einem Fußweg abkürzen. Weiter auf der Schotterpiste taleinwärts, an der **Huberalm (3)**, 1852 m, vorbei. Im Talschluss zeigen sich die schroffen Gipfelzacken der beiden Rauchkofel, des Großen und des Kleinen Fensterlekofels, rechts flankiert vom hohen Buckel des Wasserkopfs, 3135 m. Noch nicht sichtbar ist die Große Windschar; sie versteckt sich hinter jener lang gestreckten, schroffen Felsbarriere, die an der hohen Grubscharte, 2802 m, ansetzt. Die Senke ist ein Orientierungspunkt beim weiteren Anstieg, der von der **Oberwanger**

Blick aus dem innersten Mühlbachtal auf die Dolomiten.

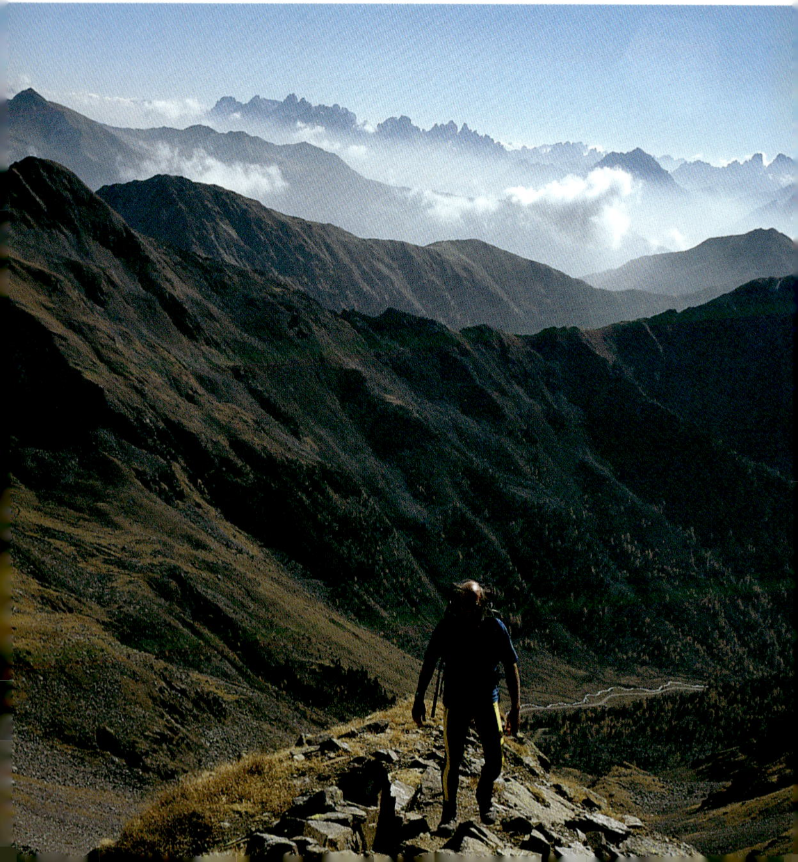

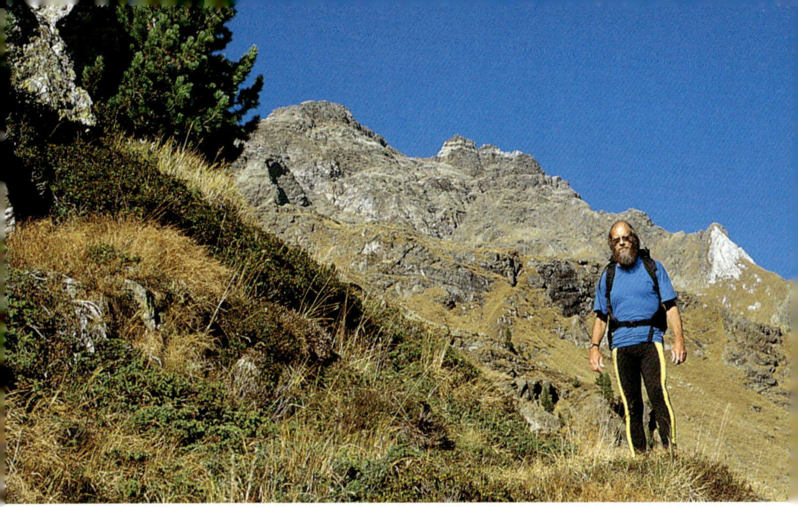

Felsdurchsetzte Wiesenhänge oberhalb der Oberwanger Alm.

Alm (4), 2027 m, über einen schrofendurchsetzten Hang zum **Gamslahner Boden (5)**, 2345 m, führt. Nun halb links aufwärts zu einer Kuppe, ca. 2560 m, dahinter im Geröll zu einer Verzweigung, ca. 2700 m, die man leicht übersehen kann. Hier scharf links (Schrift an Felsblock »Windschar«) zur Mündung einer breiten, felsigen Rinne. Man quert sie ansteigend zu einer kleinen Terrasse, anschließend leiten die rot-weißen Markierungen im Zickzack über die felsige Steilflanke hinauf zum Grat. Vorsicht bei Nässe oder Vereisung! Am abgeflachten Rücken kommt (endlich!) die **Große Windschar (6)** ins Blickfeld. Die deutliche Spur leitet flach hinüber zum schrofigen Gipfelaufbau und führt dann in einer nach rechts ausholenden Schleife über leichte Felsen zum großen Panorama, 3041 m.
Der Rückweg zum Startpunkt verläuft auf dem Anstiegsweg.

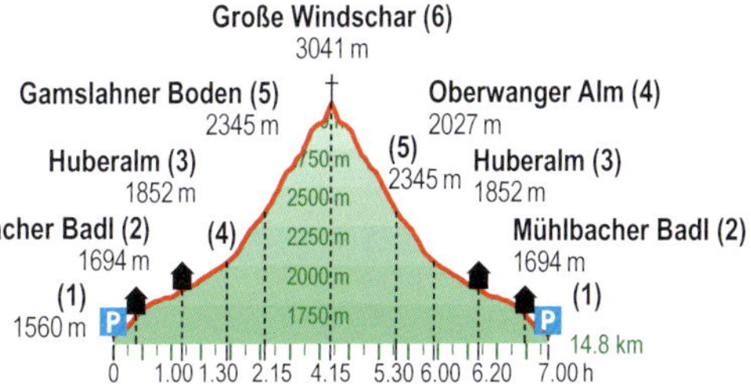

9 Reinbach-Wasserfälle

2.00 Std.

Schauen, erleben, nachdenken

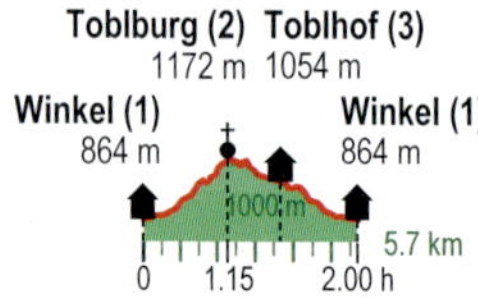

Dass die Wasser des Reinbachs auch heute noch in mehreren Kaskaden über die Talmündung herabstieben, ist kein Wunder – und war auch nicht Anlass für den Bau des Besinnungsweges, der den Sonnengesang des Franz von Assisi in zahlreichen, teils künstlerisch sehr ansprechend gestalteten Stationen vorstellt. Allerdings wäre es beinahe ganz anders gekommen: Vor wenigen Jahren noch spukte die Idee eines großen Stausees im Reintal in den Köpfen der ENEL-Manager herum, und das hätte für die Wasserfälle dann das Aus bedeutet – von irreparablen Folgen im Talinnern ganz abgesehen: Naturnutz vor Naturschutz. So freut man sich während des Anstiegs gleich doppelt über die stiebenden Wasser. Dazu passt so mancher Gedanke des mittelalterlichen Heiligen ganz gut; immerhin war er ein Reformer seiner Zeit, und Papst Johannes Paul machte ihn 1979 sogar zum Patron des Umweltschutzes.

Talort: Sand in Taufers, 873 m, Ferienort am Eingang ins Ahrntal.
Ausgangspunkt: Winkel, 864 m, Weiler vor dem Reintal. Zufahrt von Sand i. T. via Bad Winkel, 855 m, Parkplatz links des Bachs.
Anforderungen: Wanderung auf guten, teilweise etwas steilen Wegen. Vorsicht mit Kindern im Bereich der Wasserfälle! Markierungen: Besinnungsweg rot-weiß mit dem letzten Buchstaben des hebräischen Alphabets, dem »tau« (T), Abstieg rot-weiß.
Höhenunterschied: 350 m.
Einkehr: Wasserfallbar am Parkplatz bei Winkel; Toblhof, 1054 m, an der Straße ins Reintal, außerhalb der Hauptsaison (Juli bis September) am Dienstag geschlossen.
Anschluss an: Tour 10.

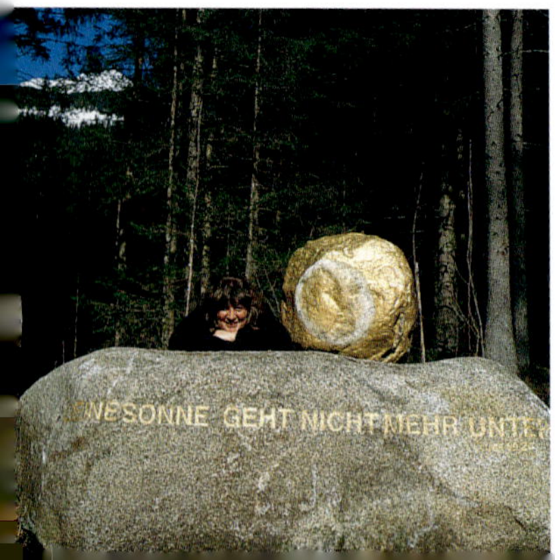

Der **Besinnungsweg** führt von **Winkel (1)** im Wald taleinwärts zum ersten Wasserfall, wo eine gelungene Skulptur die Bedeutung des Wassers für unser Leben darstellt. An mehreren Stationen vorbei, steigt er weiter zur zweiten Kaskade, dann an steiler Berglehne zum dritten, dem schönsten Fall mit Beobachtungspunkt gegenüber den stiebenden Wassern. Auf einer soliden Brücke

Motiv am Besinnungsweg.

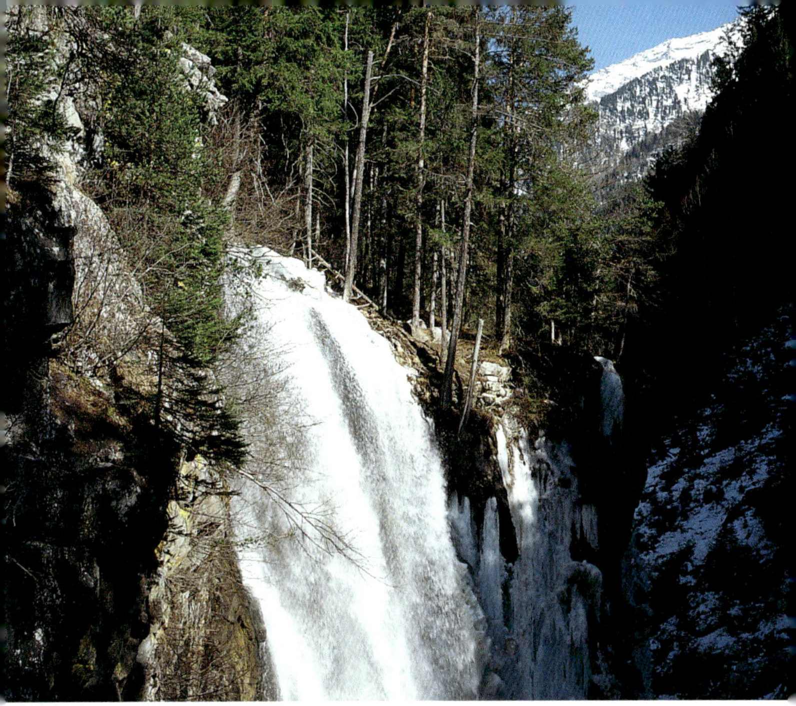

Stiebende Wasser am obersten Reinbachfall.

überquert man die Klamm; an der folgenden Wegteilung rechts und steil hinauf zur restaurierten Kapelle der alten, bis auf einige Mauerfundamente verschwundenen **Toblburg (2)**, 1172 m: ein schöner Platz zu Einkehr und Besinnung. Nun auf dem »Klaraweg« hinunter zur Reintalstraße. Man folgt ihr abwärts bis zum Gasthaus **Toblhof (3)**, 1054 m. Hier weist ein Schild zu den Reinbachfällen. Kurz vor dem obersten Fall stößt man wieder auf den Anstiegsweg.

Auf der Eisenbrücke über die felsige Klamm, dann auf dem alten Wanderweg, teilweise auch mit dem **Besinnungsweg** hinab und hinaus, zuletzt auf einer Waldstraße, zurück zum Parkplatz bei **Winkel (1)**.

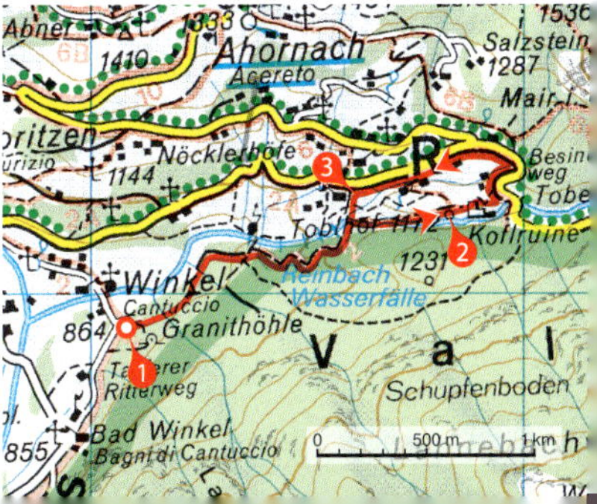

10 Kofler zwischen den Wänden, 1528 m

2.45 Std.

Adlerhorst über dem Reintal

Wer von der Toblbrücke hineinschaut ins Reintal, wird kaum vermuten, dass linker Hand hoch über den steilen, felsdurchsetzten Hängen ein Bauernhof steht: der Kofler zwischen den Wänden. Er trägt seinen Namen zu Recht, auch wenn der Hof über einem großen Wiesenfleck steht und nicht »auf einer Felsplatte, unter ihm, hinter ihm Wände und wildester Hochwald« (Paul Tschurtschenthaler, 1935). Heute ist der legendenumrankte Hof ein beliebtes Wanderziel; schade, dass man an diesem aussichtsreichen Platz nicht mehr einkehren kann.

Beliebtes Wanderziel: der Kofler zwischen den Wänden.

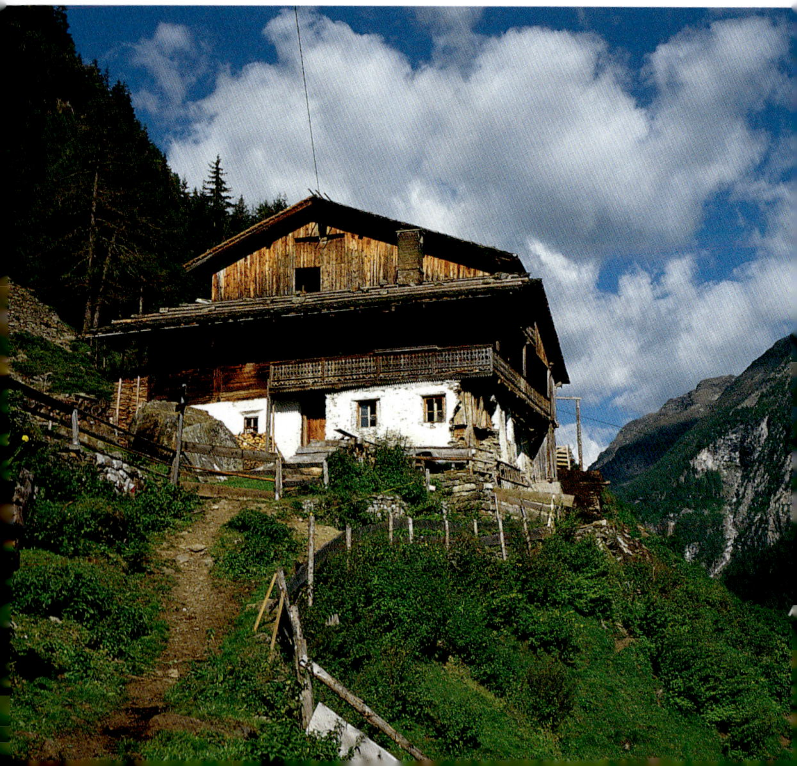

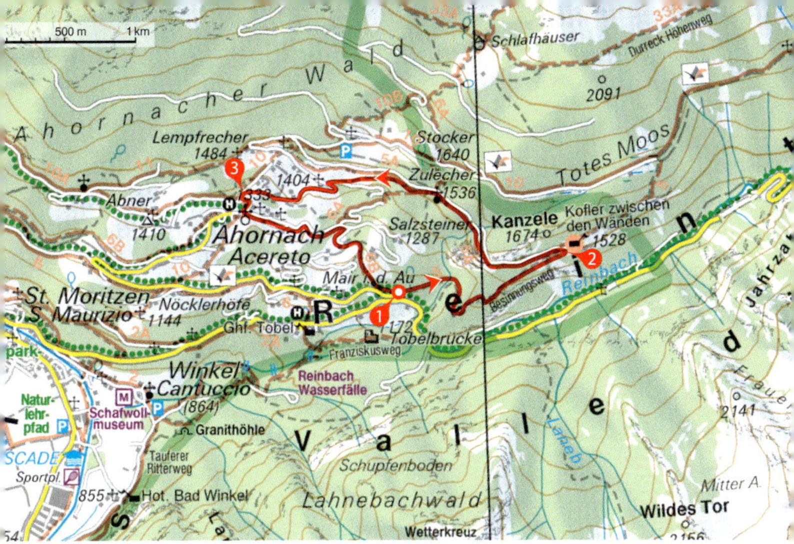

Talort: Sand in Taufers, 873 m, Ferienort am Eingang ins Ahrntal.
Ausgangspunkt: Tobl, 1106 m, an der Verzweigung der Talstraße nach Ahornach und Rein. Parkmöglichkeit Richtung Toblbrücke, Busverbindung mit Sand in Taufers.
Anforderungen: Steiler Anstieg, teilweise mit Stiegen, Geländern und Drahtseilsicherungen, Abstieg teilweise auf Güterwegen. Markierungen 5, 5A, 10, 6B.
Höhenunterschied: 490 m.
Einkehr: Für Gourmets: Kräuter-Restaurant Arcana im Gh. Moosmair (Ahornach).
Anschluss an: Tour 9.

Drunten an der Straße ins Reintal bei **Tobl (1)** beginnt der Weg hinauf zum Kofler. Zunächst auf einem breiten Ziehweg in einen bewaldeten Graben, dann rechts steil über die felsdurchsetzte Flanke bergan. Stiegen und Geländer erleichtern an mehreren Stellen den Anstieg, zusätzlich sichern Drahtseile etwas exponierte Passagen. Der Steig mündet auf den Wiesenhang unter den Felsen. Nun hinauf zum **Kofler zwischen den Wänden (2)**, 1528 m.

Der Rückweg führt auf dem neuen Fahrweg hinaus zu den verstreuten Höfen von Ahornach, erst über Felsabbrüchen gegen das Kanzele, 1674 m, ansteigend, dann mit freier Sicht auf den weiten Talkessel von Sand allmählich an Höhe verlierend. Straßenschleifen abkürzend steigt man hinunter zur Kirche von **Ahornach (3)**, 1333 m; hier links auf ein asphaltiertes Sträßchen. Markierung 6B leitet schließlich zurück zur Reintalstraße bzw. zum Ausgangspunkt der Runde bei **Tobl (1)**.

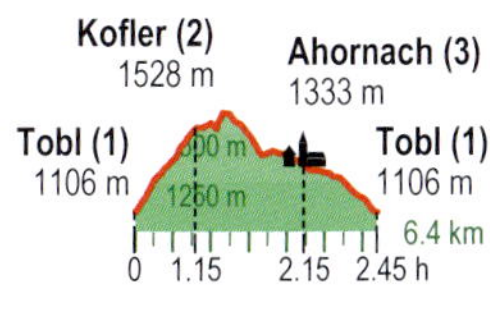

11 Speikboden, 2517 m, Nordanstieg

3.00 Std.

Der schönste Aussichtsberg des Tauferer Ahrntals?

Den Speikboden sollte man sich zuerst auf der Landkarte anschauen, möglichst auf einem Blatt, das vom Zillertaler Hauptkamm bis zu den Dolomiten reicht. Aus der Vogelschau wird die zentrale Lage des unscheinbaren Berges so richtig sichtbar, der wie kein anderer einen Blick über (fast) das gesamte Revier dieses Führers gestattet. Im Norden glänzt der Zillertaler Hauptkamm, vom Hochfeiler im Westen bis zur Birnlücke, über der rechts die Dreiherrnspitze, 3498 m, thront. Genau von Osten öffnet sich das Reintal mit seinem vergletscherten Gipfelkranz und den beiden hohen Wächtern über dem Eingang – links Großer Moosstock, 3059 m, rechts Große Windschar, 3041 m.

Durch den breiten Graben des Tauferer Tals schaut man hinaus in die Längsalpenfurche des Pustertals, über dem sich – Gipfel neben Gipfel, Zacken hinter Zacken – die Dolomiten aufbauen.

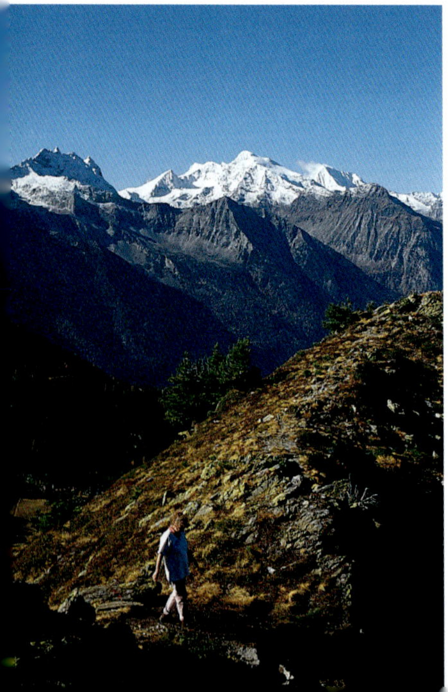

Talort: Sand in Taufers, 873 m, Ferienort am Eingang ins Ahrntal.

Ausgangspunkt: Talstation der Speikboden-Gondelbahn an der Straße von Sand in Taufers ins Ahrntal, Betriebszeit der Seilbahn Anfang Juni bis Mitte Oktober 8.30–16.30 Uhr. Ab August jeweils dienstags Frühfahrten zum Sonnenaufgang.

Anforderungen: Überwiegend gute Wege, am Kamm teilweise mit Steinplatten belegt. Markierungen 27, 18, 18A.

Höhenunterschied: 610 m.

Einkehr: Michlreiser Alm, 1960 m; Sonnklarhütte, 2400 m. Letztere ist benannt nach dem Alpenpionier Carl Sonklar (1816–1885), deshalb müsste sie richtig Sonklarhütte heißen (vgl. Tour 25).

Tipp: Fährt man mit dem Sonnklar-Sessellift bis zum Grat, so reduziert sich die Gesamtgehzeit auf ca. 1.30 Std.

Anschluss an: Touren 12 und 25.

Am Speikboden-Rundweg: Blick ins Ahrntal.

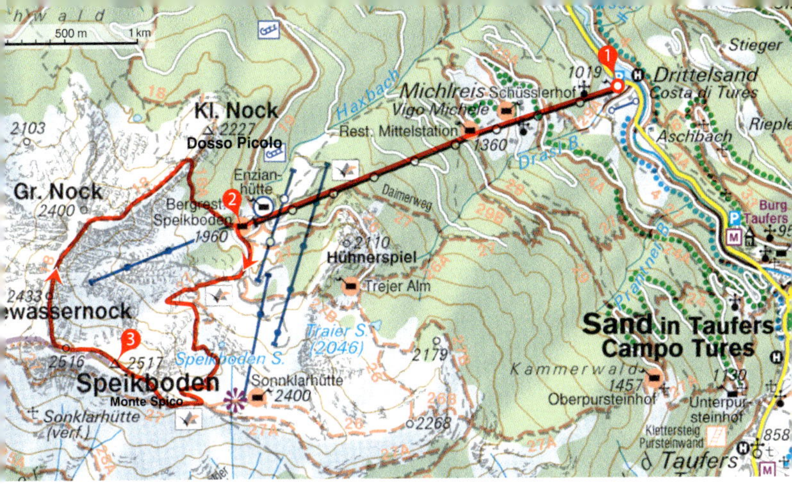

Nach der Auffahrt von der **Talstation der Speikbodenlifte (1)** beginnt die Wanderrunde an der **Bergstation** bei der **Michlreiser Alm (2)**, 1960 m, mit dem Anstieg über den **Kellerbauerweg**. Rot-weiße Markierungen leiten auf der breit gewalzten Skipiste bergan. Unter dem Nordostgrat des Speikbodens beschreibt der Pfad einen weiten Bogen, ehe er – vorbei am idyllischen **Speikbodensee**, 2280 m – den lang gestreckten Ostgrat des Gipfels anpeilt. Am Wegzeigerbaum, 2387 m, hält man sich rechts und folgt der deutlichen Spur über den zuletzt felsigen Kamm zum höchsten Punkt des **Speikbodens (3)**, 2517 m. Der Abstieg führt mit geringem Höhenverlust hinüber zum **Westgipfel**, 2516 m, dann in einem Bogen rechts abwärts gegen den **Seewassernock**, 2433 m. Dahinter leitet der kunstvoll trassierte Plattenweg in die Ostflanke des **Großen Nocks**, 2400 m. Rechts »zickzackt« eine markierte Spur hinab zur Bergstation des Seenocklifts; geradeaus geht es zurück zum Grat. Der Weg ist auch hier vor ein paar Jahren mit Steinplatten ausgebaut worden. Weiter in anregendem Auf und Ab über ein paar felsige Buckel bis zur Wegteilung knapp unter dem Kleinen Nock, 2227 m, von der sich ein Prachtblick auf den Zillertaler Hauptkamm bietet. Zur **Michlreiser Alm (2)** rechts über Schrofen und Geröll abwärts, dann durch lichten Wald zurück ins Skirevier mit seinen Liften und Pisten. Mit dem Lift geht es zurück zur **Talstation (1)**.

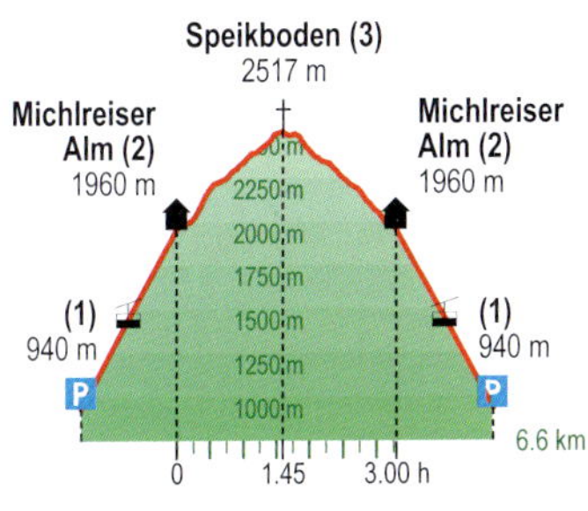

12 Speikboden, 2517 m, Südanstieg

5.15 Std.

Höfe, Almen und viel Aussicht

Der Speikboden, 2517 m, kann auch von Süden bestiegen werden, aus dem Mühlwalder Tal. Hier gibt es keinen Lift, dafür an der Sonnseite zahlreiche Höfe. Die Anstiege sind länger, im Sommer recht schweißtreibend, aber auch stiller. Und wer nicht in Mühlwald, 1220 m, starten mag, benützt vorab die Straße nach Mitterberg und Pieterstein. Ein Tipp: Biker mit strammen Wadln und großer Lunge kurbeln gleich hinauf zur bewirtschafteten Weizgruber Alm.

Ausgangspunkt: Von Mühlwald Richtung Pieterstein 7 km weit, dann spitzwinklig links und noch knapp 500 m weiter zu einem Wanderparkplatz, ca. 1635 m.
Anforderungen: Bis auf den Gipfelanstieg gut markierte Wege; im Hochsommer (südseitige Hänge) ziemlich heiß. Gipfelweg unmarkiert, aber keine Orientierungsprobleme. Markierungen 28A, 27, 27A, 25A.
Höhenunterschied: 890 m.
Einkehr: Weizgruber Alm, 2032 m, im Sommer; Sonnklarhütte, 2400 m. Letztere ist benannt nach dem Alpenpionier Carl Sonklar (1816–1885), deshalb müsste sie eigentlich richtig Sonklarhütte heißen (vgl. Tour 25).
Anschluss an: Tour 11 und 25.

Den Aufstieg zur Weizgruber Alm kann man ganz gemütlich auf der in weiten Schleifen sanft ansteigenden Almstraße oder – kürzer – auf dem mit 28A bezeichneten Fußweg hinter sich bringen. Er steigt vom **Parkplatz (1)** an dem bewaldeten Hang des Mitterbergs zügig an. Knapp unterhalb der Mitterberger Alm mündet er wieder in die Straße; man folgt ihr links zur **Weizgruber Alm (2)**, 2032 m. Hinter der Hütte rechts über die Wiesenhänge bergan, in

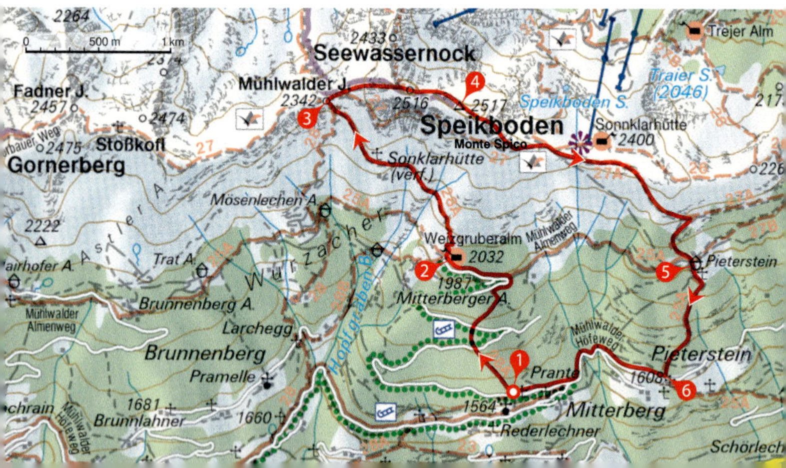

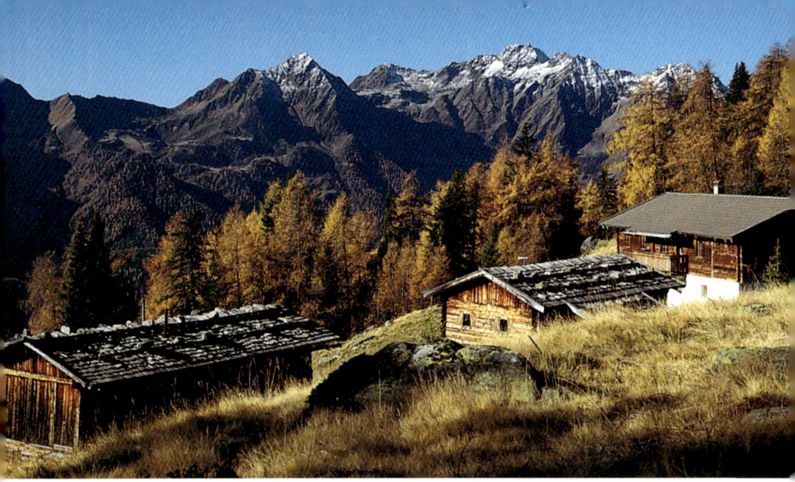

Willkommene Einkehr: die Weizgruber Alm.

weiterem Anstieg über ein paar Gräben, an einem originellen Kruzifix vorbei und hinauf ins flache **Mühlwalder Joch (3)**, 2342 m. Hier heißt es: Vorhang auf! Da stehen sie vor einem, die Dreitausender des Zillertaler Hauptkamms, gleißendes Weiß unter tiefem Blau – was für ein Bild! Über die Wiesensenke läuft auch der »Kellerbauerweg«; man folgt ihm aber nur ganz kurz und steigt dann – einer unmarkierten Spur folgend – über den harmlosen Westgrat des Speikbodens an zu dem von der Michlreiser Alm ausgehenden Rundweg (siehe Tour 11). Er leitet mit geringem Höhenverlust über den Vorgipfel zum höchsten Punkt des **Speikbodens (4)**, 2517 m, und zum großen Panorama.

Der Abstieg führt zunächst am Ostgrat hinab in eine Senke, 2387 m, wo der »Kellerbauerweg« kreuzt. Weiter rechts vom Grat, allmählich etwas an Höhe verlierend, zum großen Holzkreuz oberhalb der Pietersteinalm. Von dem schönen Rastplatz genießt man freie Sicht bis in die Sextener und Ampezzaner Dolomiten; im Osten öffnet sich das von den vergletscherten Dreitausendern der Rieserfernergruppe umstandene Reintal. Hübsch auch der Tiefblick zur **Pietersteinalm (5)**, 2040 m, zu der man auf einem rot-weiß markierten Weg absteigt (Abzweigung wenig östlich vom Kreuz). Zuletzt im Wald sehr steil hinunter nach **Pieterstein (6)**, 1623 m, und auf der Asphaltstraße zurück zum **Parkplatz (1)**.

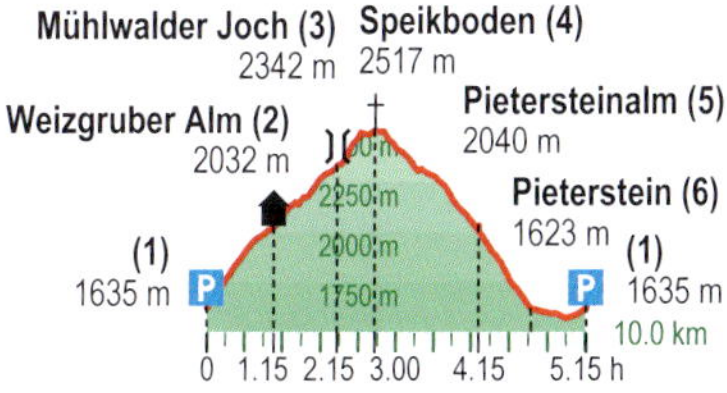

13 Eggespitzl, 2187 m

3.00 Std.

Kleiner Spitz mit großer Aussicht

Die großen Tourenziele liegen weiter nördlich, um den Neves-Stausee und am Zillertaler Hauptkamm. Da kann der unscheinbare Gupf über dem Zösental natürlich nicht mithalten, und sein See, eingebettet in eine Wiesenmulde unter den Nordabstürzen des Flemmbergs, 2696 m, ist – obwohl in manchen Landkarten noch hübsch blau eingezeichnet – längst ausgetrocknet. Dafür prunken im Norden die Dreitausender des Zillertaler Hauptkamms (Großer Möseler, 3479 m; Turnerkamp, 3418 m). Ihr Firnkleid hat allerdings unter dem Temperaturanstieg der letzten Jahrzehnte schon erheblich gelitten: graue (Geröll-)Fransen anstatt strahlendem Weiß.

Talort: Lappach, 1439 m, Bergdorf im inneren Mühlwalder Tal, Straße von Mühlen 14,5 km. Bus von Sand in Taufers.
Ausgangspunkt: Zösental, Zufahrt von Lappach via Oberlappach bis zur Bergmeisteralm, 1665 m; Parkplatz.

Anforderungen: Leichte, nur wenig anstrengende Wanderrunde auf Almstraßen und bezeichneten Wegen. Markierungen 20A und 20.
Höhenunterschied: 540 m.
Einkehr: Mair-am-Tinkhof-Alm, 1728 m; Bergmeisteralm.

Die kleine Gipfeltour beginnt bei der **Bergmeisteralm (1)** als Talwanderung, führt an der **Mair-am-Tinkhof-Alm** (**2**, früher Mair-zu-Hof-Alm, 1728 m), vorbei ins innerste **Zösental**. Im Vorblick zeigt sich zunächst die Schwarze Riffl, 2744 m, später über dem Seetal auch die Rote Riffl, 2874 m, beide weglos und aus sehr brüchigem Gestein.

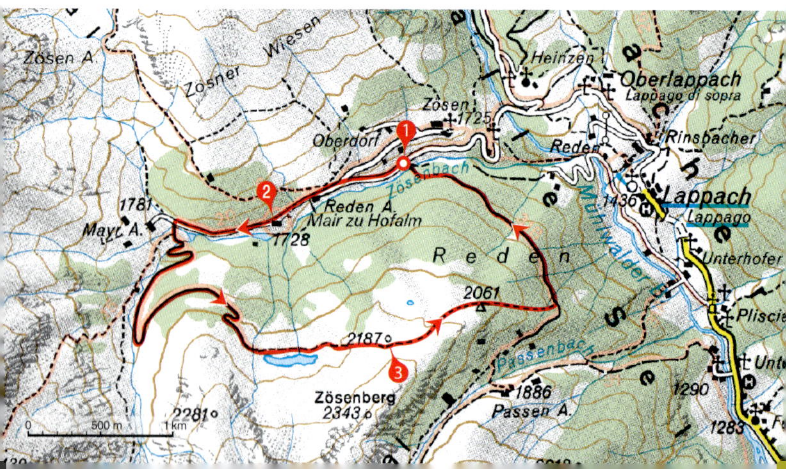

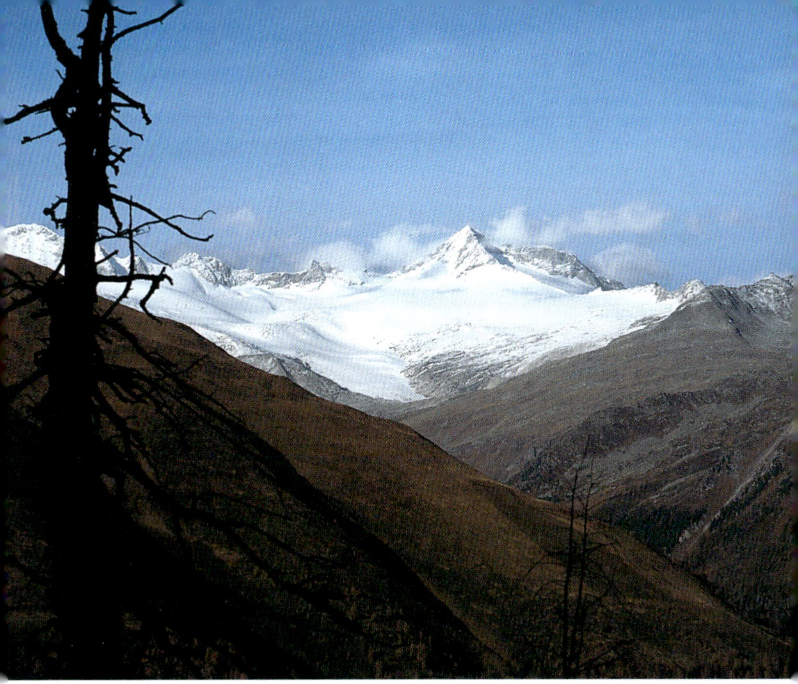

Aussichtspunkt Eggespitzl: Blick zum Turnerkamp.

Noch vor der Moaralm (Mayralm), 1781 m, überquert die Schotterpiste den **Zösenbach**, gleich danach zweimal den Kaserbach. Die **Klammalm** bleibt rechts unterhalb; in angenehm flachen Schleifen gewinnt der Fahrweg unter dem Alplschrofen, 2174 m, allmählich an Höhe, ehe er schließlich am verlandeten **Flemmsee**, 2066 m, endet.

Den rot-weißen Markierungen folgend links am »See« vorbei und hinauf in die kleine Senke im Rücken des **Eggespitzl (3)**, 2187 m. Vom Kreuz bietet sich der eingangs erwähnte Blick auf den Neves-Stausee und den Großen Möseler, 3479 m.

Aus dem Sattel auf schmalem Weg mit weiterhin freier Sicht leicht abwärts gegen den **Zösenbichl**, 2061 m, dann im Wald steiler hinunter zur Straße ins Passental. Auf der Schotterpiste zurück ins Zösental zur **Bergmeisteralm (1)**.

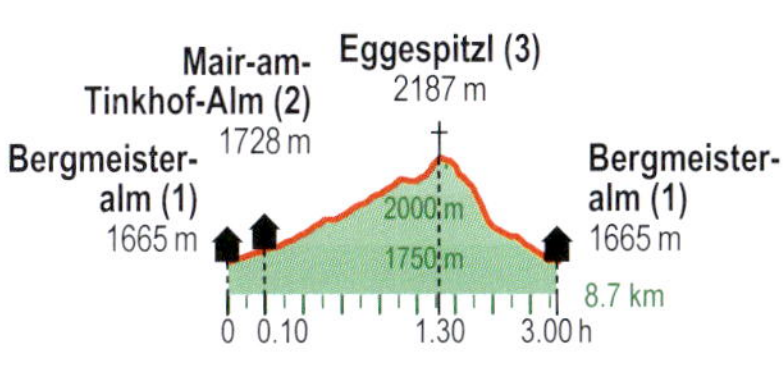

14 Napfspitze, 2888 m

5.30 Std.

Schieferberg mit Gletscherblick

Die großen Tourenziele der Edelrauthütte, 2545 m, stehen natürlich im Zillertaler Hauptkamm (Hochfeiler, 3510 m; Hoher Weißzint, 3371 m). Den besten Blick auf die vergletscherten Dreitausender bietet die Napfspitze, gerade eine Gehstunde über dem Schutzhaus. Entsprechend beliebt ist der Abstecher!

Ausgangspunkt: Neves-Stausee, 1860 m, gebührenpflichtige Zufahrt von Lappach, teilweise sehr schmal, Einbahnverkehr (Ampel), 5 km. Parkplätze am Ostufer des Sees.
Anforderungen: Die Besteigung der Napfspitze darf nicht unterschätzt werden: einige leichte Kletterstellen am Vorbau und zum Gipfel hin, sehr brüchiges Gestein. Markierungen 26, 6.
Höhenunterschied: 1030 m.
Einkehr: Edelrauthütte, 2545 m, geöffnet Anfang Juni bis Anfang Okt., Tel. +39/0474/653230. Im Sommer 2016 hat das neue Haus seinen Betrieb aufgenommen. Am Ostufer des Neves-Stausees im Sommer Einkehrmöglichkeit in der Untermaureralm.
Anschluss an: Tour 15 und 45.

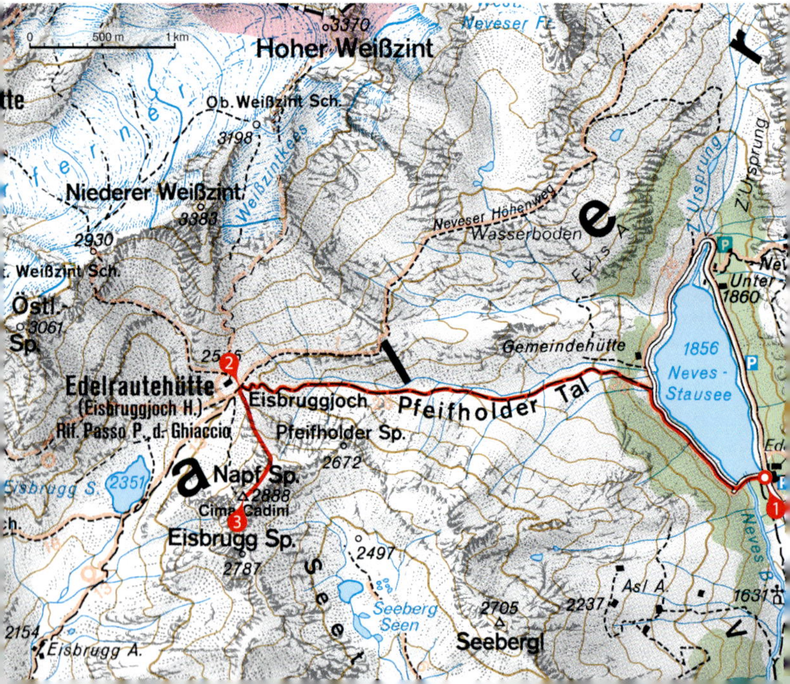

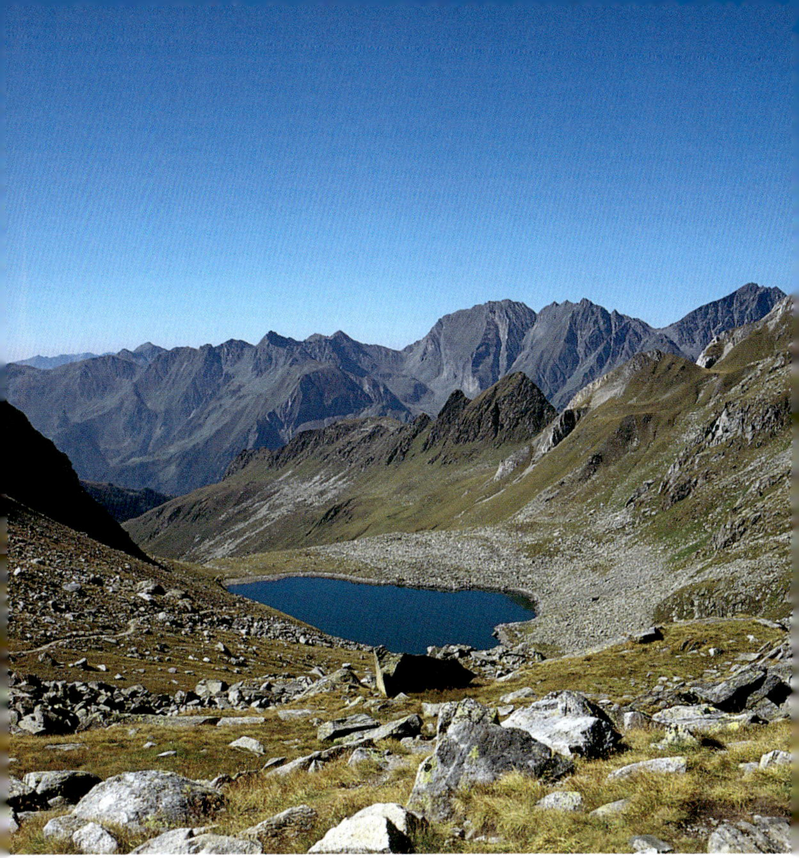

Der Eisbruggsee in den Pfunderer Bergen.

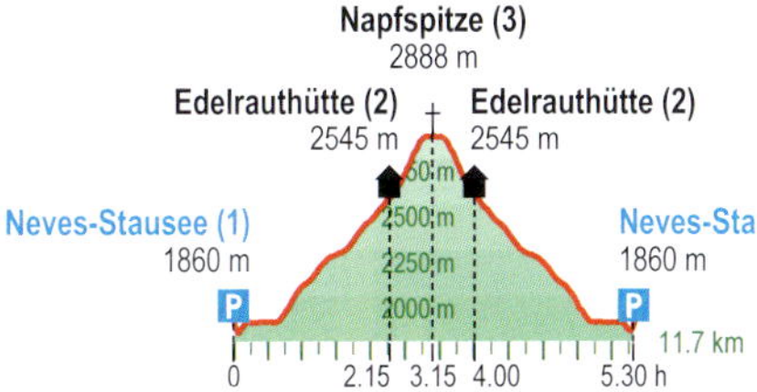

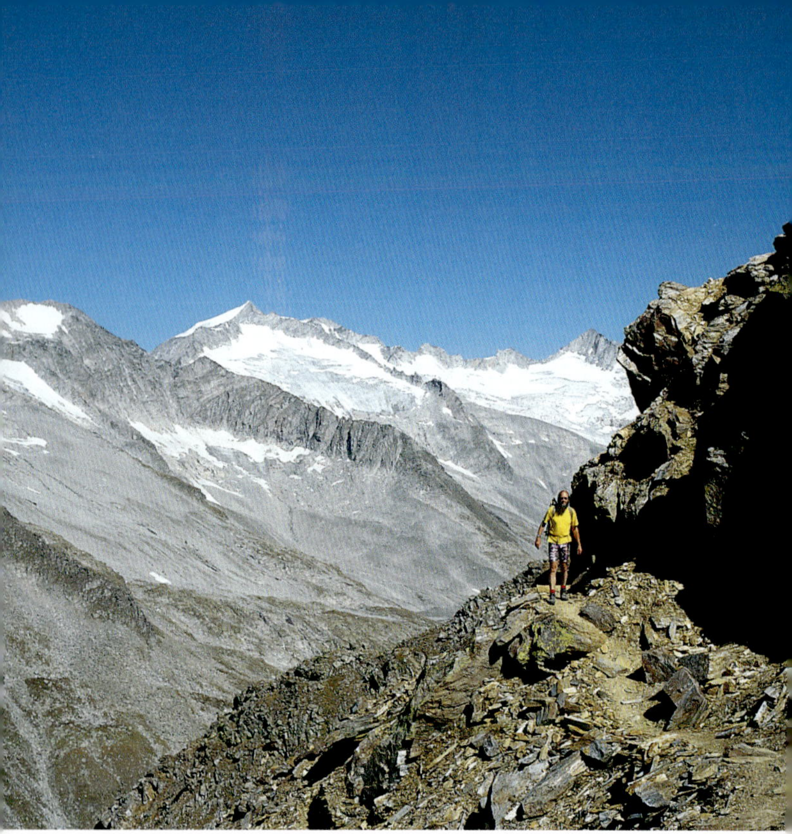

Gipfelweg vor dem Zillertaler Hauptkamm: an der Napfspitze.

Die Tour startet an der Betonsperre, die den **Neves-See (1)**, 1860 m, aufstaut. Man spaziert zunächst über die Krone und folgt dann dem Uferfahrweg nach Nordwesten, bis rot-weiße Markierungen links den Beginn des Anstiegs zur Edelrauthütte signalisieren. Er führt über den licht bewaldeten Hang bergan, dann durch das **Pfeifholder Tal** einwärts und zuletzt über ein paar Kehren zum Haus. Die **Edelrauthütte (2)** steht unmittelbar am **Eisbruggjöchl**, 2545 m, der Wasserscheide zwischen Tauferer und Pfunderer Tal. Südwestlich unterhalb der Senke liegt der dunkle **Eisbruggsee**, 2351 m; im Osten zeigt sich über der Senke des Neveser Jochs, 2405 m, die firnbedeckte Rötspitze, 3495 m.

Südlich über der Edelrauthütte erhebt sich die Pfeifholderspitze, 2862 m, rechts dahinter ragt die Napfspitze in den Himmel. Der Gipfelsteig führt zum Fuß der Felsen, dann steil am Nordgrat aufwärts, mit ein paar etwas ausgesetzten Stellen. Über Blockfelsen gewinnt man eine Kuppe, 2714 m; dahinter geht's kurz abwärts, dann in Serpentinen über den Schrofenhang aufwärts und rechts unter der Pfeifholderspitze hindurch zum Grat, ca. 2840 m. Rechts leitet eine unmarkierte, aber deutliche Spur zu den Felsen des Napfspitz-Vorgipfels; den nur wenig höheren Hauptgipfel der **Napfspitze (3)**, 2888 m, gewinnt man ebenfalls nach kurzer, leichter Kletterei.
Der Rückweg zum Startpunkt am **Neves-Stausee (1)** folgt dem Anstiegsweg.

Die neue Edelrauthütte am Eisbruggjoch, 2016 eröffnet.

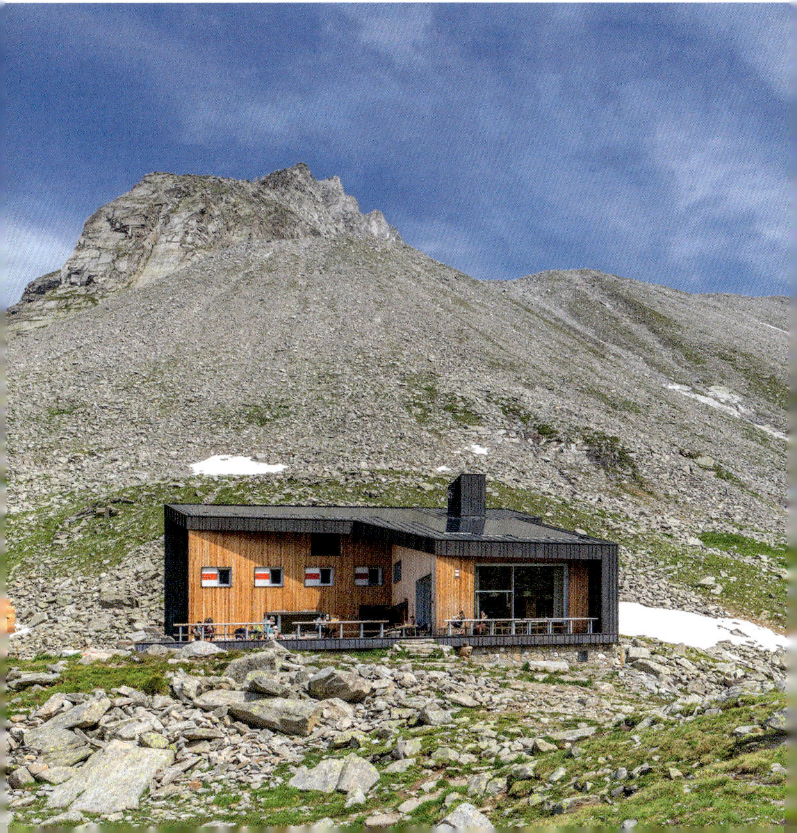

TOP 15 Neveser Höhenweg

8.00 Std.

Aussichtswanderung unter den Zillertaler Gletschern

Unter den Höhenwegen der Region gehört der »Neveser« zu den kürzeren, aber auch zu den schönsten. Die Runde im hintersten Mühlwalder Tal vermittelt starke Eindrücke, Kontrastbilder. Während drunten um Lappach noch Wald- und Wiesengrün dominiert, so mancher alte Bauernhof bei den Alpenbewohnern auf Zeit echte Kuschelgefühle weckt, weht von den vergletscherten Höhen um den Großen Möseler, 3479 m, und den Hohen Weißzint ein kühler Hauch herab, gemahnen die riesigen Geröllfelder an die Vergänglichkeit auch der »ewigen« Berge.
Gut drei Stunden ist man in der Regel (Pausen nicht eingerechnet) auf der Höhenroute unterwegs, und da wird manche/r froh sein, dass sowohl am Eisbruggjoch als auch am Neveser Joch ein bewirtschaftetes Refugium steht. Besonders gut sitzt es sich auf der Terrasse der Chemnitzer Hütte; da geht der Blick noch einmal zurück zum »Neveser«. Und wer in dem Haus übernachtet, kann die Höhenwanderung anderntags am »Stabelerweg« (Tour 26) oder am »Kellerbauerweg« (Tour 25) fortsetzen.

Ziemlich feuchte Angelegenheit: Bachquerung am »Neveser«.

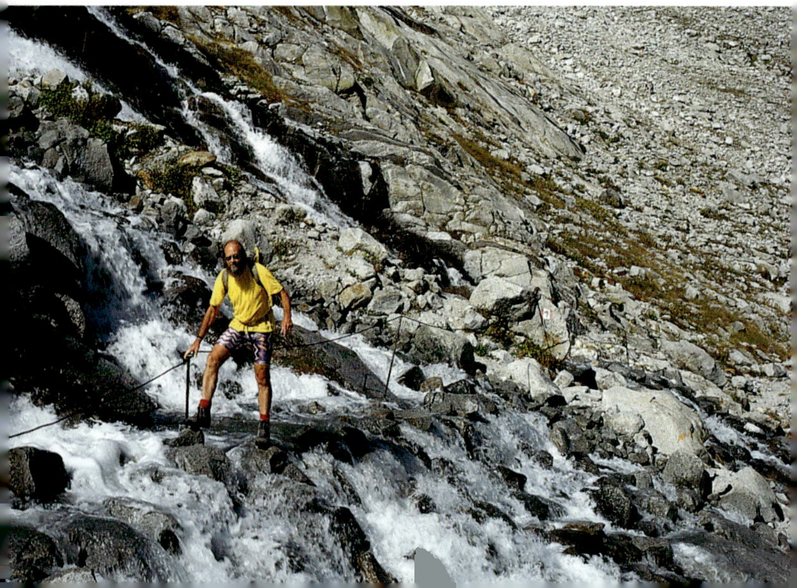

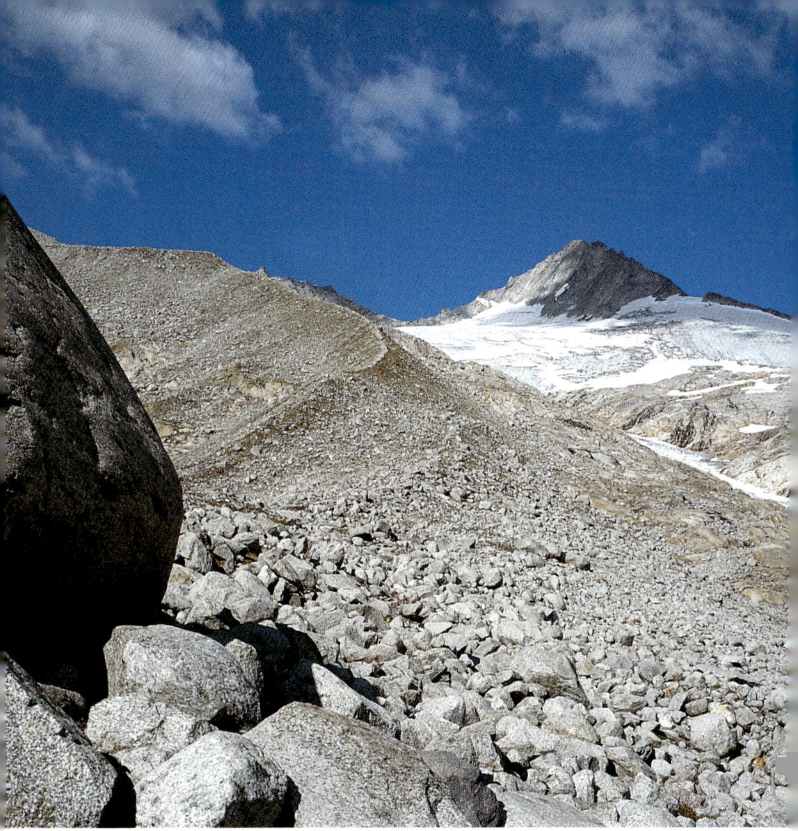

Im Vorfeld der Gletscher: Blick zum Turnerkamp.

Ausgangspunkt: Neves-Stausee, 1860 m, gebührenpflichtige Zufahrt von Lappach, teilweise sehr schmal, Einbahnverkehr (Ampel), 5 km. Parkplätze am Ostufer des Sees.
Anforderungen: Recht lange Tour auf überwiegend guten Wegen. Vorsicht: Die Gletscherbäche schwellen an warmen Sommertagen jeweils nachmittags stark an. Im Bereich des Wasserbodens wurde der Weg deshalb neu trassiert.
Höhenunterschied: 1200 m inklusive Gegensteigungen am »Neveser Höhenweg«.
Einkehr: Edelrauthütte, 2545 m, geöffnet Anfang Juni bis Anfang Oktober, Tel. +39/0474/653230. Im Sommer 2016 hat das neue Haus seinen Betrieb aufgenommen. Chemnitzer Hütte, 2416 m, geöffnet von Mitte Juni bis Mitte Oktober, Tel. +39/0474/653244. Am Ostufer des Neves-Stausees im Sommer Einkehr in der Untermaureralm.
Anschluss an: Tour 14, 25, 26.

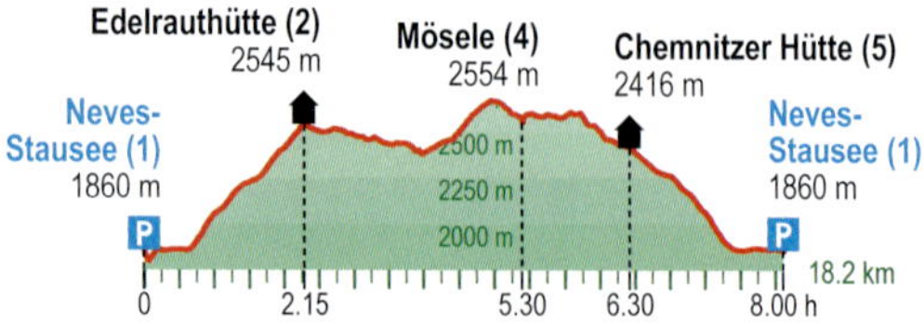

Die Tour startet an der Betonsperre, die den **Neves-See (1)**, 1860 m, aufstaut. Man spaziert zunächst über die Krone und folgt dann dem Uferfahrweg nach Nordwesten, bis rot-weiße Markierungen links den Beginn des Anstiegs zur Edelrauthütte signalisieren. Er führt über den licht bewaldeten

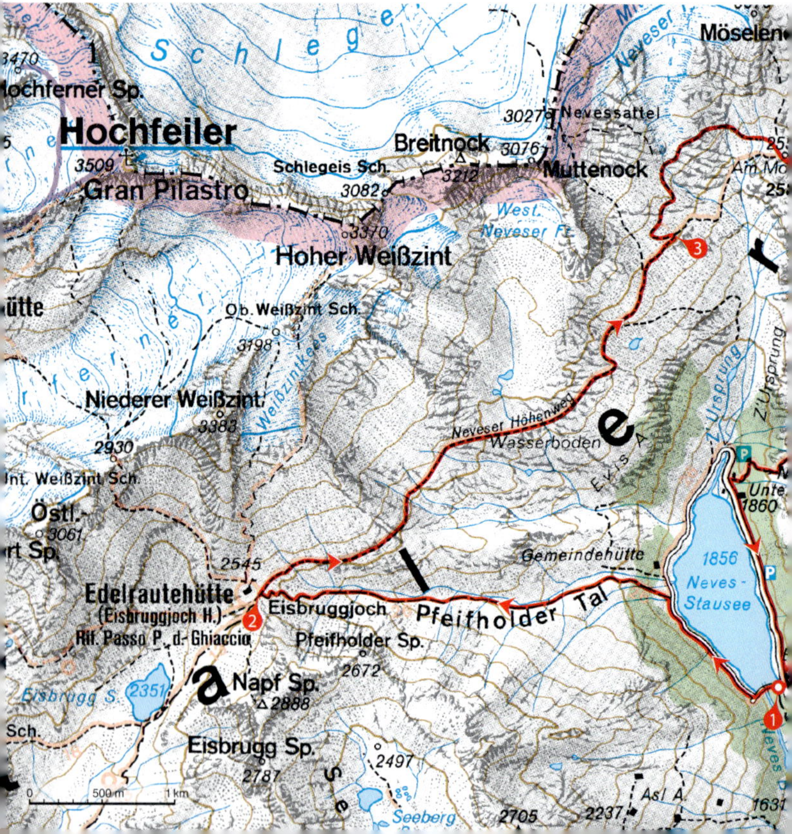

Hang bergan, dann durch das **Pfeifholder Tal** einwärts und zuletzt über ein paar Kehren zum Haus. Es steht unmittelbar am **Eisbruggjoch**, 2545 m, der Wasserscheide zwischen Tauferer und Pfunderer Tal.

Bereits vom Hüttenweg aus ist in der Südostflanke der Weißzinte eine Spur auszumachen: der **Neveser Höhenweg**. Er führt von der **Edelrauthütte (2)**, 2545 m, zunächst fast eben verlaufend, dann allmählich etwas an Höhe verlierend, quer durch die felsdurchsetzten Hänge. Im Bereich der Wasserböden beginnt ein längerer Anstieg zu dem südlichen Gratausläufer des Muttenocks, ca. 2670 m.

Dahinter quert der **neu trassierte Weg (3)** die steinigen Hänge über dem Ursprungtal, bietet dabei freie Sicht auf den Turnerkamp und seinen Gletscher. Wie überall an der Südflanke des Zillertaler Hauptkamms ist auch da das Eis stark geschwunden. Absteigend erreicht man den Ursprungbach. Über das vom Nevesferner gespeiste Wasser und anschließend im Zickzack hinauf zum **Mösele (4)**, 2554 m, mit schönem Blick über das Tal und seinen teilweise vergletscherten Gipfelkranz.

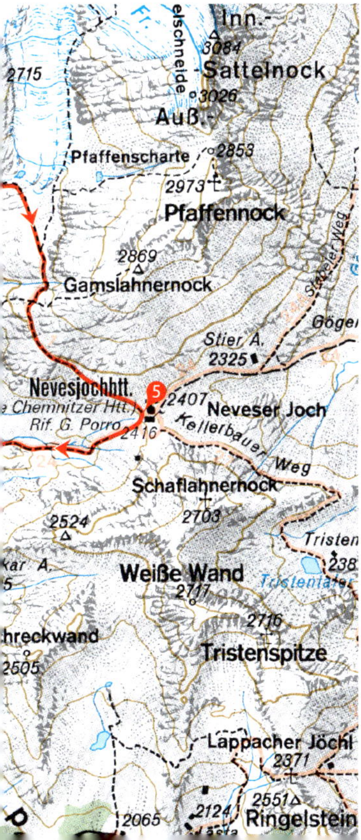

Im Vorfeld des östlichen Nevesferners quert man über Gletscherschliffe, Geröll und einen Bach (solide Brücke), dann steigt der Weg nochmals an bis zu einem großen Steinmann-Wegzeiger. Weiter führt die Spur flach zum Gamslahner und über felsdurchsetzte Hänge abwärts ins **Nevesjoch**, 2407 m. Etwas oberhalb der Senke steht die **Chemnitzer Hütte (5)**, 2416 m.

Der Abstieg führt auf einem breiten Karrenweg erst recht steil hinab zu den Nevesböden, dann flacher talauswärts und in Kehren über einen felsdurchsetzten Hang abwärts zur **Oberen Nevesalm**, 2134 m. Nun kommt man entweder auf dem in zahlreichen Serpentinen verlaufenden Sträßchen oder auf dem alten Almweg hinunter zum See und auf der Uferstraße zurück zum Ausgangspunkt am **Neves-Stausee (1)**.

16 Rieserfernerhütte, 2798 m

6.30 Std.

Hoch hinaus – auch ohne Gipfel

Im Gegensatz zur Kasseler Hütte (siehe Tour 17) liegt die 1979 eröffnete Rieserfernerhütte fernab von Siedlungen und Straßen. So ist die Hüttenwanderung bereits eine (sehr lohnende) Tagestour, und wer gar einen der Dreitausender rund um das Gemsbichljoch, 2761 m, besteigen möchte, tut gut daran, eine Übernachtung in dem gastlichen Haus einzuplanen.

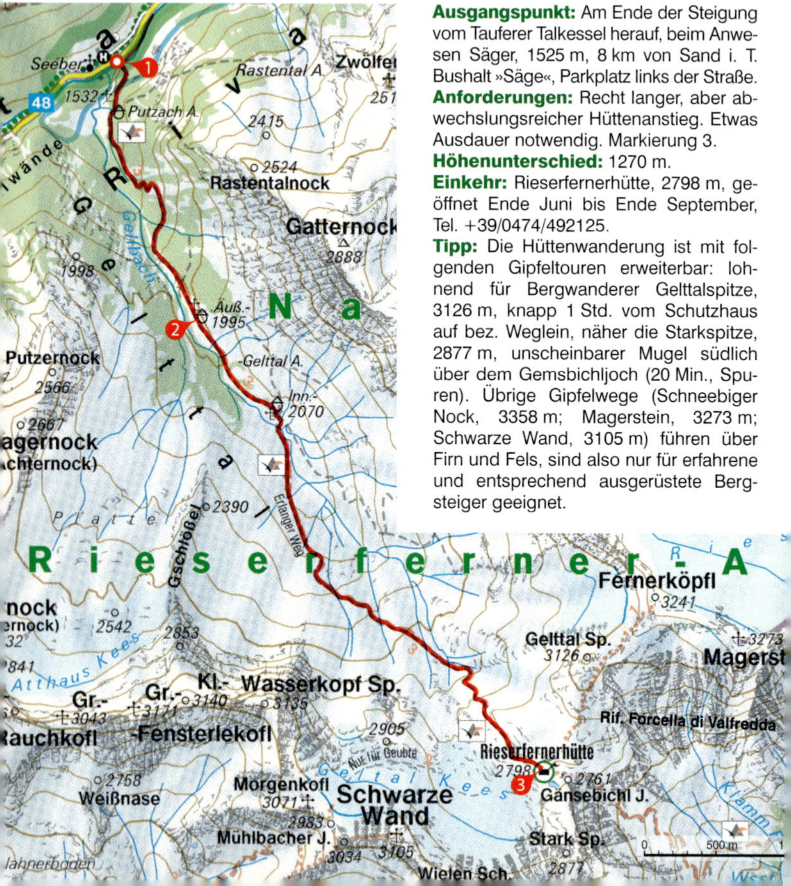

Ausgangspunkt: Am Ende der Steigung vom Tauferer Talkessel herauf, beim Anwesen Säger, 1525 m, 8 km von Sand i. T. Bushalt »Säge«, Parkplatz links der Straße.

Anforderungen: Recht langer, aber abwechslungsreicher Hüttenanstieg. Etwas Ausdauer notwendig. Markierung 3.

Höhenunterschied: 1270 m.

Einkehr: Rieserfernerhütte, 2798 m, geöffnet Ende Juni bis Ende September, Tel. +39/0474/492125.

Tipp: Die Hüttenwanderung ist mit folgenden Gipfeltouren erweiterbar: lohnend für Bergwanderer Gelttalspitze, 3126 m, knapp 1 Std. vom Schutzhaus auf bez. Weglein, näher die Starkspitze, 2877 m, unscheinbarer Mugel südlich über dem Gemsbichljoch (20 Min., Spuren). Übrige Gipfelwege (Schneebiger Nock, 3358 m; Magerstein, 3273 m; Schwarze Wand, 3105 m) führen über Firn und Fels, sind also nur für erfahrene und entsprechend ausgerüstete Bergsteiger geeignet.

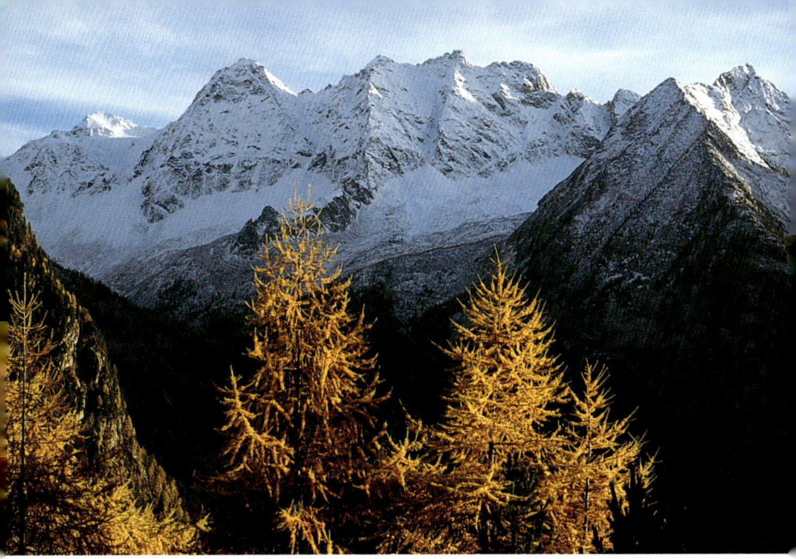

Herbst über dem Gelttal.

Die Wanderung ins Gelttal beginnt im **Reintal (1)** bei der Brücke über den Reinbach. Die Putzachalm, 1525 m, bleibt rechts; der gut markierte Weg führt an der schluchtartig verengten Talmündung durch ein Bergsturzgelände, dessen Abbruchstelle an dem Rastentalnock noch gut auszumachen ist, und steigt dann in Serpentinen über eine bewaldete Steilstufe an. Bei der **Äußeren Gelttalalm (2)**, 1995 m, öffnet sich das weite, von hohen, vergletscherten Bergen umrahmte Talinnere. Man durchwandert den flachen Boden bis zur **Inneren Gelttalalm**, 2070 m. Dahinter beginnt der zweite, recht anhängliche Teil des Aufstiegs: nochmals rund 700 Höhenmeter über steinige Wiesen und riesige, einst vom Gelttalferner blank geschliffene Felsplatten. Unter der Gelttalspitze überwindet der Weg in vielen Kehren eine letzte Talstufe, ehe er fast flach hinüber zur **Rieserfernerhütte (3)**, 2798 m, führt, die etwas oberhalb des Gemsbichljochs steht.

Abstieg auf demselben Weg.

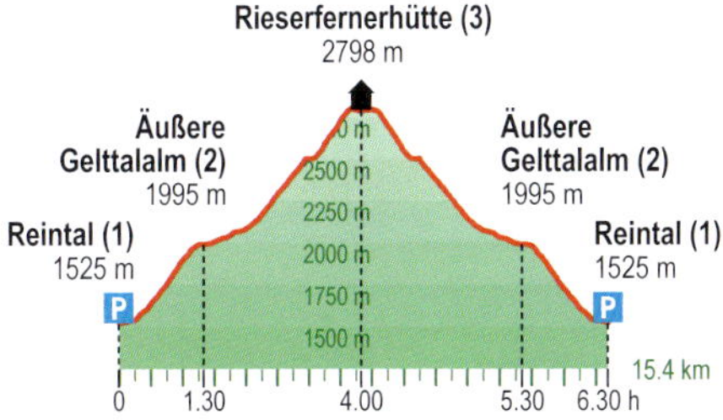

17 Kasseler Hütte – Tristennöckl, 2465 m

4.30 Std.

Hüttenwanderung mit Gipfelabstecher

Die Kasseler Hütte (Hochgallhütte), 1893 vom DAV Kassel erbaut und heute im Besitz der CAI-Sektion Rom, ist nicht unbedingt ein architektonisches Juwel. Doch das stört die wenigsten der Wanderer, die bei gutem Wetter heraufpilgern zu der Aussichtsloge über dem Bachertal. Und wenn man sich vor Augen führt, dass hier in den 1980er-Jahren gar ein Sommerskigebiet (!) geplant war, stellt der Zweckbau das entschieden kleinere Übel dar.
Wer die Hüttenwanderung nicht gleich auf dem landschaftlich sehr reizvollen »Hartdegen-Weg« fortsetzt (siehe Tour 18), sollte zumindest den Abstecher aufs Tristennöckl unternehmen; der isolierte Felsturm bietet eine interessante Umschau, gewürzt mit packenden Tiefblicken. Und ziemlich erstaunt stellt man fest, dass an dem Gipfelchen ein paar Zirbelkiefern wachsen – mithin das höchste derartige Vorkommen im gesamten Ostalpenraum!

Ausgangspunkt: Rein, 1598 m, einzige Siedlung im gleichnamigen Tal, Zufahrt von Sand in Taufers 11 km. Parkplatz, 1538 m, in dem »Unterstadt« (!) genannten Ortsteil im Talboden. Busverbindung mit Sand.
Anforderungen: Gemütliche Hüttenwanderung auf viel begangenem Weg, Tristennöckl nur für Trittsichere (leichte Felsen, Drahtseil). Markierung 1 bis zur Kasseler Hütte, dann rote Punkte.
Höhenunterschied: 930 m.
Einkehr: In Rein; Kasseler Hütte, 2276 m, geöffnet Anfang Juni bis Mitte Oktober, Tel. +39/0474/672550.
Anschluss an: Tour 18.

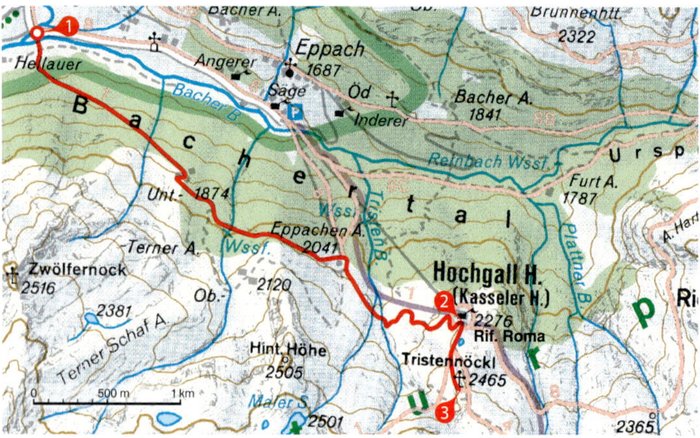

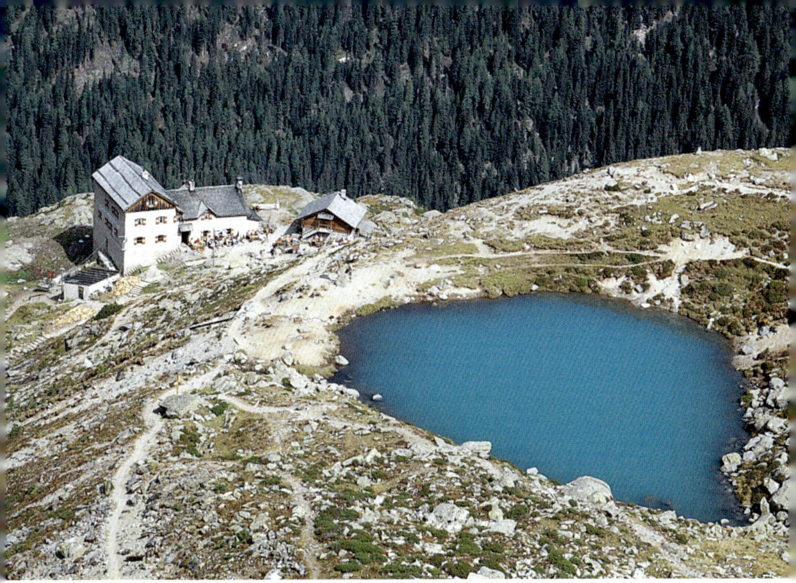

Die Kasseler Hütte vom Tristennöckel.

Vom Parkplatz, 1538 m, in der »**Unterstadt**« von **Rein (1)** über den Bach und auf komfortablem Weg an der südlichen Talflanke durch Lärchenwald bergan, zunächst in ein paar Kehren, dann schräg am Hang ansteigend. Hinter der **Unteren Terner Alm**, 1874 m, quert man den Terner Bach, der etwas höher über einen hübschen Wasserfall herabstiebt; die **Eppacher Alm**, 2041 m, lassen wir links liegen, die Waldgrenze bleibt zurück. Der wenig steile Weg führt über den **Tristenbach** und steigt schließlich in ein paar Schleifen zu der schon lange sichtbaren **Kasseler Hütte (2)**, 2276 m, hinauf.
Hinter dem großen Haus zunächst über einen Geröllhang kurz aufwärts zu einer Lacke (2315 m, Wegzeiger), dann auf dem alten, ziemlich vernachlässigten Steig in Kehren bergan gegen das **Tristennöckl (3)**, 2465 m, und unter der fast senkrechten Nordwand nach rechts hinaus. An einem Drahtseil etwa 30 Meter über gestuften Fels gerade aufwärts, dann links durch eine steile Rinne (künstliche Stufen) und über Schrofen zum nicht sehr geräumigen Gipfel.
Abstieg auf demselben Weg.

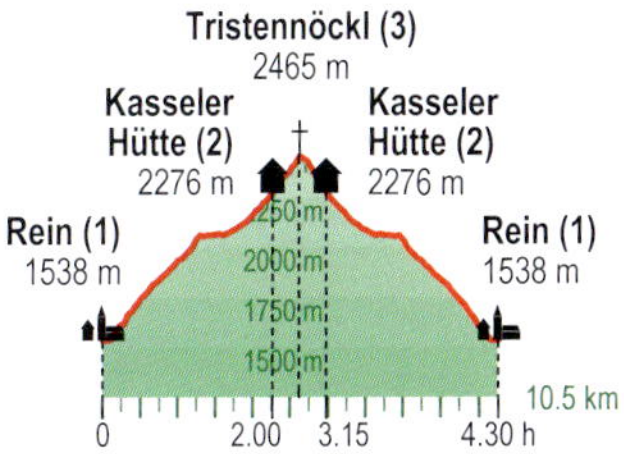

18 Arthur-Hartdegen-Weg I

5.45 Std.

Höhenwanderung im Vorfeld der Rieserfernergletscher

Von der DuÖAV-Sektion Kassel angelegt und 1910 eröffnet, war der »Hartdegen-Weg« ursprünglich eine hochalpine Verbindung zwischen der Kasseler (Hochgall-) und der Barmerhütte; heute versteht man darunter die (Südtiroler) Wegrunde über dem Bachertal, insgesamt etwa 15 Kilometer lang und aus zwei sehr unterschiedlichen Abschnitten bestehend: Das südliche Teilstück verläuft im Vorfeld der Rieserfernergletscher, während man vom nordseitigen Weg das gesamte Massiv überschaut, vom Lenkstein, 3237 m, bis zum Schneebigen Nock, 3358 m. Auf der Wanderung ins innerste Ursprungtal fasziniert vor allem die vom Eis geformte und geschliffene Szenerie: nicht unbedingt schön, aber sehr beeindruckend.

Ausgangspunkt: Materiallift, 1580 m, zur Kasseler Hütte; Teerstraße von Rein, 2 km; Parkmöglichkeit.

Anforderungen: Recht lange Wanderrunde mit einer gesicherten Passage (leicht) am Westgrat des Riesernocks. Markierungen 8, 8A, 8B, 8C. Im Hochsommer können Bachquerungen im Vorfeld des Rieserferners problematisch sein (vor allem nachmittags)!

Höhenunterschied: 900 m (samt Gegensteigungen).

Einkehr: Jausenstation Säge, 1580 m, an der Talstation der Hüttenseilbahn, ganzjährig geöffnet, prima Küche; Kasseler Hütte, 2276 m, geöffnet Anfang Juni bis Mitte Oktober, Tel. +39/0474/672550.

Anschluss an: Tour 17 und 19. Bei Start in Rein-Unterstadt ist die Höhenrunde an der Nordflanke des Bachertals schön über den »Hartdegen-Weg« zur Kofleralm fortsetzbar – auch in umgekehrter Richtung empfehlenswert (siehe Tour 19).

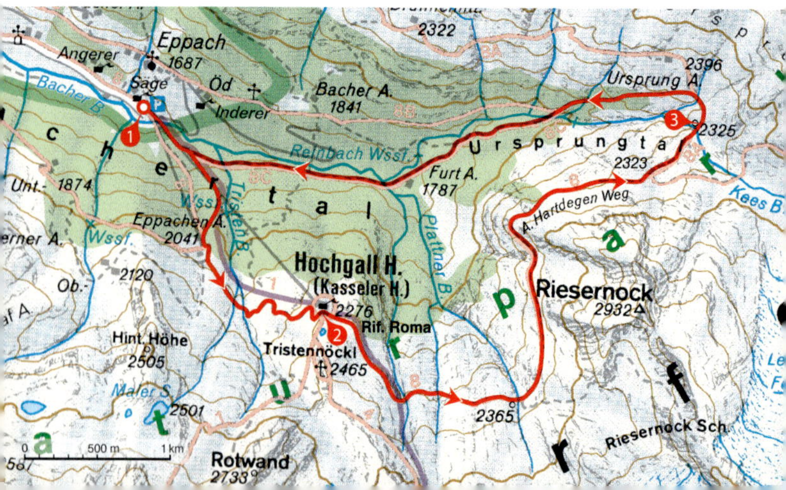

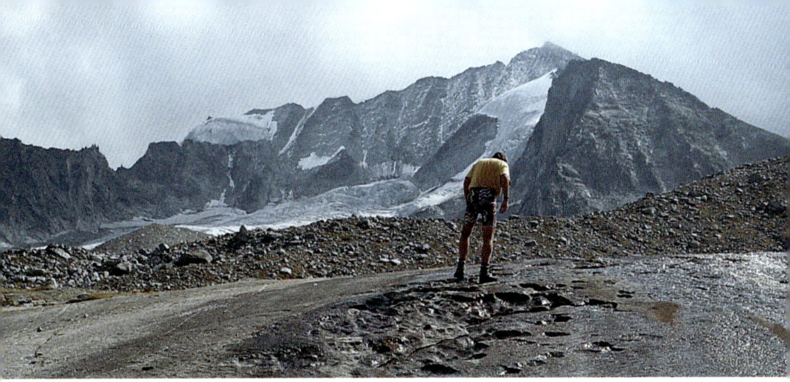

Gletscherschliffe unter dem Hochgall.

Bei der **Talstation der Materialseilbahn** bei **Eppach (1)** rechts über den Bach und ohne viel Aussicht an dem steilen, stark verstrauchten Hang bergan zur **Eppacher Alm**, 2041 m. Hier kommt man aus dem Wald, es bietet sich ein hübscher Blick über das Bachertal. Hinter der Hütte stößt man auf den von Rein heraufkommenden, viel begangenen Weg. Er quert den Tristenbach und steigt in ein paar Schleifen an zu der schon lange sichtbaren **Kasseler Hütte (2)**, 2276 m. Der »**Hartdegen-Weg**« führt flach in das Vorgelände des (in den letzten Jahren stark zurückgegangenen) Rieserferners. Hinter dem Reinbach leiten gute Markierungen über die riesigen Gletscherschliffe, Blockfelsen und grünen Inseln der Hochgallmoräne zum **Plattner Bach**. Hier biegt der Pfad nach Norden ab und quert oberhalb wilder Felsabbrüche die Westflanke des **Riesernocks**, 2932 m, zuletzt über eine mit Kettengeländern gesicherte Passage steil ansteigend. Weiter in leichtem Auf und Ab ins innerste **Ursprungtal (3)**, 2325 m. Auf solider Brücke über den stiebenden Ursprungbach, dann leicht bergan zu einer Verzweigung: geradeaus weiter auf dem »Hartdegen-Weg« (siehe Tour 19), links auf ziemlich rauer Spur durch einen steilen Graben mit der Markierung 8B abwärts. An seiner Mündung bietet sich freie Sicht auf einen etwa 30 Meter hohen Wasserfall. Nun durch einen üppigen Himbeerschlag (hmm!) hinunter zum Ursprungbach und talauswärts zu einer Wegteilung. Hier links auf zwei Brücken übers Wasser und im Wald weiter bergab zur **Furtalm**, 1787 m. Dahinter über den Reinbach und auf der linken Talseite auf schönem Weg durch Waldpartien und über idyllische Lichtungen zurück zum Ausgangspunkt bei **Eppach (1)**.

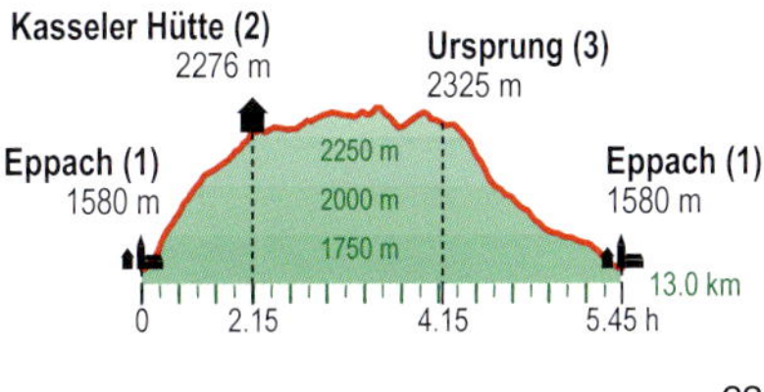

19 Arthur-Hartdegen-Weg II

5.30 Std.

Panoramawandern vor den Rieserferner Dreitausendern

Welches nun der schönste Höhenweg von Rein ist, darüber kann man durchaus geteilter Meinung sein. Der nördliche Abschnitt des »Hartdegen-Weges« vermittelt ganz klar die beste Gesamtansicht der Rieserfernergruppe: Gletscher, Grate und Gipfel, vom Lenkstein (3237 m) im Osten über Hochgall (3436 m), Wildgall (3273 m), Magerstein (3273 m) bis zum Schneebigen Nock (3358 m). Viel Aussicht für einen gerade zweistündigen Aufstieg zur Höhenpromenade!

Ausgangspunkt: Rein, 1598 m, einzige Siedlung im gleichnamigen Tal, Zufahrt von Sand in Taufers 11 km. Parkplatz, 1538 m, in dem »Unterstadt« (!) genannten Ortsteil im Talboden. Busverbindung mit Sand.
Anforderungen: Wenig anstrengende Höhenwanderung an der Nordflanke des Bachertals. Markierungen 1, 8A, 8B.
Höhenunterschied: 860 m.
Einkehr: In Rein; Jausenstation »Indererhof« in Eppach.
Anschluss an: Tour 17, 18 und 20. Kombination mit dem Südabschnitt des »Arthur-Hartdegen-Weges« siehe Tour 18.

Der Schneebige Nock vom »Hartdegen-Weg«.

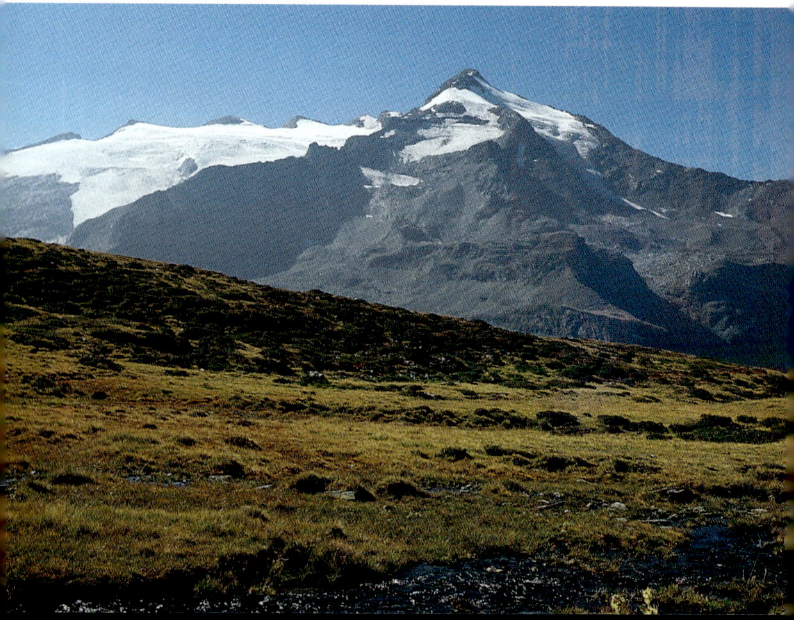

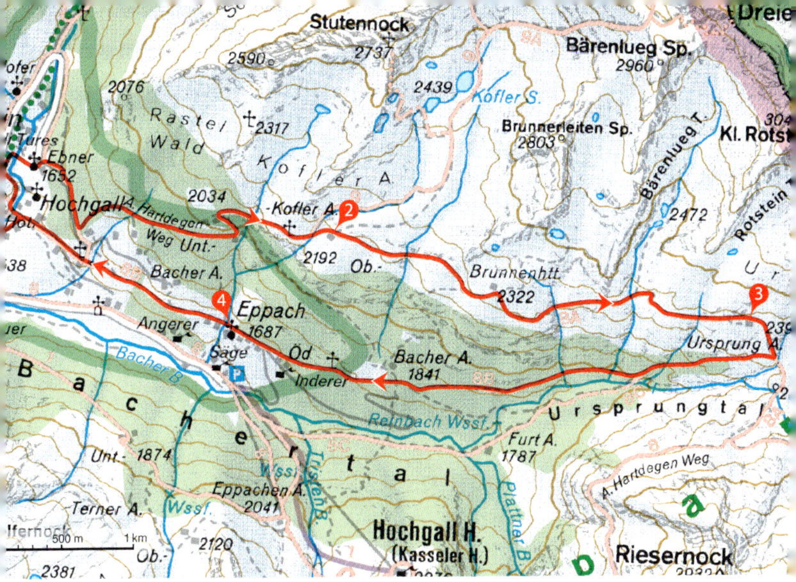

Vom großen Parkplatz, 1538 m, in der »**Unterstadt**« von **Rein (1)** mit rot-weißen Markierungen 1 und 9 am Knuttenbach entlang. An der Mündung des Knuttentals stößt man auf eine Asphaltstraße; nun rechts am Ebnerhof, 1652 m, vorbei zum Beginn des »**Arthur-Hartdegen-Wegs**«. Er steigt überwiegend schattig bergan zu dem Kreuz, 2190 m, auf der Kofleralm, wo sich ein riesiger Rieserfernerblick bietet. Aussicht en masse genießt man auch auf dem Weiterweg, der in nur mehr leichtem Anstieg über die **Obere Kofleralm (2)**, 2192 m, und die Brenneralm, 2322 m, zur einsam im Talschluss gelegenen **Ursprungalm (3)**, 2395 m, führt. Nun über Wiesen leicht abwärts zu einer Verzweigung: geradeaus weiter auf dem »Hartdegen-Weg« (siehe Tour 18), rechts auf ziemlich rauer Spur durch einen steilen Graben abwärts. An seiner Mündung hat man freie Sicht auf einen etwa 30 Meter hohen Wasserfall. Weiter durch einen Himbeerschlag hinunter zum Ursprungbach und talauswärts zu einer Wegteilung. Nicht links übers Wasser, sondern geradeaus und an der bewaldeten Nordflanke des **Bachertals** hinaus zu den Häusern von **Eppach (4)**, 1687 m. Zuletzt auf einem Hangweg nach **Rein (1)**, wo sich die Aussichtsrunde schließt.

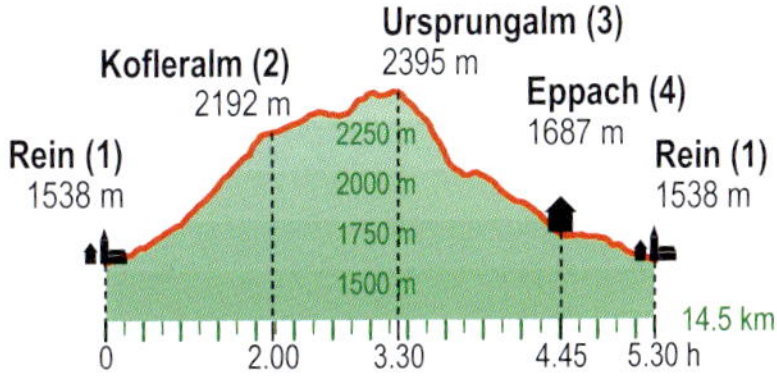

TOP

20 Dreieckspitze, 3031 m

7.30 Std.

Wanderdreitausender in der Rieserfernergruppe

Eine echte »Dreierrunde«: Nicht nur, dass das Gipfelziel Dreieckspitze heißt und vorne eine Drei hat (was ordentlichen Zulauf garantiert), auch der Verlauf der Tour gleicht (zumindest auf der Landkarte) einem Dreieck. Ob im Panorama der Dreieckspitze allerdings exakt 333 Gipfel stehen, habe ich nicht nachgezählt. Viele sind es (bei gutem Wetter) auf jeden Fall; Blickfang im Norden ist das Trio Löffelspitze (3187 m), Rötspitze (3495 m) und Dreiherrnspitze (3498 m); im Süden zeigen sich schön aufgereiht die Hauptgipfel der Rieserfernergruppe mit ihrer noch ziemlich stark vergletscherten Nordflanke (Hochgall, 3436 m).

Ausgangspunkt: Parkplatz, 1675 m, im Knuttental, knapp 2 km von der Ortsmitte Rein.
Anforderungen: Recht lange Rund-Tour, bis auf den Gipfelabstecher gute, markierte Wege. Zur Dreieckspitze nur Pfadspuren und viel Blockwerk, Orientierung durch Steinmänner. Ausdauer und Trittsicherheit unerlässlich. Markierungen 8A, 9A und 9.
Höhenunterschied: 1400 m.
Einkehr: Knuttenalm, 1911 m, geöffnet Mai bis Oktober.
Anschluss an: Tour 19, 21 und 22.

Blickfang am Weg über die Dreieckspitze: Dreiherrnspitze und Rötspitze.

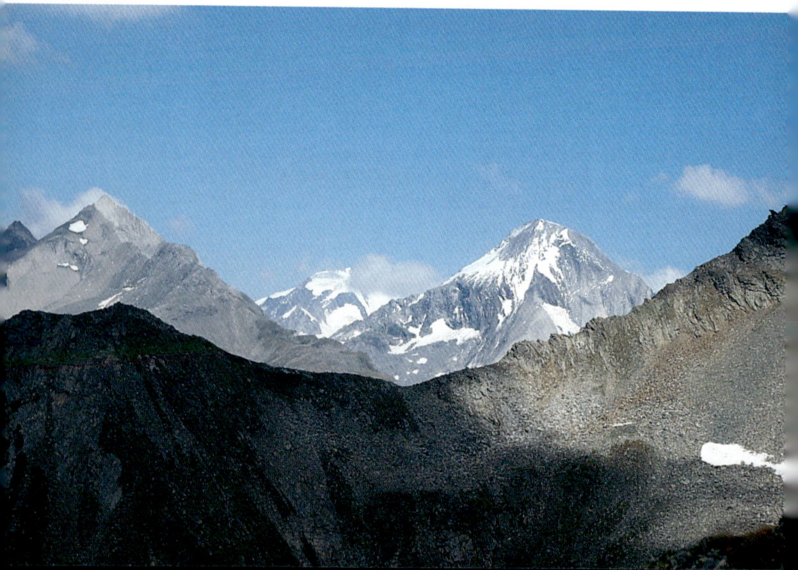

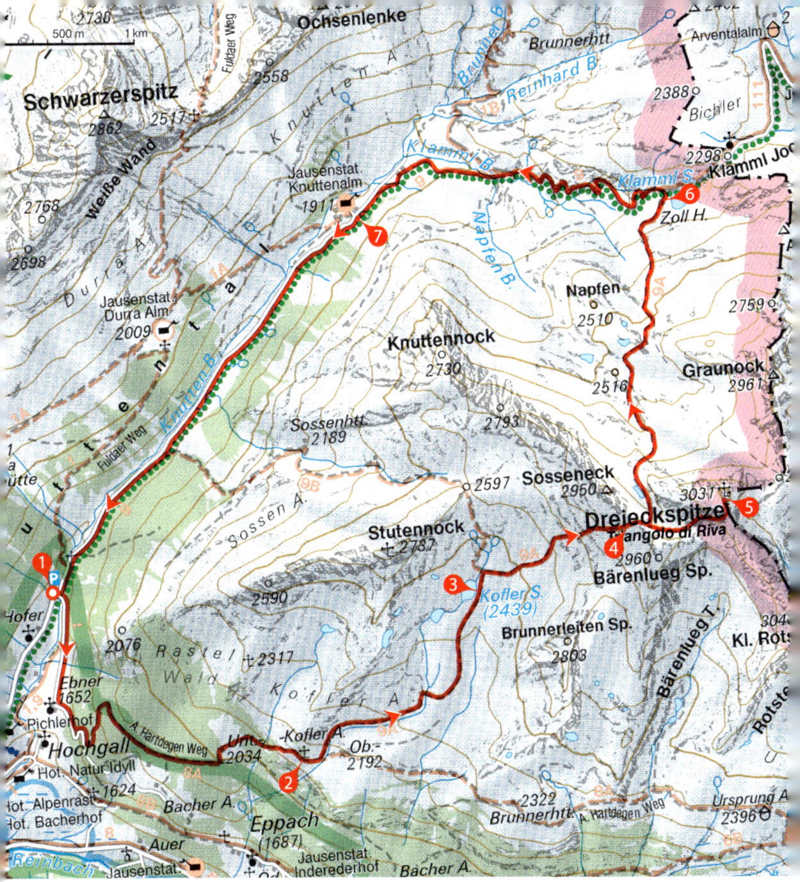

500 m
1 km
Ochsenlenke
Brunnerhtt.
Arventalalm
Schwarzerspitz
2862
2517
2558
Fuldaer Weg
Reinhard B.
Brunnel B.
2388
Bichler
2298
Klamml Joch
Klamml S.
Klamml B.
Zoll H.
Jausenstat. Knuttenalm
1911
2768
Weiße Wand
2698
Durra A.
Jausenstat. Durra Alm
2009
Knuttental
Knutten B.
Napfen B.
Napfen
2510
2516
Knuttennock
2730
2793
Graunock
2961
2759
Sossenhtt.
2189
2597
Sosseneck
2950
Sossen A.
Stutennock
2787
Dreieckspitze
3031
Triangolo di Riva
2960
Bärenlueg Sp.
Kofler S.
(2439)
2590
Brunnerleiten Sp.
2803
Bärenlueg T.
Kl. Rots
Hofer
2076
Rastel Wald
2317
Kofler A.
Ebner
1652
Pichlerhof
Hochgall
A. Hartdegen Weg
Unt.-Kofler A.
2034
Ob.-
2192
Hot. Natur Idyll
1624
Hot. Alpenrast
Hot. Bacherhof
Bacher A.
Eppach
(1687)
2322
Brunnerhtt.
Ursprung A.
2396
Auer
Reinbach
Jausenstat.
Jausenstat. Inderederhof
Bacher A.

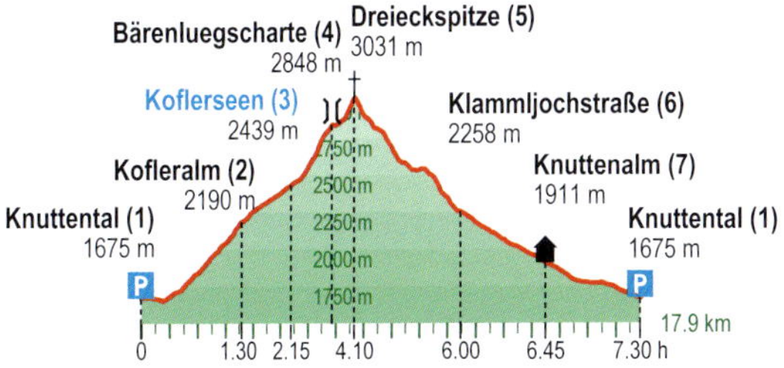

Dreieckspitze (5)
3031 m
Bärenluegscharte (4)
2848 m
Koflerseen (3)
2439 m
Klammljochstraße (6)
2258 m
Kofleralm (2)
2190 m
Knuttenalm (7)
1911 m
Knuttental (1)
1675 m
Knuttental (1)
1675 m
2750 m
2500 m
2250 m
2000 m
1750 m
17.9 km
0
1.30
2.15
4.10
6.00
6.45
7.30 h

Vom Parkplatz an der Mündung des **Knuttentals (1)** auf Asphalt flach zum **Ebnerhof**, 1652 m, dann links, dem »Hartdegen-Weg« folgend, überwiegend schattig bergan zu dem Kreuz, 2190 m, auf der **Kofleralm (2)** mit Prachtblick über das Bachertal zum Hochgall. Hier verlässt man den Höhenweg und wandert mit der Markierung 9A über Almböden taleinwärts zum oberen **Koflersee (3)**, 2439 m. An der Wegverzweigung rechts und über einen steilen Schrofenhang anstrengend hinauf in die **Bärenluegscharte (4)**, 2848 m. Ein »*Ursus arctos*« ist allerdings kaum zu sehen, dafür kommt jetzt das Gipfelziel ins Blickfeld. Man quert am Hang über Blockwerk, leichte Felsen und Geröll östlich in den namenlosen Sattel, 2874 m, unter der **Dreieckspitze**. Eine Geröllspur leitet im Zickzack über den Gipfelhang zum **höchsten Punkt (5)**, 3031 m.

Idyll am »Hartdegen-Weg«: die Kofleralm.

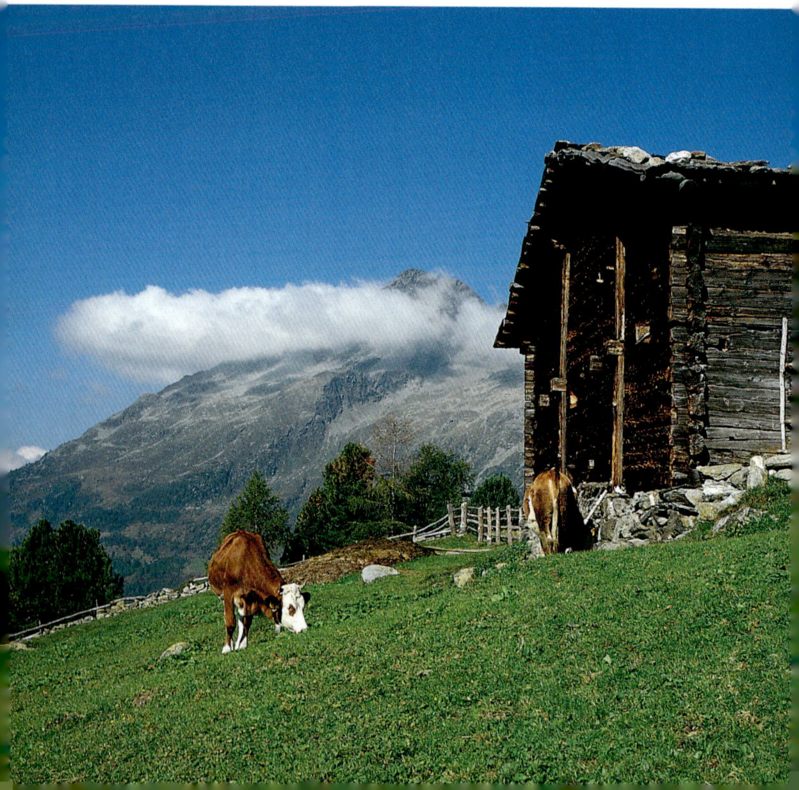

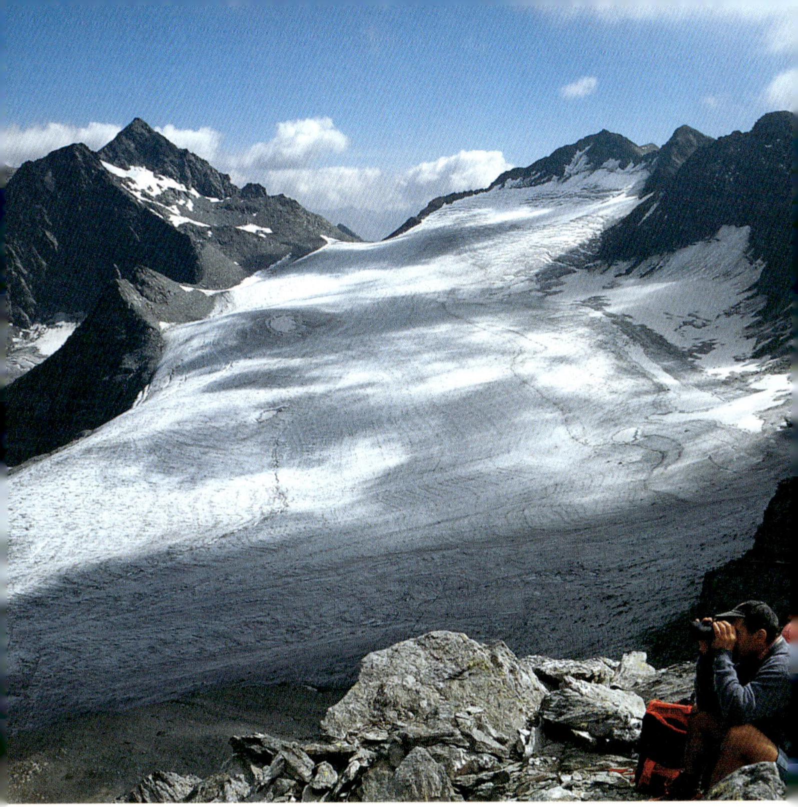

Fleischbachspitze und -kees von der Dreieckspitze.

Zurück geht es hernach in die Senke, 2874 m, dann aber nicht weiter zur Bärenluegscharte, sondern weglos hinunter in die Karmulde unter der Bärenluegspitze. Bei einem kleinen Tümpel stößt man wieder auf die rot-weiße Markierung. Sie leitet über einen Schrofenhang und Moränen abwärts zu den winzigen **Napfenlacken**, 2516 m. Dahinter führen die Punkte über einen flachen Rücken und auf gutem Weg hinunter gegen den **Klammlsee**, 2243 m, zuletzt führt links eine (unmarkierte) Spur abkürzend zur **Klammljochstraße (6)**, 2258 m. Nun auf der Schotterpiste, deren Kehren sich ebenfalls abkürzen lassen, talauswärts zur **Knuttenalm (7)**, 1911 m. Nach der wohlverdienten Einkehr bummelt man gemütlich auf der Straße zurück zum Ausgangspunkt der großen Gipfelrunde am Eingang ins **Knuttental (1)**.

21 Ochsenlenke, 2585 m

7.00 Std.

Hin und zurück: zwei Scharten am Durreckkamm

Zwischen dem Ahrn- und dem Reintal gibt es zwei markierte Wegverbindungen, die bis zur Hasentalalm einen gemeinsamen Verlauf nehmen und an der Weißen Wand bzw. an der Ochsenlenke den Hauptkamm der Durreckgruppe überqueren. Mit Ausgangspunkt Rein lassen sie sich zu einer abwechslungsreichen Runde verbinden, die stimmungsvolle Ausblicke auf den Zillertaler Hauptkamm und die Rieserfernergruppe bietet. Eine geologische Kuriosität ist die »Weiße Wand«, die – im Gegensatz zu all den Gneis- und Schieferbergen rundum – aus hellem Kalkgestein besteht.

Ausgangspunkt: Parkplatz, 1675 m, am Eingang ins Knuttental, knapp 2 km von der Ortsmitte Rein (früher Rain).
Anforderungen: Ziemlich lange und anstrengende Wanderrunde; Trittsicherheit notwendig. Markierungen 1, 1B, 9.

Höhenunterschied: 1300 m.
Einkehr: Durraalm, 2096 m, geöffnet Anfang Juni bis Anfang Oktober; Knuttenalm, 1911 m, geöffnet von Mai bis Oktober.
Anschluss an: Tour 19, 20 und 22.

In idyllischer Bergumgebung gelegen: die Knuttenalm.

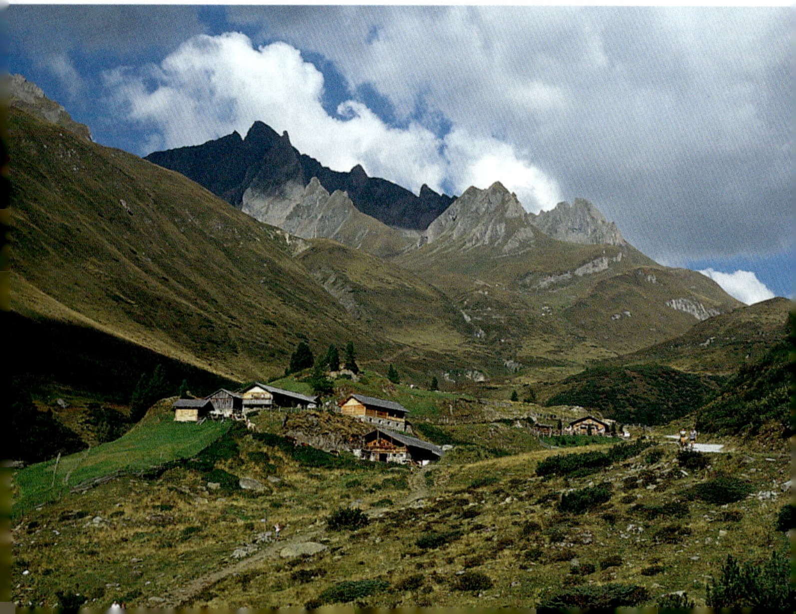

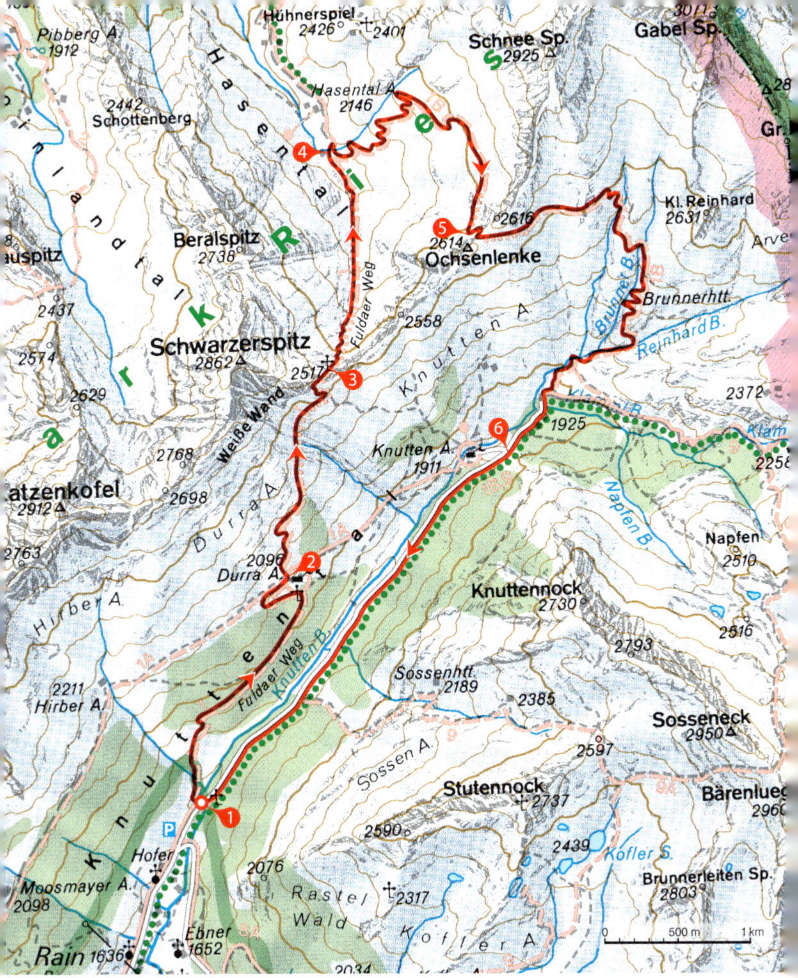

Die große Runde beginnt am Parkplatz am Eingang ins **Knuttental (1)** mit dem – teilweise schattigen – Anstieg zur **Durraalm (2)**, 2096 m. Dahinter leitet der bereits vor gut hundert Jahren angelegte »**Fuldaer Weg**« in ein paar Schleifen und einer längeren Hangtraverse hinauf gegen die Weiße Wand. Man passiert die zwischen Felsen versteckte, winzige Bretterscharte, ca. 2510 m, und erreicht dann das Kreuz an der **Weißen Wand (3)**, 2517 m.

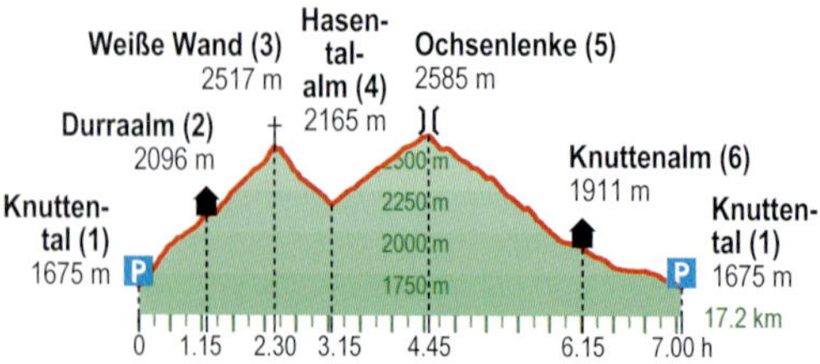

Nordseitig zieht der Steig im Zickzack über einen Steilhang (im Frühsommer harte Altschneefelder!) hinunter ins innere Hasental, dann läuft er flacher am Bach entlang hinaus zur Weggabelung bei den obersten Hütten, 2165 m, der **Hasentalalm (4)**. Hier zweigt der Weg zur Ochsenlenke ab. Er steigt in zahlreichen Serpentinen hinauf gegen die Westflanke der **Schneespitze**, 2925 m. Unter den Felsen wendet sich die gut be-

Ausflugsziele und Arbeitsplatz: die Ahrntaler Almen.

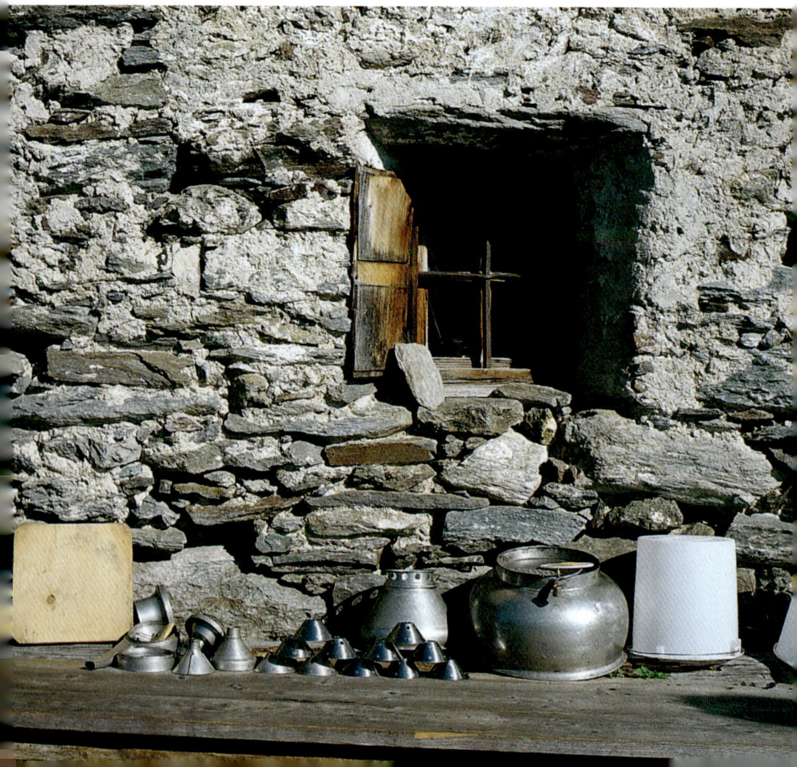

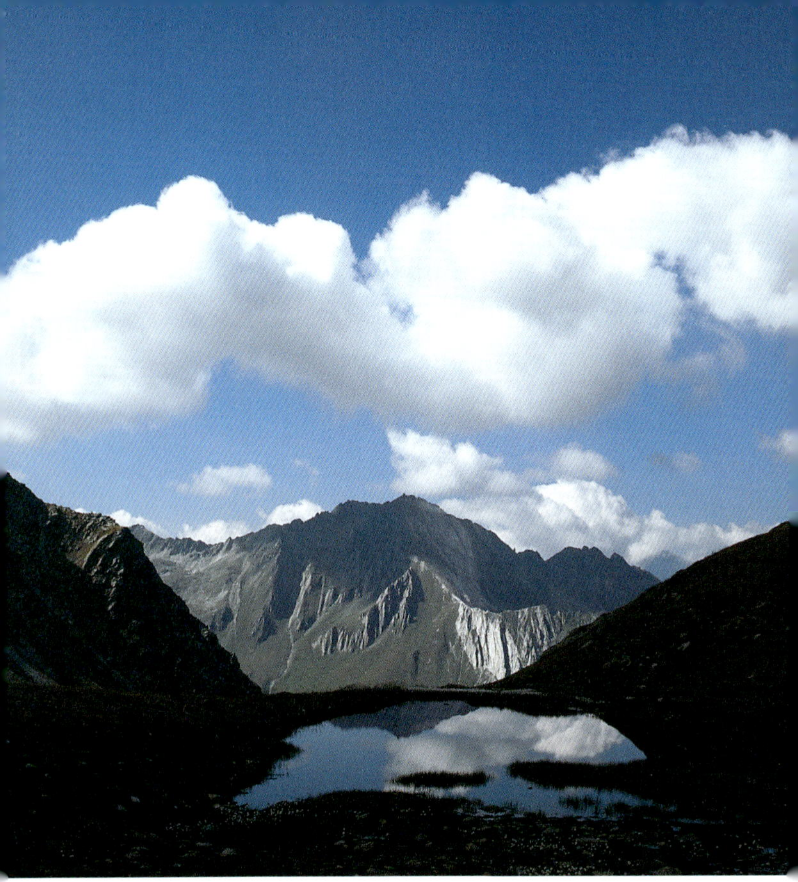

Schwarzer Spitz und Weiße Wand.

zeichnete Spur nach rechts und steuert, zuletzt nochmals im Links-rechts-Takt, den Gratsattel der **Ochsenlenke (5)**, 2585 m, an. Nun auf der Reiner Seite des Durreckkamms in Kehren abwärts und flacher links in den Talhintergrund. Unter den Felsen des **Kleinen Reinhard**, 2631 m, abwärts zu einer rauen Schotterspur. Sie quert das Brunnertal und mündet in die Klammjochstraße. An ihr liegt anderthalb Kilometer weiter talabwärts die bewirtschaftete **Knuttenalm (6)**, 1911 m. Zuletzt auf der Sandstraße talauswärts zum Parkplatz am Eingang ins **Knuttental (1)**.

22 Reiner Höhenweg

4.15 Std.

Aussichtswandern unter dem Durreckkamm

Der »Reiner Höhenweg« ist eine reizvolle Höhenpromenade an der orografisch rechten Flanke des Reintals: wenig Anstrengung nur, dafür viel Aussicht, vor allem durch das Bachertal auf Gipfel und Gletscher der Rieserfernergruppe. Nicht zu übersehen sind dabei die riesigen Geröllflächen im Vorfeld der Gletscher – untrügliches Zeichen für deren Rückgang in den letzten Jahrzehnten.

Ausgangspunkt: Rein (früher Rain), 1598 m, einziger Ort im Reintal, Zufahrt von Sand in Taufers 11 km. Großer Parkplatz, Busverbindung mit Sand.
Anforderungen: Leichte, mäßig anstrengende Höhenroute. Markierungen 10, 1a, 1.
Höhenunterschied: 620 m.

Einkehr: In Rein; Durraalm, 2096 m, geöffnet von Anfang Juni bis Anfang Oktober. Unterrieser Alm, 1990 m, im Sommer geöffnet.
Tipp: Die Runde kann leicht bis zur Knuttenalm, 1911 m, verlängert werden; Gesamtgehzeit dann 5.15 Std.
Anschluss an: Tour 19, 20, 21, 23 und 24.

Blick vom Tristennöckl auf Rein, darüber die Durreckkette.

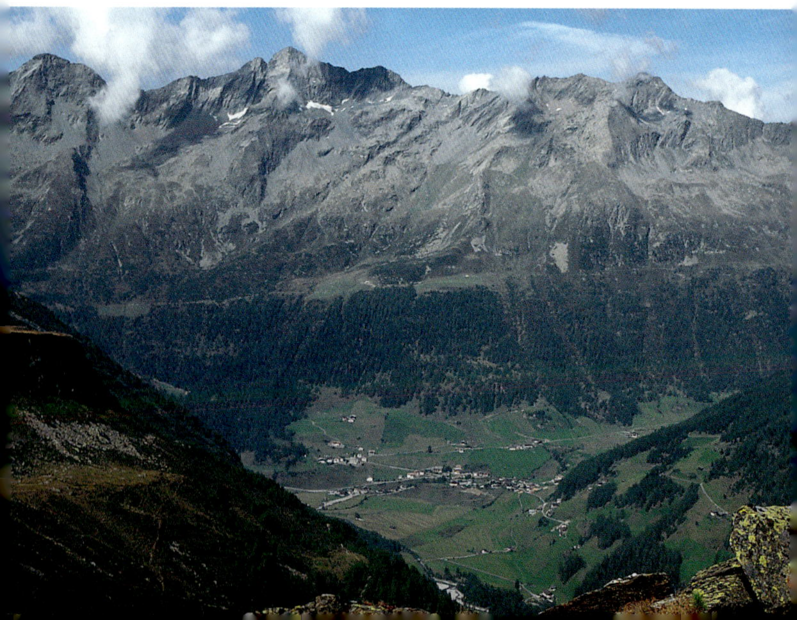

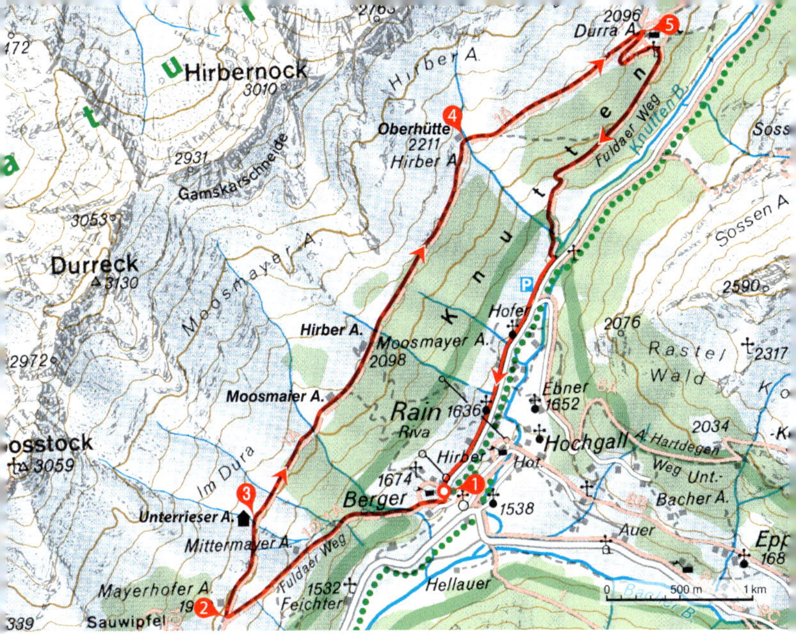

Von der Kirche in **Rein (1)**, 1598 m, zunächst flach an ein paar Häusern vorbei, über den Moosmaierbach und schräg aufwärts in den Wald, wo man bald auf eine Forststraße stößt. Sie zieht, immer wieder freie Sicht zum Hochgall bietend, hinauf zu den **Lobiser Schupfen (2)**, 1959 m. Die sieben aneinandergebauten Heuhütten – in Südtirol wohl einmalig – bieten vor der alpinen Kulisse ein prächtiges (Foto-)Motiv. Das Ensemble wurde durch eine Lawine stark beschädigt, inzwischen aber originalgetreu restauriert.

Nun auf der von Ahornach kommenden Güterstraße in angenehmer Steigung taleinwärts zur **Unterrieser Alm (3)**, 1990 m. An der **Hirberalm**, 2096 m, wird aus der breiten Piste ein schmaler Wanderweg. Er steigt an der offenen Wiesenflanke unter dem Hirbernock, 3010 m, noch leicht an bis zur **Oberhütte (4)**, 2211 m. Schöner Blick auf die Berge rund um das Knuttental und südlich zum Schneebigen Nock, 3358 m.

In leichtem Abstieg zur **Durraalm (5)**, 2096 m, wo man auf den »Fuldaer Weg« trifft. Rechts abwärts zum Parkplatz, 1675 m, am Eingang ins **Knuttental** und auf dem Sträßchen zurück nach **Rein (1)**.

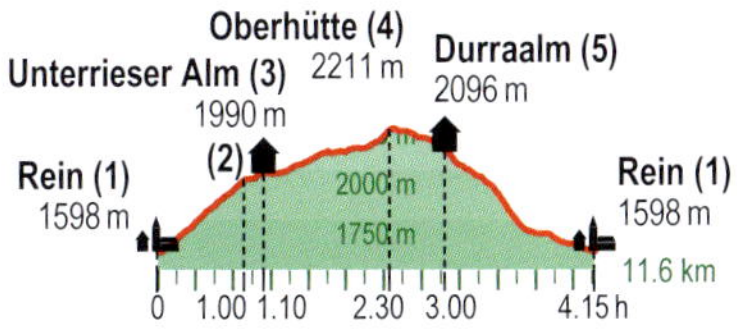

23 Vegetationsweg

4.15 Std.

Panoramawandern über dem unteren Reintal

Sozusagen als Fortsetzung des »Reiner Höhenweges« quert der »Vegetationsweg« hoch über dem unteren Reintal die südseitige Flanke des Großen Moosstocks. Besonders reizvoll ist seine Begehung im Herbst, wenn die Gipfel der Rieserfernergruppe (Hochgall, 3436 m) bereits ihre weißen Häubchen aufhaben und die Lärchen sich golden verfärben. Am »Vegetationsweg« prächtige Zirben und kleine Hochmoore.

Talort: Ahornach, 1334 m, Streusiedlung am Sonnenhang oberhalb von Sand in Taufers. Zufahrt 7 km, Busverbindung.
Ausgangspunkt: Parkplatz am Eingang in den Naturpark »Rieserferner-Ahrn«, ca. 1550 m, 2,5 km von Ahornach.

Anforderungen: Schöne Höhenwanderung. Am »Vegetationsweg« gut auf die Markierungen achten! Markierungen 10B, 33A, 10.
Höhenunterschied: 700 m.
Einkehr: Keine.
Anschluss an: Tour 10, 22, 24 und 30.

Blickfang am »Vegetationsweg«: der Hochgall.

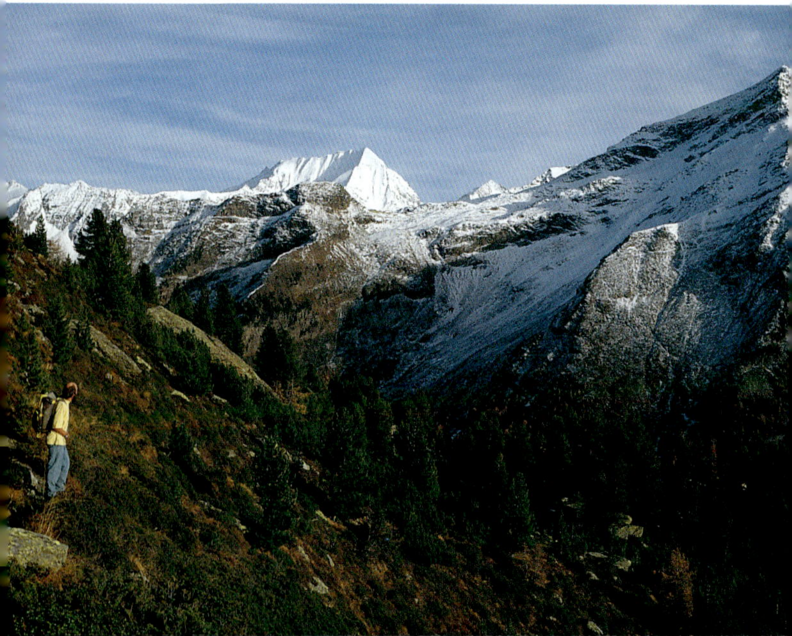

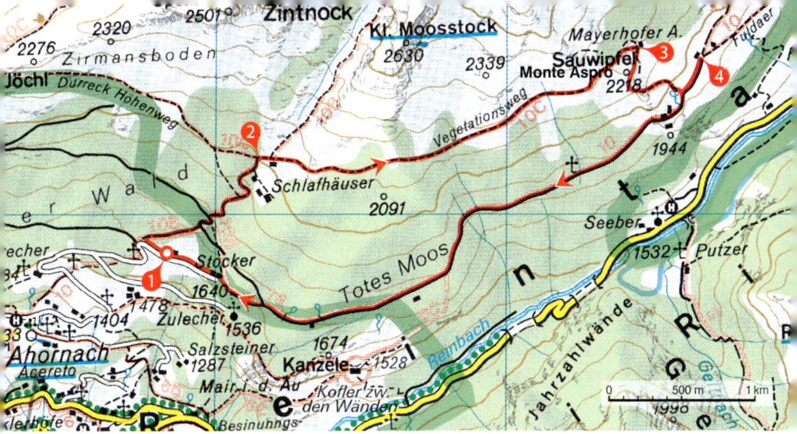

Vom **Parkplatz (1)** kurz auf der Straße zu einer Verzweigung (**Infotafel Naturpark**), hier links und im Wald mit rot-weißer Markierung bergan. An der Parkgrenze kreuzt man eine Sandstraße; eine Viertelstunde höher führt der Weg aus dem Wald heraus. Über den Wiesenhang an den sogenannten **Schlafhäusern (2)** vorbei weiter aufwärts; von der obersten dieser Hirtenhütten, 2010 m, am Rand der Lichtung, bietet sich ein schöner Fernblick über das Tauferer Tal bis zu den Dolomiten. Jenseits des untersten Reintals hoch aufragend die Windschar, 3041 m, mit ihren felsigen Trabanten.

Hinter der Hütte gabelt sich der Weg doppelt: links zweigt der »Durreck-Höhenweg« (Tour 30) ab, geradeaus geht's zum Großen Moosstock (Tour 24), rechts auf den rot-weiß markierten »**Vegetationsweg**«. Er steigt erst kräftig an und führt dann in leichtem Auf und Ab über den Märzenplatz zu den Hochmooren am Moosplatz. Dabei genießt man zunehmend freie Sicht auf die hochalpine Kulisse des Reintals. Die Wegspur passiert eine Bergsturzzone, gewinnt dann an der Kuppe des **Sauwipfels**, 2218 m, ihren höchsten Punkt. Dahinter schlängelt sie sich zwischen Felsen hindurch und läuft hinüber zur **Mayerhoferalm (3)**, 2202 m.

Am Weidezaun entlang abwärts, dann auf dem alten Viehsteig rechts am Waldrand hinunter zu einer kleinen Kuppe (hübscher Rastplatz). Kurz zuvor links und über Wiesen bergab gegen die **Lobiser Schupfen (4)**, 1959 m; lohnender Abstecher, (5 Min.; vgl. Tour 22). In der Nähe stößt man auf eine Sandstraße, die hoch an der rechten Flanke des Reintals über das Tote Moos zurückleitet zum **Parkplatz (1)** am Eingang des Naturparks.

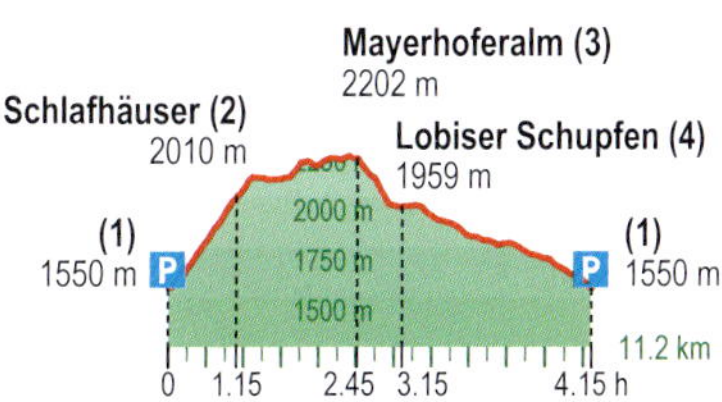

24 Großer Moosstock, 3059 m

7.00 Std.

Felspyramide über dem Talkessel von Sand in Taufers

Der Dreitausender – Eckpfeiler und zweithöchste Erhebung der Durreckgruppe – beherrscht mit seinem felsigen Gipfelaufbau die alpine Kulisse des Tauferer Talkessels, den er um mehr als zwei Kilometer überragt. Der meistbenützte, gut markierte Anstieg verläuft über die »Schlafhäuser« und den Südwestgrat; etwas anspruchsvoller ist die Besteigung von Rein über den felsigen Südgrat (Variante).
Recht umstritten ist der Name des Berges: Moosstock oder Mostnock? Der Begriff »Nock« für einen Berg ist rund um das Reintal ziemlich häufig (Schneebige Nock, Stutennock, Tristennöckl). Die Einheimischen halten es allerdings eher mit dem »Stock« über den Mösern. Also doch Großer Moosstock?

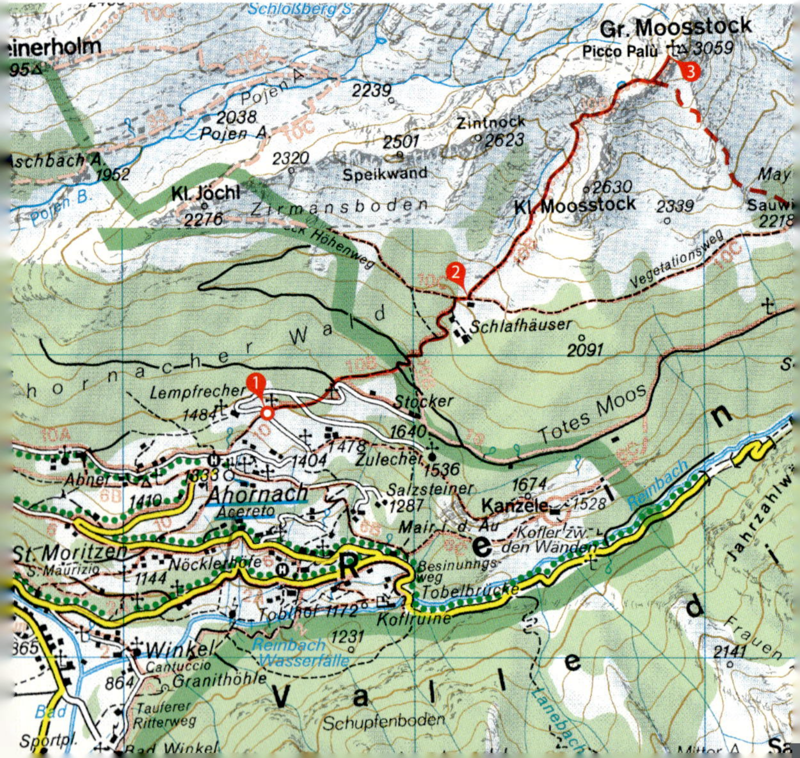

Talort: Ahornach, 1334 m, Streusiedlung am Sonnenhang oberhalb von Sand in Taufers. Zufahrt 7 km, Busverbindung.
Ausgangspunkt: Parkplatz am Eingang in den Naturpark »Rieserferner-Ahrn« auf ca. 1550 m, 2,5 km von Ahornach.
Anforderungen: Anstieg recht lang. Einige leichte Kletterstellen (I–II), Markierung 10B am Südwestgrat.
Höhenunterschied: Etwa 1500 m.
Einkehr: Keine.
Anschluss an: Tour 22, 23 und 30.
Variante: Südgrat; Rein, 1598 m, Zufahrt von Sand (11 km, Bus) – Lobiser Schupfen – Gipfel; schattenlos (Wasser!). Am Südgrat nur verblasste Markierungen (Weg nicht mehr unterhalten); 4 Std., Abstieg 2.30 Std.

Vom **Parkplatz (1)** kurz auf der Straße zu einer Verzweigung (**Infotafel Naturpark**), hier links und im Wald mit rot-weißer Markierung bergan. An der Parkgrenze kreuzt man eine Sandstraße; eine Viertelstunde höher führt der Weg aus dem Wald heraus. Über den Wiesenhang an den sogenannten **Schlafhäusern (2)** vorbei weiter aufwärts; hinter der obersten dieser Hirtenhütten, 2010 m, gabelt sich der Weg gleich doppelt. Geradeaus (Markierung 10B), kurz noch in lichtem Kiefernwald, dann durch Alpenrosensträucher bergan in die Talmulde zwischen Außer- und Innerstein, 2439 m. Unter dem **Kleinen Moosstock**, 2630 m, weiter aufwärts zu einem Blockfeld und über gestufte Felsen (Drahtseil) zu einem Rücken, hinter dem der kleine **Moosstocksee**, 2774 m, in einer Karmulde liegt. Prachtblick übers Ahrntal zum Großen Löffler, 3376 m. Rechts an der Lacke vorbei zum Südwestgrat des Moosstocks und auf ihm, teilweise in leichter Blockkletterei, zum **Gipfel (3)**, 3059 m.

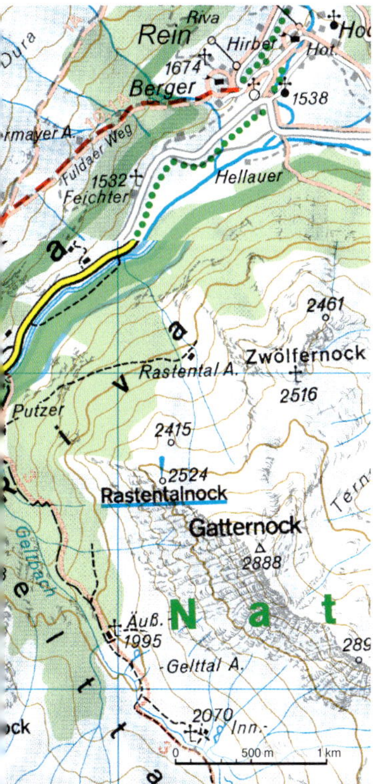

Abstieg auf demselben Weg.

Variante: Von der Kirche in **Rein**, 1598 m, zunächst flach an ein paar Häusern vorbei, über den Moosmayerbach, schräg aufwärts in den Wald und bald auf ein Sandsträßchen. Man folgt ihm bergan bis zu den **Lobiser Schupfen** (1959 m; siehe Tour 22). Ein paar Schritte weiter zweigt der (schwach markierte) Weg hinauf zur **Mayerhoferalm** ab: erst über Wiesen, dann steil zu

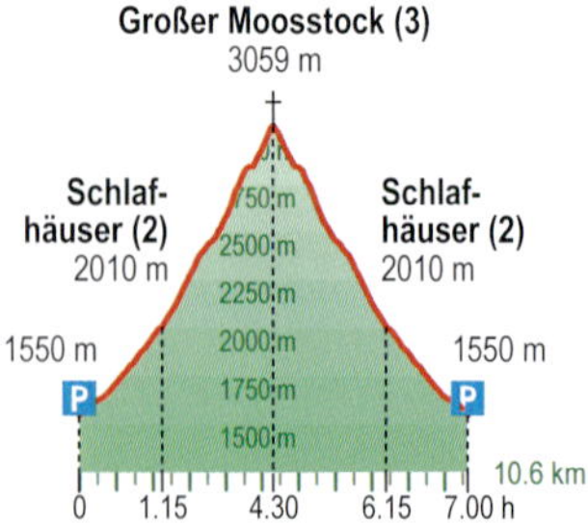

einer Kuppe (Gatter), wo ein guter Steig rechts ins Weidegelände führt. Von der Hütte auf dem »Vegetationsweg« kurz hinüber zu einem Steinmann mit Wegzeiger (kein Hinweis auf den Moosstock!). Über steinige Wiesenhänge, den verblassten roten Punkten folgend, rechts aufwärts zu einer ersten Gratkuppe, 2518 m. Dahinter über eine kurze Felsstufe (I–II) abwärts, anschließend am Grat auf gu-

Bilderbuchlandschaft: Rein, Bachertal und Hochgall.

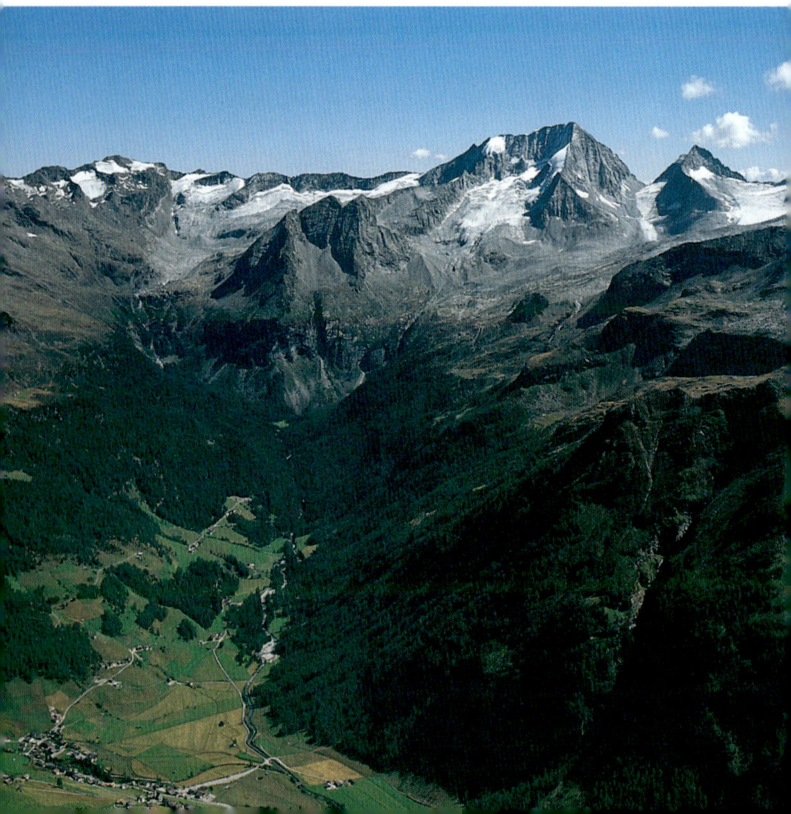

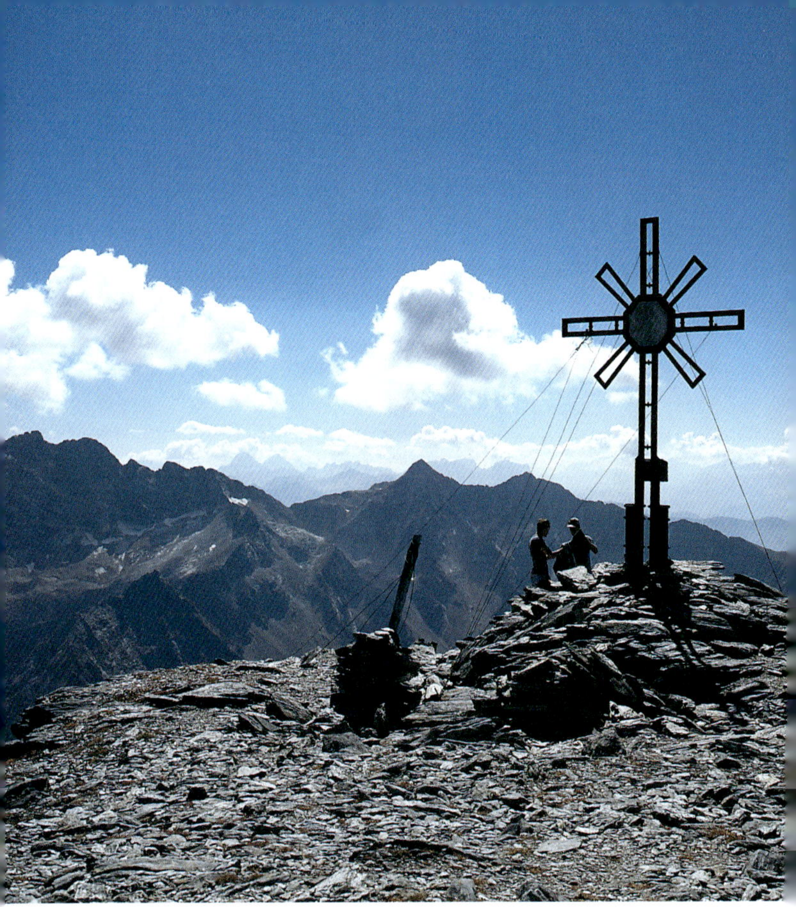

Am Gipfel des Großen Moosstocks.

ter Zickzackspur weiter bergan zu einer zweiten Kuppe, 2607 m. In der Folge verliert sich das Weglein zwischen den Felsen; man bleibt aber am Kamm, der zunehmend felsiger wird (Stellen I–II). Knapp 200 m unter dem Gipfel geht der Grat in einen Schrofenhang über. Gerade über ihn aufwärts, dann unter Felsen im Geröll nach links, wo der Anstieg von den »Schlafhäusern« mündet. Über einen felsigen Aufschwung (I+) und zuletzt in leichtem Schrofengelände zum **Gipfel**, 3059 m.

25 Kellerbauerweg

8.00 Std.

Aussichtswandern am Kamm über Weißenbachtal und Mühlwalder Tal

Der Mühlwalder Kamm (Tristenspitze, 2716 m) hat nicht nur einen berühmten Aussichtsgipfel (Speikboden, siehe Touren 11, 12), sondern auch einen Höhenweg, der dem vielgipfligen Kamm erst westlich, dann nach Norden bis zum Nevesjoch, 2405 m, folgt: eine herrliche Aussichtsroute mit nicht allzu viel Auf und Ab, zwischen Gornerjoch und Lappacher Jöchl auch mit einigen etwas heiklen Passagen. Am lohnendsten ist eine Begehung in Verbindung mit einem der anschließenden Höhenwege: Neveser (Tour 15) oder Stabeler (Tour 26).

Ausgangspunkt: Talstation der Speikboden-Sessellifte an der Straße Sand – Ahrntal. Betriebszeit der Lifte im Sommer 8.30–12, 13–16.30 Uhr; jeweils dienstags Betriebsbeginn um 6 Uhr.
Anforderungen: Sehr lange Kammwanderung, kurze Abschnitte etwas ausgesetzt. Nur bei sicherem Wetter gehen, mehrere Zwischenabstiege ins Mühlwalder Tal und nach Lappach. Im Frühsommer gibt es in schattigen Karwinkeln oft tückische Altschneefelder. Markierungen 27, 24.
Höhenunterschied: Etwa 950 m (Gegensteigungen inklusive).
Einkehr: Michlreiser Alm, 1960 m; Sonnklarhütte, 2400 m; Chemnitzer Hütte, 2416 m, geöffnet von Mitte Juni bis Mitte Oktober, Tel. +39/0474/653244; Gögealm (im Sommer); in Weißenbach.
Tipp: Fährt man mit dem Sonnklar-Sessellift bis zum Grat, verkürzt sich die Gesamtgehzeit um etwa 1.30 Std. Rückfahrt von Weißenbach zur Talstation des Speikbodenlifts mit dem SAD-Bus.
Anschluss an: Tour 11, 12, 15 und 26.

Am Mühlwalder Joch; Blick auf den Zillertaler Hauptkamm.

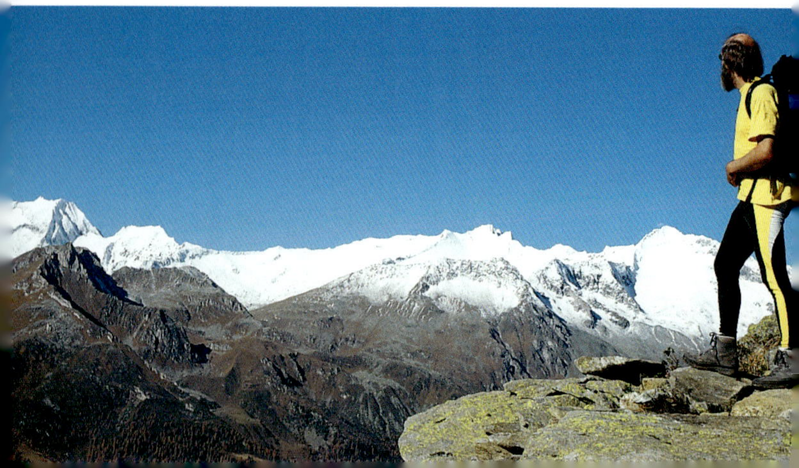

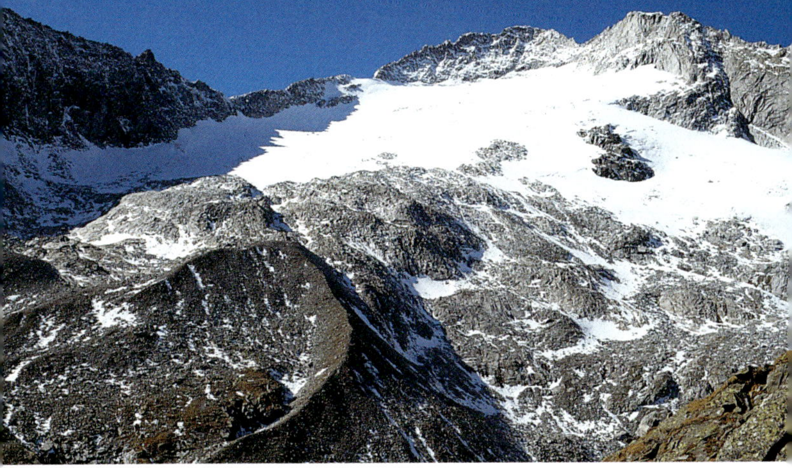

Vom Eis geformt: Fels und Moränen am Zillertaler Hauptkamm.

Nach der Auffahrt von der **Talstation der Speikbodenlifte (1)** macht der Aufstieg zum Speikbodengrat den Auftakt zur Höhenwanderung. Rot-weiße Markierungen leiten von der Liftstation auf der **Michlreiser Alm (2)**, 1960 m, über die breit gewalzte Skipiste bergan. Unter den Nordabstürzen des Speikbodens beschreibt der Pfad einen weiten Bogen, ehe er – vorbei am idyllischen **Speikbodensee**, 2280 m, – den lang gestreckten Ostgrat des Gipfels anpeilt. Am **Wegzeigerbaum (3)**, 2387 m, hält man sich rechts und folgt dem Höhenweg flach durch die grasigen Südhänge des Speikbodens zu den überwachsenen Grundmauern der ehemaligen **Sonklarhütte**, 2408 m, und ins **Mühlwalder Joch**, 2342 m. Weiter am breiten Kamm oder leicht darunter in einen namenlosen Sattel, 2372 m, anschließend auf der Südseite des zunehmend felsiger werdenden Grats ins **Fadner Jöchl**.

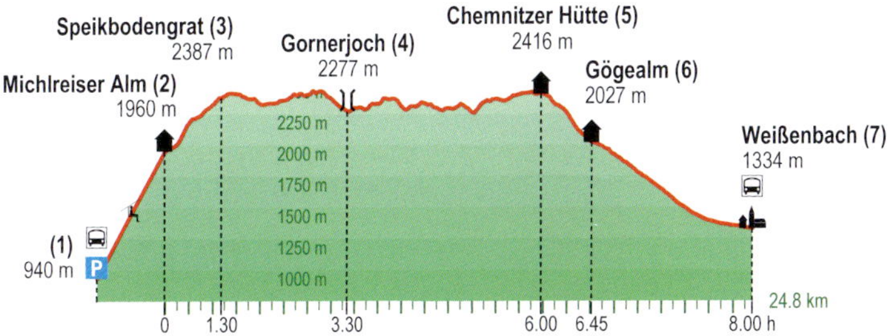

Am Fadner (2457 m; kleiner Abstecher) vorbei und unter dem Gornerberg hindurch leicht bergab ins **Gornerjoch (4)**, 2277 m. Von dort gibt es markierte Abstiegsmöglichkeiten ins Mühlwald- und ins Weißenbachtal.

Am **Wurmtaler Jöchl**, 2288 m, beginnt der anspruchsvollste Wegabschnitt mit einigen recht exponierten Passagen. Er führt zunächst hinaus auf den Ostgrat des **Zinnsnocks**, 2428 m, wo sich bei einem Durchschlupf der Blick in die felsdurchsetzten, steil zum Kreuzbachtal abfallenden Karwinkel öffnet. Der »**Kellerbauerweg**« quert sie an- und absteigend zum Tristenkamm, 2345 m, und senkt sich dann in die grasige Mulde unter dem **Lappacher**

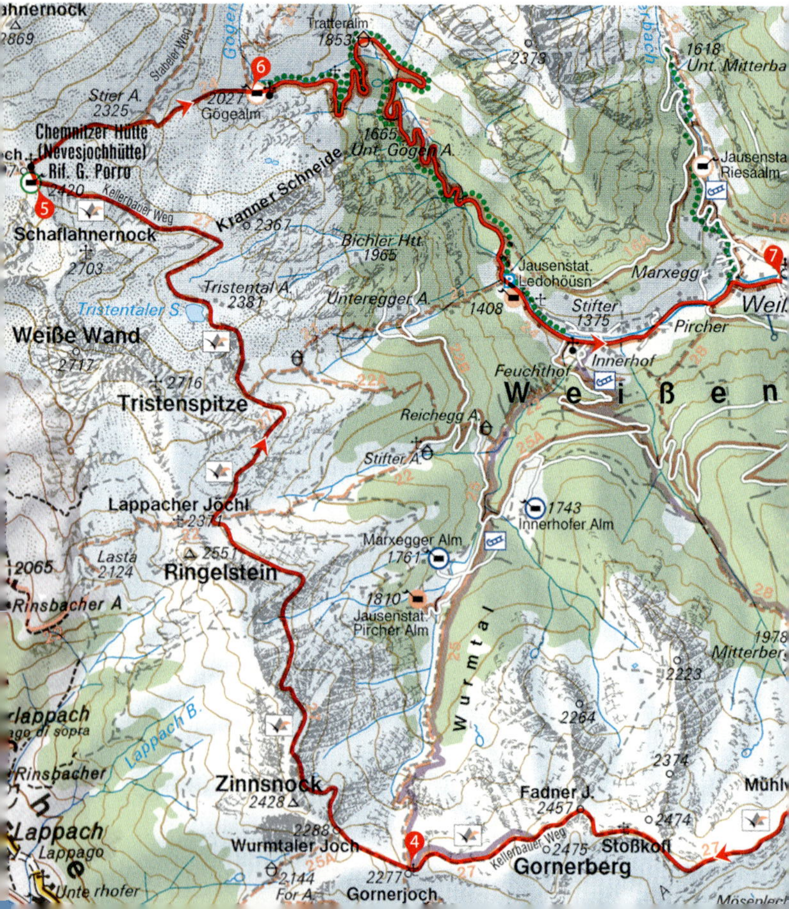

Jöchl, 2371 m. Die Scharte (Abstiegsmöglichkeiten) bleibt links oben; der Höhenweg steigt leicht an gegen einen felsigen Grat, quert dann eine Geröllmulde und führt schließlich unter einer Felskuppe hindurch zum winzigen **Tristensee**, 2344 m, in hübscher Lage. Danach führt der Weg flach hinaus zur **Kranner Schneid**, 2377 m. Schließlich gelangt man, mehrere schattige Mulden (oft liegt hier Schnee bis in den Sommer) ausgehend, durch die Nordflanke des **Schaflahnernocks**, 2703 m, zur **Chemnitzer Hütte (5)**, 2416 m, am Nevesjoch. Abstieg östlich über die **Gögealm (6)**, 2027 m, nach **Weißenbach (7)**; vgl. Tour 26.

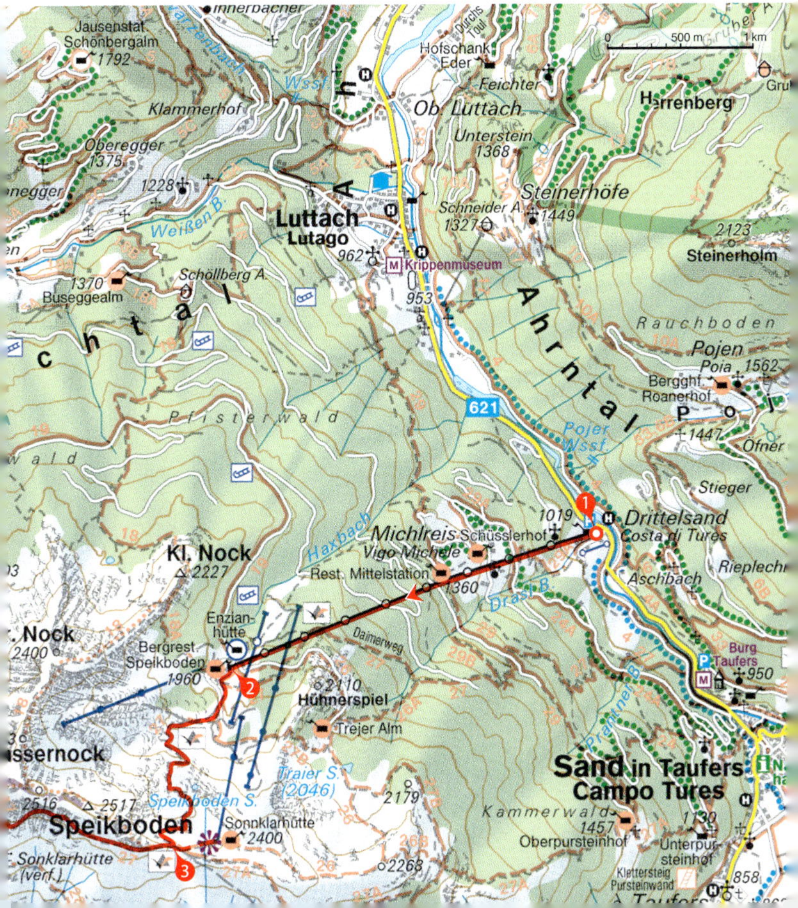

TOP 26 Stabeler Höhenweg – Gelenkscharte, 2724 m

7.15 Std.

Dunkler Fels und gleißender Firn

Ein felsiges Ehrenmal hat er schon lange, der Johann Niederwieser, vulgo Stabeler; nach ihm, dem Erstbesteiger, ist einer der drei südlichen Vajolettürme in den Dolomiten benannt. Und seit 1978 trägt auch noch ein Höhenweg den Namen des aus Sand in Taufers stammenden Bergführers, eine ausgeprägt hochalpine Route, die knapp südlich des Zillertaler Hauptkamms die Schwarzenstein- mit der Chemnitzer Hütte verbindet und dabei mehrere Scharten überquert (etwa 6.30 Std.).
Von Weißenbach aus lässt sich eine Teilbegehung als Tagestour durchführen: weit, recht anstrengend, aber landschaftlich sehr abwechslungsreich. Felsige Kulisse des stillen Mitterbachtals sind die Hornspitzen, 3221 m; beim Abstieg von der Gelenkscharte, 2724 m, kommen der Turnerkamp, 3416 m, mit dem Trattenbachkees sehr schön ins Blickfeld.

Ausgangspunkt: Weißenbach, 1334 m, Dorf im Weißenbachtal, 5 km von Luttach. Busverbindung.
Anforderungen: Lange, anstrengende Runde am Zillertaler Hauptkamm, Trittsicherheit nötig. Achtung: Im Bereich der Gelenkscharte im Frühsommer steile Firnfelder (eventuell Steigeisen erforderlich). Markierungen 16, 24A, 24.
Höhenunterschied: 1400 m.
Einkehr: In Weißenbach; Riesa Alm, 1480 m, ganzjährig geöffnet, Gögealm, 2027 m, und Tratteralm, 1853 m, die letzteren beiden haben nur im Sommer geöffnet.
Anschluss an: Tour 15 und 25.

Mäanderndes Wasser im Moos.

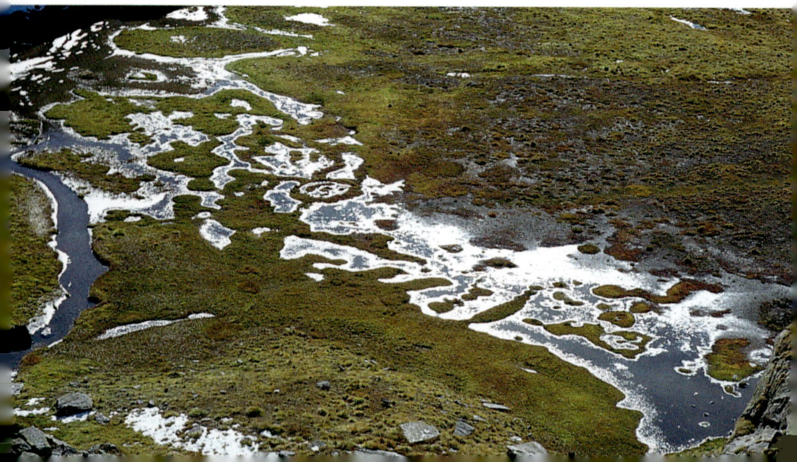

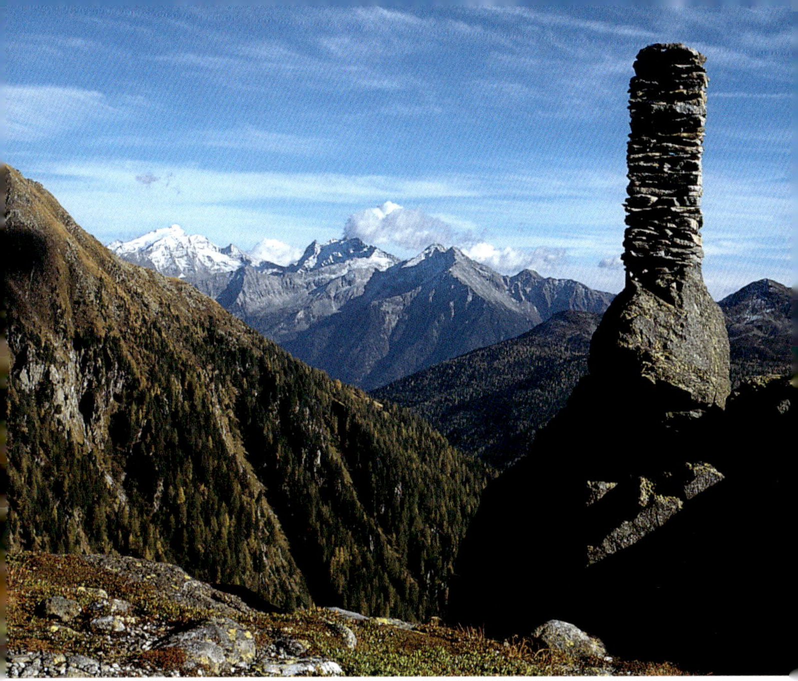

Blick durchs Mühlbacher Tal auf die Rieserfernergruppe.

Die große Runde beginnt in **Weißenbach (1)** recht gemütlich mit der Wanderung ins **Mitterbachtal**. Die ersten Schleifen der Straße zur **Unteren Mitterbachalm**, 1618 m, lassen sich auf einem markierten Pfad abkürzen. Hinter der Alm steiler über eine Talstufe bergan zu den **Oberhütten**, 1833 m, die sich malerisch an Bergsturztrümmer ducken. Schöner Blick auf die schroffen Gipfel der Hornspitzen. Weiter über den Zirmboden taleinwärts zum **Stockerboden (2)**, 2046 m, hier über den Mitterbach und im Zickzack zwischen Felsabbrüchen am westlichen Hang aufwärts. Eine Rinne wird mithilfe von Sicherungen problemlos gequert; dann führt die markierte Spur im geröllbedeckten Karboden mäßig steil bergan zum »**Stabelerweg**«, der vom Schwarzenbachtörl herüberkommt (Tafel, 2453 m). In leichtem Anstieg auf dem kunstvoll angelegten Plattenweg zu den von der Äußeren Grünen Platte herabziehenden Felsen (Vorsicht: Steinschlaggefahr!), steil auf einen Buckel und zuletzt im Zickzack in die **Gelenkscharte (3)**, 2724 m. Unter dem Joch liegt oft bis weit in den Sommer hinein Altschnee – da kann die Mitnahme von Leichtsteigeisen sinnvoll sein.

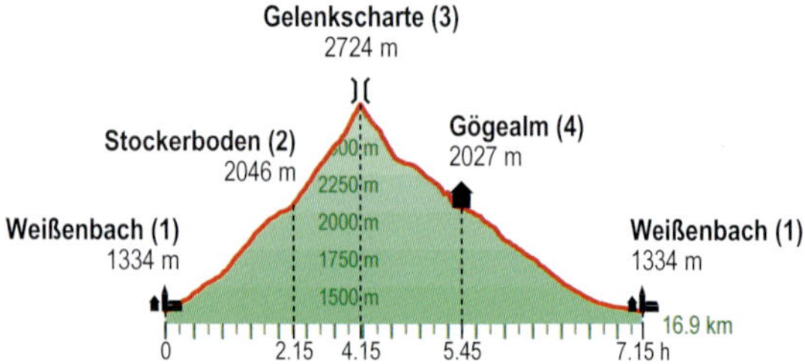

Im malerischen Mitterbachtal.

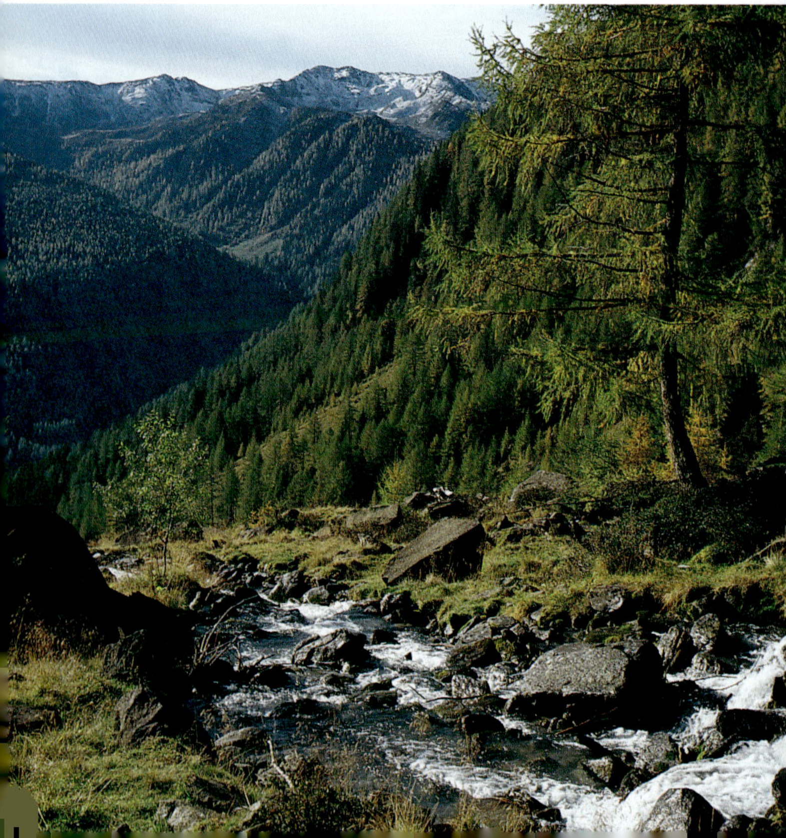

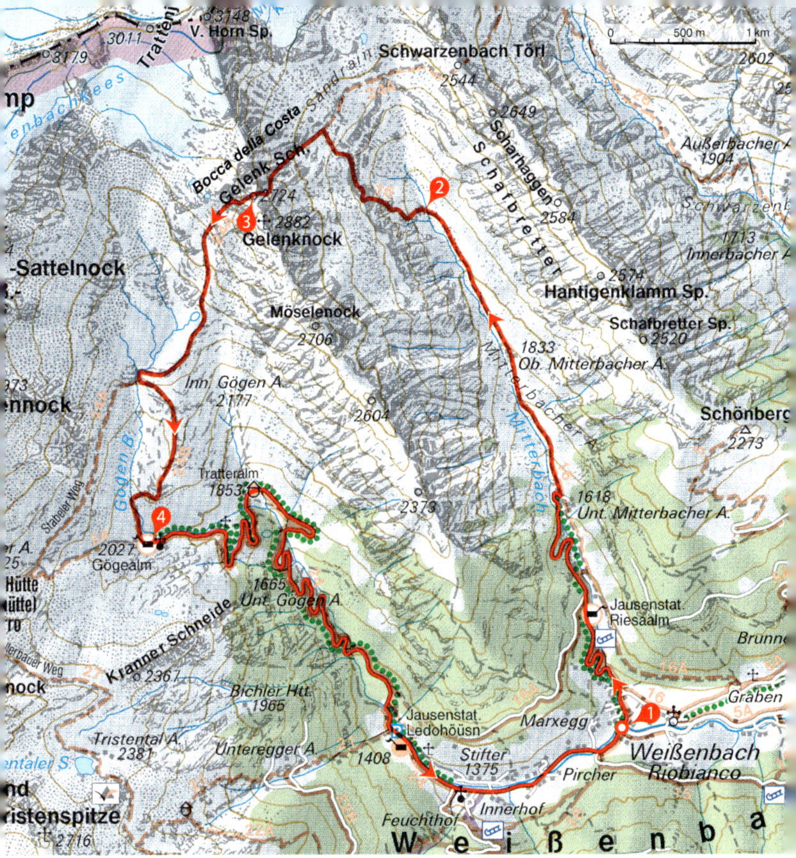

Jenseits der engen Scharte mit freier Sicht zum **Turnerkamp**, 3416 m, über Schrofen, Geröll und Blockwerk abwärts zu den steinigen Wiesen am Mösele, dann zwischen Felsen hinunter auf den lang gestreckten grünen Rücken, der über dem Goldbrünnl, 2312 m, ansetzt. Am flachen Boden des **Moos**, 2307 m, verzweigt sich der Weg: rechts weiter zum Nevesjoch bzw. zur Chemnitzer Hütte, 2416 m, links über einen grasigen, felsdurchsetzten Rücken an der Schöllberg-Göge, 2197 m, vorbei hinunter zur **Gögealm (4)**, 2027 m. Hier endet die von Weißenbach heraufkommende Straße. Beim Abstieg durchs Trattenbachtal lassen sich ihre Schleifen teilweise auf dem alten Almweg, Markierung 24, abkürzen. Zuletzt auf Asphalt zurück nach **Weißenbach (1)**.

27 Wolfeskofel, 2050 m

3.30 Std.

Ganz schön steil!

Von Luttach aus ist das Kreuz oben am Wolfeskofel nicht zu übersehen, gut einen Kilometer über dem Dorf: kein großer Gipfel, sondern bloß eine letzte, wenig ausgeprägte Erhebung in dem lang gestreckten Kamm, der am Schwarzenstein, 3369 m, ansetzt und das Schwarzbach- vom Rotbachtal trennt. Aufgrund seiner Lage direkt über der Ahr bietet er aber eine interessante Aussicht, vor allem natürlich auf das Ahrntal, das man von Sand bis hinauf zur Dreiherrnspitze, 3498 m, überschaut. Besonders schön ist der Blick auf die Durreckgruppe; genau im Süden, über dem Kronplatz, zeigen sich sogar ein paar Dolomitengipfel.

Talort: Luttach, 962 m, hübscher Ferienort an der Mündung des Weißenbachtals, 5 km von Sand. Busse zu den Orten im Ahrntal.

Ausgangspunkt: Jausenstation Großstahlhof, 1216 m, am Brunnberg; asphaltierte Zufahrten von Oberluttach, 967 m, 3,5 km, und von der Straße ins Weißenbachtal. Parkmöglichkeit am Fahrweg Richtung Rotbachalm.

Anforderungen: Gut markierter, teilweise aber extrem steiler Weg. Am Gipfelaufbau Drahtseile. Markierung 32.

Höhenunterschied: 830 m.

Einkehr: Jausenstation Großstahlhof, 1216 m, geöffnet im Sommer; Rotbachalm, 1416 m, geöffnet im Sommer.

Anschluss an: Tour 28.

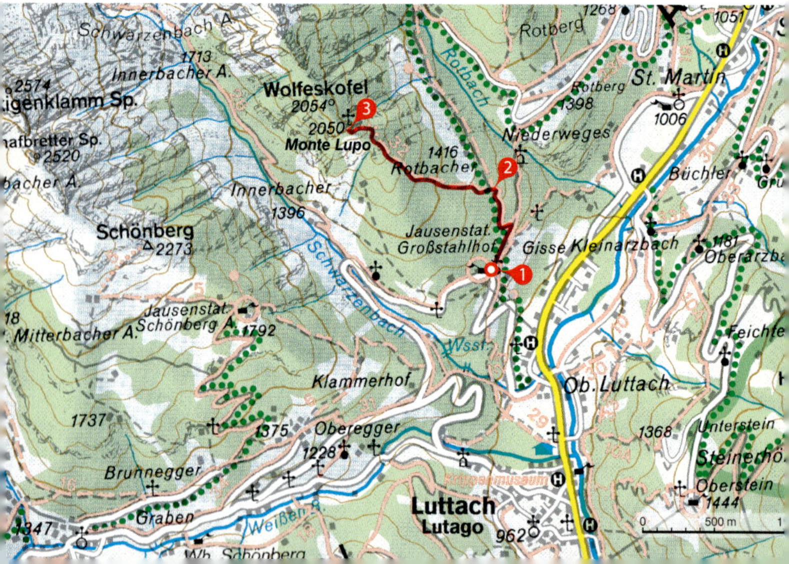

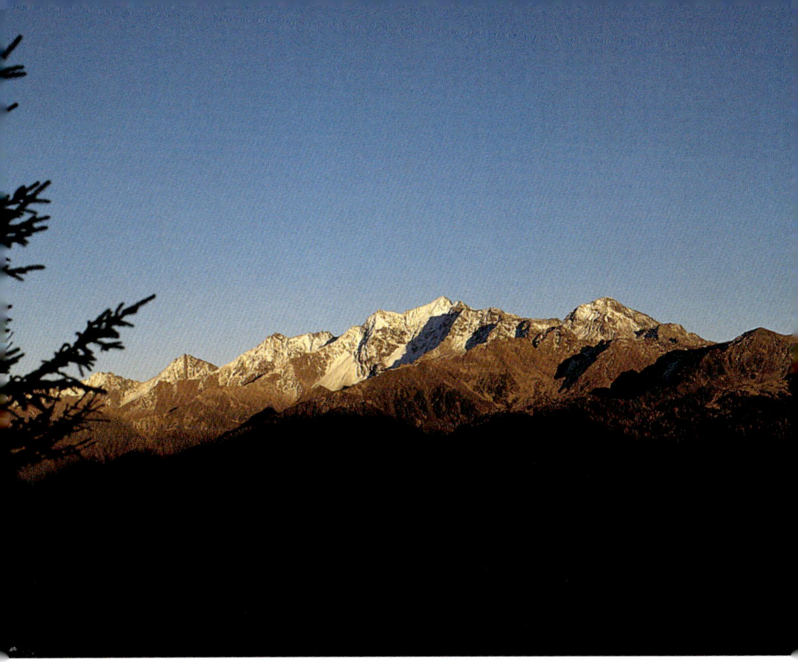

Durreckgruppe im Abendlicht, vom Wolfeskofel aus gesehen.

Der Aufstieg beginnt an der Straßengabelung, ca. 1230 m, hinter der Jausenstation **Großstahlhof (1)**. Dem Wegzeiger »Wolfeskofel, 32« folgend kurz links auf eine Forstpiste, dann im Wald bergan, mehrfach eine Schotterstraße kreuzend. Rechts markierter **Zugang zur Rotbachalm (2)**, 1416 m. Weiter ohne Aussicht, aber zunehmend steiler über den Südostrücken des Wolfeskofels aufwärts. Erst oberhalb einer Jagdhütte, ca. 1800 m, lichtet sich der Wald, genießt man erste Ausblicke ins Ahrntal und zur Durreckgruppe. Eine Bank wenig höher bietet eine gute Gelegenheit zum Verschnaufen, ehe man das Finale in Angriff nimmt: im steilen Zickzack bis unter den Vorgipfel, danach rechts am Drahtseil über leichte Felsen auf den abgeplatteten Rücken. Man überschreitet ihn nach links (Drahtseilgeländer) zum Gipfelkreuz des **Wolfeskofel (3)**, 2050 m.

Der Abstieg erfolgt auf dem Anstiegsweg.

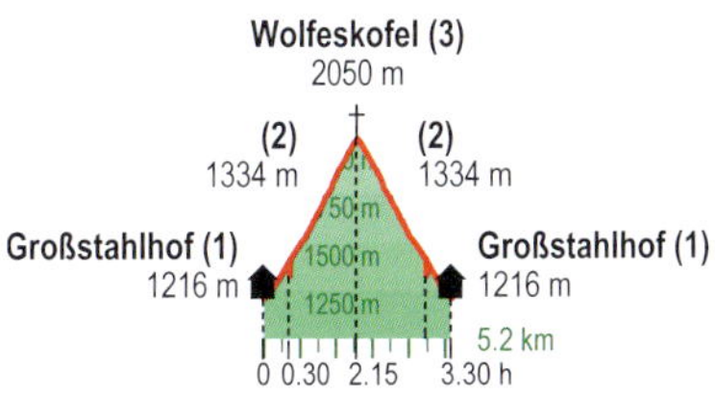

28 Schwarzensteinhütte, 3026 m

7.15 Std.

Hütte zwischen den Gletschern

Der mächtige Schwarzenstein, 3369 m, zählt zu den beliebtesten Gipfelzielen im Zillertaler Hauptkamm; von »seiner« Hütte aus lässt er sich vergleichsweise leicht besteigen (etwa 1.30 Std.) – aber nur mit Hochtourenausrüstung (Spalten) und entsprechender Erfahrung! Für trittsichere Wanderer ist die neue Schwarzensteinhütte, 3026 m, die höchstgelegene im Ahrntal, ein dankbares Tourenziel; immerhin steht sie oberhalb der Trippachschneide mitten in der vergletscherten Hochgebirgslandschaft des Zillertaler Hauptkamms, und der neu trassierte Zustieg aus dem Rotbachtal bietet zudem einigen Felskontakt (Sicherungen).

Ausgangspunkt: Berggasthof Stallila, 1472 m, von St. Johann 5 km. An Schönwettertagen Parkplatzprobleme!

Anforderungen: Anspruchsvolle Hüttentour, leichte Klettersteigpassagen. Im Frühsommer Altschneefelder (Grödel evtl. nützlich). Der alternative Zustieg über den »Kamin« (Leitern) ist 2017 zerstört worden und nicht mehr begehbar. Der Hüttenweg wurde im Felsgelände über dem Rotbachkees neu trassiert und mit soliden Sicherungen versehen (Leiter, Drahtseile, Trittħilfen).

Höhenunterschied: 1550 m.

Einkehr: Berggasthof Stallila, 1472 m, geöffnet Mai bis Oktober; Schöllbergalm, 1740 m, Daimeralm, 1872 m, beide nur im Sommer geöffnet; Schwarzensteinhütte, 3026 m, geöffnet Mitte Juni bis Mitte September, Tel. +39/342/8038586.

Anschluss an: Tour 29.

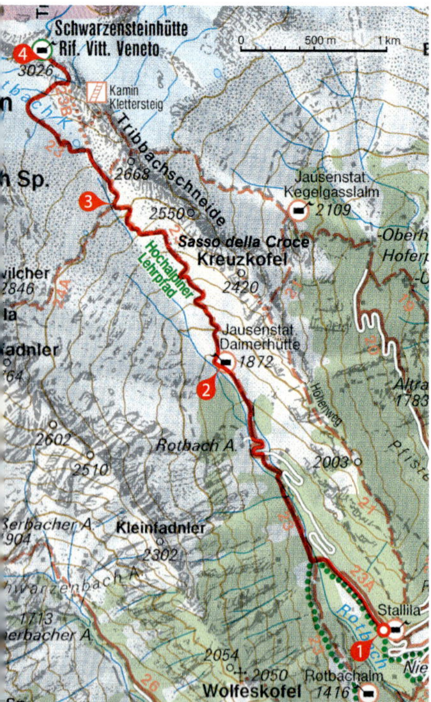

Von der **Stallila (1)** auf einer Sandstraße ins Rotbachtal zur »Hölle«, dann auf dem Hüttenweg, an einem hübschen Wasserfall vorbei, aufwärts bis zur Schöllbergalm, 1740 m. Knapp eine halbe Gehstunde höher liegt die kleine **Daimeralm (2)**, 1872 m. Dahinter in vielen Kehren weiter bergan, mit den Stati-

onen eines »Hochalpinen Lehrpfads«. Ein Gedenkstein erinnert an den Bergführer Johann Niederwieser, vulgo »Stabeler« (siehe Tour 26). Der nach ihm benannte Höhenweg geht im steinigen Hochkar der **Ofenleite (3)**, 2555 m, links ab; rechts führt eine bezeichnete Spur zu der markanten Scharte des Großen Tors (ca. 2650 m; Übergang ins Trippachtal, vgl. Tour 29). Den deutlichen Markierungen folgend steigt man weiter an ins Moränenvorfeld des stark geschwundenen Rotbachkees. Hier liegen bis weit in den Sommer noch Schneereste. In der Gletschermulde unter dem Schwarzenstein biegt der Pfad nach rechts ab und leitet in die vom Eis glatt geschliffenen Felsen. Mit Hilfe solider Sicherungen gewinnt man die Höhe der Trippachschneide. Zuletzt über einen blockigen Hang zu der bereits sichtbaren neuen **Schwarzensteinhütte (4)**, 3026 m. Grandios ist die Aussicht übers Pustertal bis tief in die Dolomiten. Mit einem Fernglas lassen sich zahlreiche Hauptgipfel der »Bleichen Berge« am fernen Horizont ausmachen: Cristallo, Antelao, Pelmo, Civetta, Marmolada, Piz Boè etc.
Abstieg auf dem Anstiegsweg über die **Ofenleite (3)** zur **Stallila (1)**.

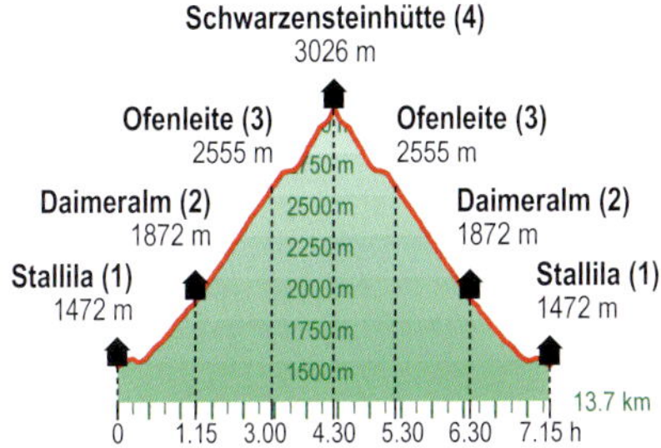

Ein modernes Hochgebirgsrefugium: die Schwarzensteinhütte.

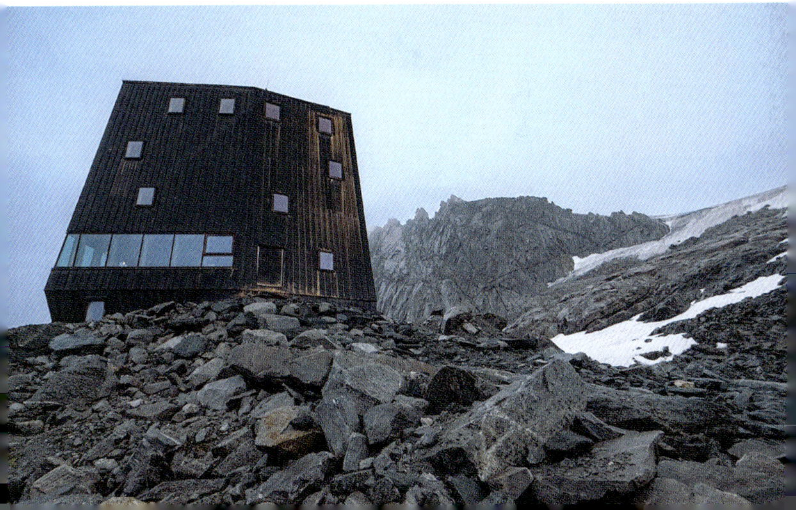

29 Kreuzkofel, 2420 m

4.30 Std.

Aussichtskanzel vor dem Zillertaler Hauptkamm

Wie ein Drachenrücken ragt die Trippachschneide, 2875 m, über den vergletscherten Hochkaren des Rotbach- und des Trippachtals in den Himmel: düstere, wild zerklüftete Felsen. Erst hinter dem Kreuzkofel flacht der Kamm ab, wird aus dem schartigen Grat ein grüner, teilweise bewaldeter Rücken. Ihm folgt ein reizvoller Höhenweg, der viel Aussicht und zwei gesicherte Passagen aufweist. Die machen den meisten aber weniger zu schaffen als der elend steile Schlussabstieg zur Jausenstation Stallila. Wer so etwas gar nicht mag, begeht die Runde in umgekehrter Richtung.

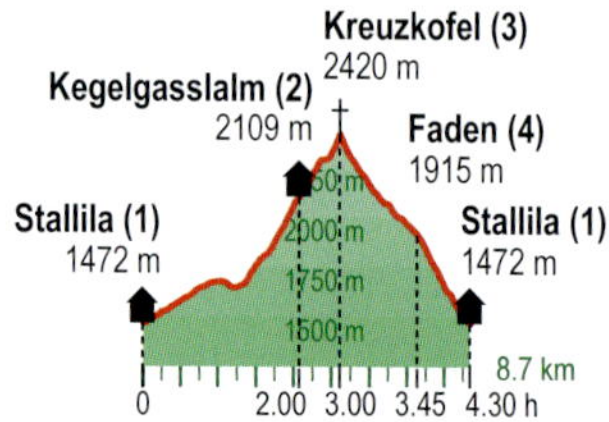

Talort: St. Johann, 1019 m, im Ahrntal, 8,5 km von Sand in Taufers. Busverbindung mit den Ortschaften im Tal.

Ausgangspunkt: Berggasthof Stallila, 1472 m, Zufahrt von St. Johann 5 km. An Schönwettertagen oft Parkplatzprobleme!

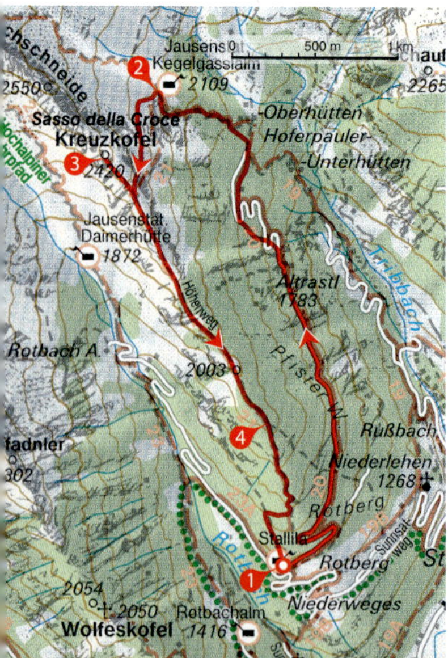

Anforderungen: Recht anspruchsvolle Runde, durchwegs gut markierte Wege. Am Gipfelgrat Schrofen, Übergang zum Rohrberg mit zwei gesicherten Passagen, zuletzt extrem steiler Abstieg zur Stallila (Teleskopstöcke!). Bei Nässe keinesfalls ratsam! Rot-weiß-rote Markierungen.

Höhenunterschied: 950 m.

Einkehr: Berggasthof Stallila, 1472 m, geöffnet Mai bis Oktober; Kegelgasslalm, 2109 m, freundliche kleine Hütte, geöffnet von Mitte Juni bis Mitte Oktober, Tel. +39/348/8730731.

Anschluss an: Tour 27 und 28.

Beim **Gasthof Stallila (1)**, 1472 m, folgt man dem Hinweis »**Putzweg**«. Der hübsch angelegte Steig führt, nur allmählich steigend, über den Rohrberg in die steile, größtenteils bewaldete Westflanke des Trippachtals. Im Vorblick zeigt sich die weiße Spitze des Großen Löffler, 3378 m,

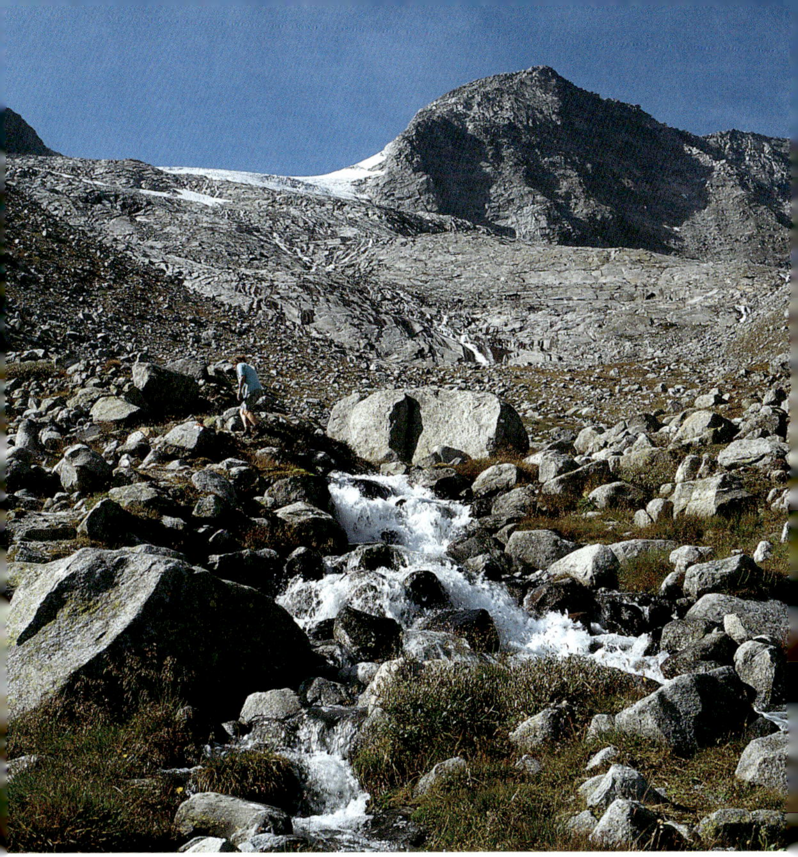

Fels, Eis und Geröll im Trippachtal.

rechts mündet der alte Talweg. Man folgt ihm hinauf zur **Kegelgasslalm (2)**, 2109 m. Nun links an der Hütte vorbei und in kurzen Kehren steil bergan in eine winzige Scharte, ca. 2280 m, am Osthang, danach flach zur Abzweigung des Gipfelsteigs (Tafel). Gut markiert leitet die Spur schließlich über den schrofigen Grat zum höchsten Punkt des **Kreuzkofels (3)**, 2420 m.
Der rot-weiß-rot bezeichnete Höhenweg folgt dem breiten, nur kurz felsigen Rücken (zwei gesicherte Passagen, leicht) über mehrere kleine Kuppen bis zum **Faden (4)**, 1915 m. Dahinter beginnt der Abstieg zur **Stallila (1)**: steil, steiler, am steilsten.

30 Durreck-Höhenweg

7.15 Std.

Aussichtswanderung über drei Tälern: Ahrn, Tauferer und Rein

Die Region Tauferer Ahrntal ist ein Paradies für Höhenwanderer – und der »Durreck-Höhenweg« einer der schönsten unter den zahlreichen Aussichtspfaden hoch über den Tälern. Über denen wiederum stehen hohe Grate, teilweise sogar vergletschert wie in der Venedigergruppe, am Zillertaler Hauptkamm und in der Rieserfernergruppe. Dreiherrnspitze, 3498 m, und Rötspitze, 3495 m, die beiden westlichen »Eckpfeiler« der Hohen Tauern, bekommt man auf dieser Tour allerdings nicht zu Gesicht; umso schöner präsentiert sich der lang gestreckte Hauptkamm der Zillertaler Alpen, dazu schaut man tief ins Gipfelgewirr der Pfunderer Berge hinein, und zum Schluss zeigt sich über dem Reintal auch noch das unverwechselbare Profil des Hochgall, 3436 m.

Ausgangspunkt: Talstation der Klausberg-Gondelbahn in Steinhaus. Betriebszeiten der Bahn Ende Mai bis Mitte Oktober 8.30–12.20, 13–17.15 Uhr; Juli/August jeweils Freitag 19.30–23 Uhr.
Anforderungen: Lange und deshalb recht anstrengende Höhenwanderung. Am Pojenkamm Trittsicherheit nötig (Drahtseilsicherung). Markierungen 33, 10C, 10B, 10.
Höhenunterschied: 1250 m (inklusive Gegensteigungen).
Einkehr: In Steinhaus und Ahornach. Mehrere Hütten im Bereich des Klausbergs: Kristallalm, 1600 m, bei der Bergstation des Klausbergliftes; Moareggalm, 1605 m, ein paar Schritte weiter; Speck- und Schnapsalm, 1726 m; Baurschafthütte, 1882 m, und Jausenstation Bachmair, 1888 m; alle während der Betriebszeit des Liftes geöffnet.
Hinweis: Rückfahrt von Ahornach via Sand i. T. nach Steinhaus per SAD-Bus.
Anschluss an: Tour 23 und 24.

Hochgall und Schneebiger Nock vom »Durreck-Höhenweg« aus.

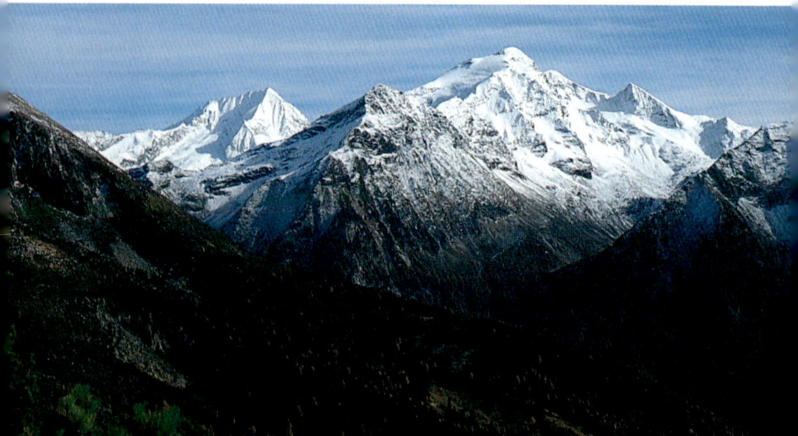

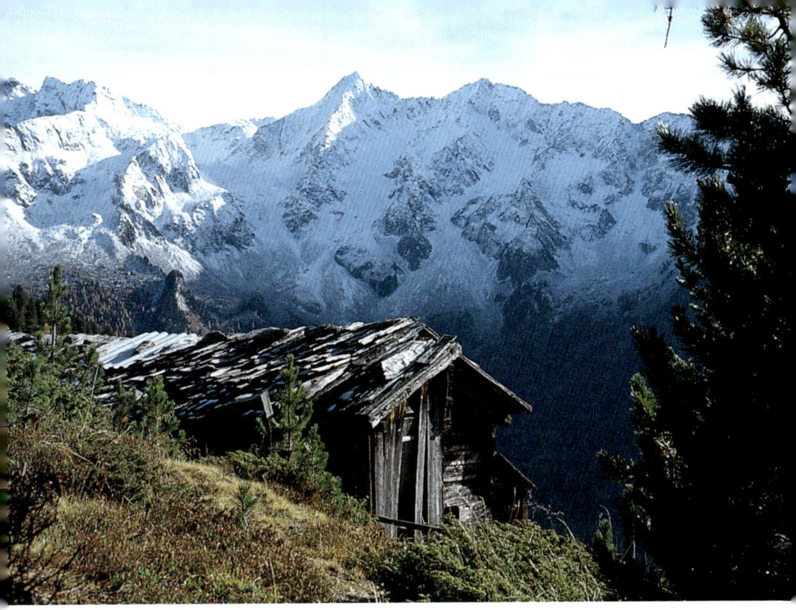

Die »Schlafhäuser« stehen oberhalb von Ahornach.

Mithilfe der Klausberg-Gondelbahn gelangt man von **Steinhaus (1)** zur **Bergstation (2)**, 1602 m. Der Aufstieg durch das Kleine Klausbachtal ist weitgehend von einer Sandstraße vorgezeichnet, deren Schleifen sich teilweise abkürzen lassen. Hinter der Abzweigung zur Bachmairhütte wird aus der Piste ein breiter Fußweg, der am Nordufer des **Klaussees (3)**, 2162 m, ausläuft. Links an dem seichten Gewässer vorbei, zwischen Blockwerk hindurch (gut auf die Markierungen achten!) und dann steil über den felsdurchsetzten Hang bergan. Unter den Nordabstürzen des Klausnocks, 2819 m, wendet sich die Spur nach rechts und quert, weiter steigend, ins **Klausjoch (4)**, 2579 m. Schöner Rückblick auf den Zillertaler Hauptkamm. Nun absteigend südlich unter dem **Rauchkofel** (2653 m; Abstecher, 10 Min. ab Klausjoch) hindurch und in etwas heikler Querung (Drahtseile) über einen abschüssigen Hang hinaus auf den lang gestreckten Pojenkamm. Der gut markierte »**Durreck-Höhenweg**« folgt ihm westwärts, nur leicht an Höhe verlierend, bis über den Pojenspitz, 2453 m, hinaus. Die wenig markante Erhebung ist ein prächtiger »Guck-ins-Land«; vom Pojenspitz aus lässt sich auch die Fortsetzung der Route sehr schön überblicken. Zunächst weiter am Grat abwärts zur Wegkreuzung am Steiner Holm, hier spitzwinklig links und leicht absteigend in die inneren Böden der **Pojenalm (5)**, 2141 m, über den Mühl-

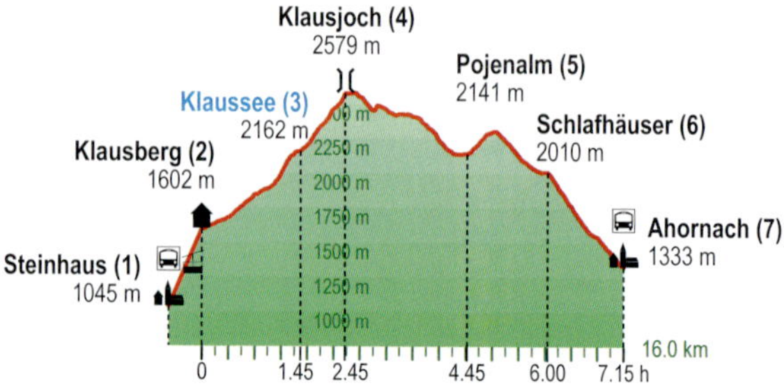

bach und am gegenüberliegenden Hang wieder aufwärts und hinaus zum Kammrücken beim **Ahornacher Jöchl**, 2281 m: noch so ein herrlicher Rast- und Schauplatz!

Nun über steinige Hänge mit schönem Blick zum Hochgall schräg abwärts und im Wald zum obersten der **Schlafhäuser** (**6**, Alphütten), 2010 m, wo sich der Weg doppelt gabelt. Links geht's zum Großen Moosstock (3059 m; siehe Tour 24), geradeaus führt der »Vegetationsweg« (siehe Tour 23) als natürliche Fortsetzung des »Durreck-Höhenwegs« taleinwärts nach Rein; rechts leitet die Markierung 10B durch den Ahornacher Wald bergab. Die weiten Straßenschleifen hinunter nach **Ahornach (7)**, 1333 m, lassen sich dann abkürzen: immer der Wegnummer 10 folgen!

Schaupfad über dem Ahrntal: der »Durreck-Höhenweg«.

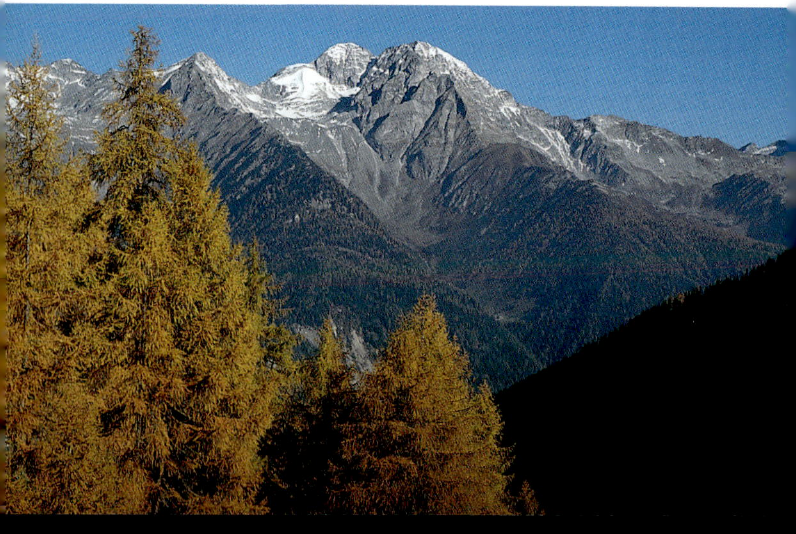

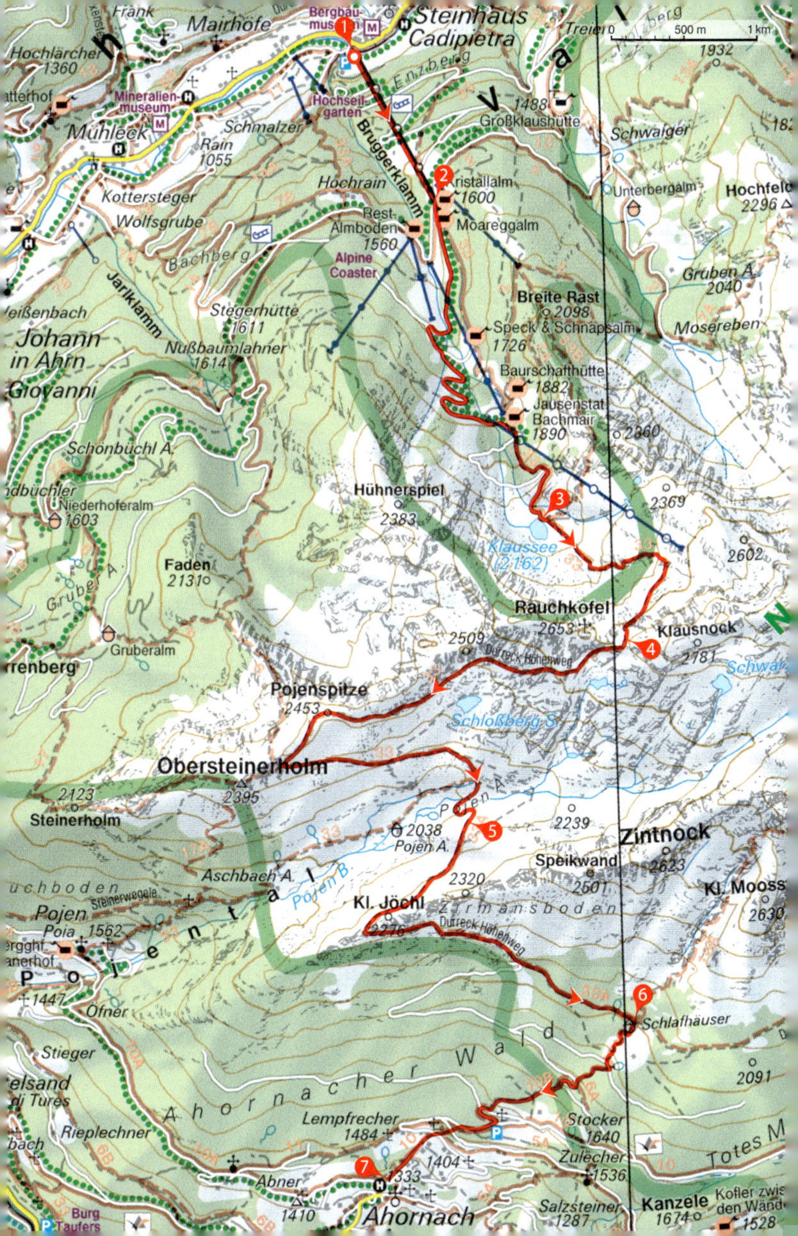

Steinhaus
Cadipietra
Bergbaumuseum
Mairhofe
Hochlärcher 1360
Mineralienmuseum
Mühleck
Schmalzer
Rain 1055
Hochseilgarten
Enzberg
1488
Großklaushütte
Schwaiger
Bruggerklamm
Kristallalm 1600
Moareggalm
Hochrain
Kottersteger
Wolfsgrube
Rest. Almboden 1560
Alpine Coaster
Unterbergalm
Hochfeld 2296
Gruben A. 2040
Bachberg
Jariklamm
Stegerhütte 1611
Breite Rast 2098
Speck & Schnapsalm 1726
Mosereben
Nußbaumlahner 1614
Johann in Ahrn
Giovanni
Bauschafthütte 1882
Jausenstat. Bachmair 1890
2360
Schönbüchl A.
Niederhoferalm 1603
Hühnerspiel 2383
2369
Klaussee (2162)
2602
Faden 2131
Rauchkofel 2653
Klausnock 2781
Gruberalm
2509
Durreck Höhenweg
Pojenspitze 2453
Schloßberg S.
Obersteinerholm 2395
2123
Steinerholm
Pojen A.
2038 Pojen A.
2239
Zintnock 2623
Speikwand 2501
Kl. Mooss 2630
Aschbach A.
Pojen B.
2320
Kl. Jöchl 2276
Zirmansboden
Durreck Höhenweg
Pojen 1562
Poia
Pojental
1447
Öfner
Schlafhäuser
Stieger
Ahornacher Wald
2091
Lempfrecher 1484
Stocker 1640
Rieplechner
Zulecher 1536
1404
Abner
1333
1410
Ahornach
Salzsteiner 1287
Kanzele 1674
Kofler zwischen den Wänden 1528
Totes M
Burg Taufers
500 m
1 km
1932

31 Lutterkopf, 2295 m, und Blauspitz, 2558 m

6.30 Std.

Aussichtskanzeln über dem Ahrntal

Das Durreckmassiv entsendet lange, schroffe Grate gegen das Ahrntal. Einer von ihnen endet am Lutterkopf, gut einen Kilometer über der Ahr: ein toller Ausguck. Im Blick hat man nicht nur fast das ganze Ahrntal, sondern auch den Zillertaler Hauptkamm vom Hochfeiler bis hinauf zur Birnlücke.

Ausgangspunkt: Hinter den Höfen von Ahrnstein, ca. 1423 m. Zufahrt über die Ahrntaler Straße, bei St. Peter (Ortsteil Marche) Abzweigung rechts über die Ahr (Hinweisschild App. Oberhöherhof), dann 2 km weit bis zu der Häusergruppe Ahrnstein. Gleich dahinter zweigt rechts die Sandstraße zur Pipprigalm ab. Beschränkte Parkmöglichkeit.
Anforderungen: Recht fordernde Gipfeltour, zum Lutterkopf hin sehr steil, Gratübergang zum Blauspitz teilweise recht ausgesetzt. Bei Nässe nicht ratsam!
Höhenunterschied: 1150 m.
Einkehr: Keine.

Von der Häusergruppe **Ahrnstein (1)** folgt man zunächst der Sandstraße, die rechts über Wiesen ansteigt. Am Waldrand weisen Schilder zur Pipprigalm und zum Lutterkopf. Nach etwa einem Kilometer folgen die ersten beiden Kehren; gleich danach zweigt links der alte Fußweg (Markierung 18) zur Alm ab. Die Straße schraubt sich bei angenehmer Steigung über den bewaldeten Hang ebenfalls hinauf ins Almgelände. Fahr- und Fußweg treffen am Rand des Almgeländes von **Pipprig** (**2**, auch Pibberg-Alm), 1888 m, wieder zusammen; die Markierung 18 leitet nun westwärts in den Wald. Der Pfad führt zunächst ohne Höhengewinn in die Westflanke des Lutterkopfs, beginnt dann kräftig anzusteigen. Zuletzt gewinnt man über einen abschüssigen Grashang das Gipfelkreuz am **Lutterkopf (3)**, 2295 m, mit packendem Tiefblick ins Ahrntal und großer Gipfelparade des Zillertaler Hauptkamms.

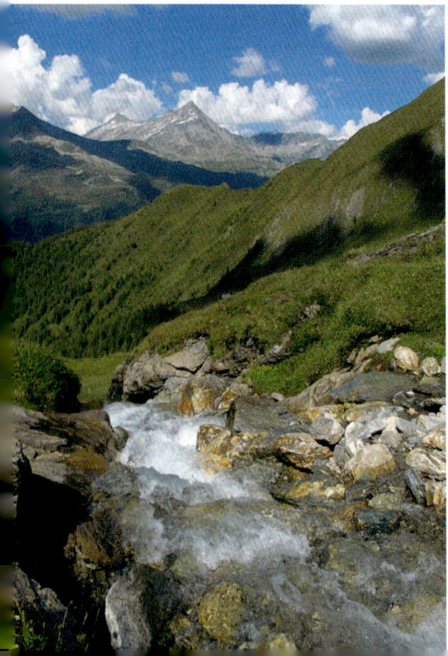

Der Poinlandbach stiebt über eine Felsstufe herab. Am Horizont der Rauhkofel.

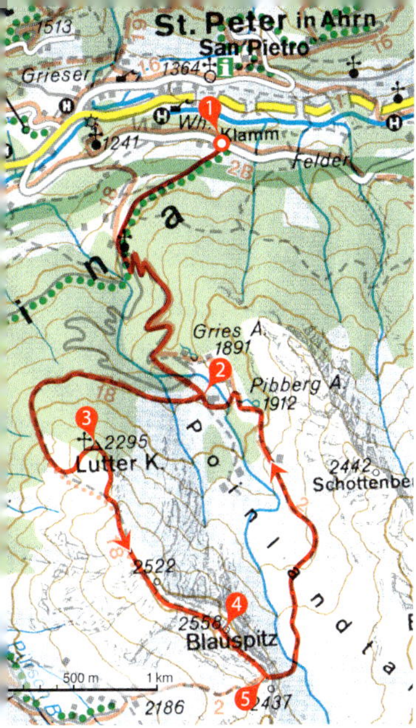

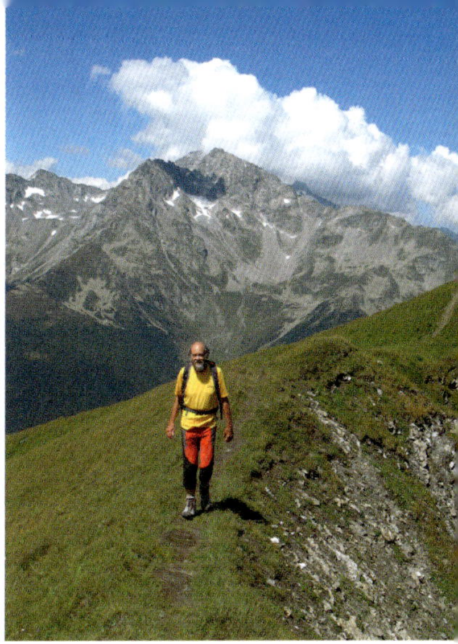

Am Gipfelgrat zwischen Lutterkopf und Blauspitz; Blick zum Zillertaler Hauptkamm.

Die Fortsetzung der Tour ist eine Kammwanderung. Der schmale Weg steigt dabei über zwei Kehren weiter an, nähert sich dann wiederholt den ostseitigen Abbrüchen (Vorsicht!). Am **Blauspitz (4)**, 2558 m, wird auch der Blick in die Karwinkel und Grate des Durreckmassivs frei. Genau südlich erhebt sich der Katzenkofel, 2923 m, nach rechts läuft ein hoher, schartiger Kamm über den Hirbernock, 3010 m, zum Durreck, 3135 m, dem Hauptgipfel der Gebirgsgruppe.

Der Abstieg führt vom Blauspitz am Grat entlang hinunter in eine namenlose **Scharte (5)**, 2437 m. Hier hält man sich links und steigt ab in den so großen wie einsamen Kessel des Poinlandbachs. Der mäandert zwischen Wiesen und Wollgraskolonien gemütlich dahin, stürzt dann am Nordrand der grünen Mulde über ein paar Kaskaden ab. Der Weg nimmt den gleichen Verlauf. Vorbei an der urigen **Grieser Oberhütte**, 2137 m, steigt man mit schöner Sicht auf den Zillertaler Hauptkamm ab zum Almgelände **Pipprig (2)**. Auf dem Hinweg geht's zuletzt zurück zum Ausgangspunkt der schönen Gipfeltour bei **Ahrnstein (1)**.

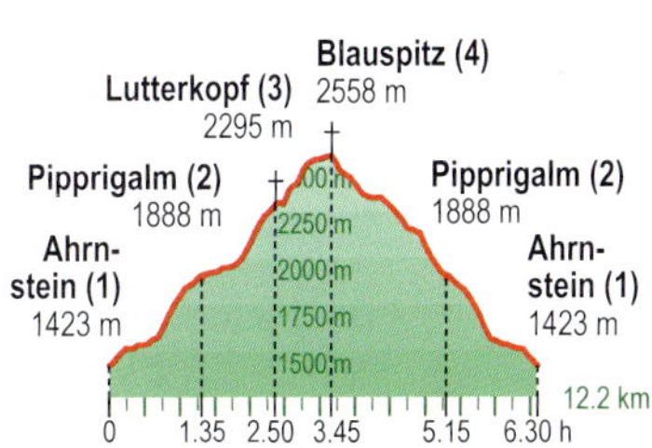

32 Waldner See, 2332 m

4.15 Std.

Stilles Gewässer unter dem Zillertaler Hauptkamm

Mit einer Fläche von fast fünf Hektar (365 x 200 m) ist der Waldner See der größte See des Ahrntals, ein stilles Gewässer, eingebettet in einen steinigen Karwinkel unter den schroffen Seewänden, 2682 m, – und ein entsprechend beliebtes Ausflugsziel. Am Weg zum See passiert man einen kleinen Waal, von den Almbauern angelegt, um ihren Wiesen etwas mehr Wasser zukommen zu lassen.

Ausgangspunkt: Prettau, 1476 m, im inneren Ahrntal, 24 km von Sand. Busverbindungen mit allen Talorten.
Anforderungen: Almwanderung, teilweise auf Fahrwegen; Anstieg durch den Ameiser Wald sehr steil (kann auf der Straße umgangen werden). Markierungen 16A, 16B.

Höhenunterschied: 900 m.
Einkehr: In Prettau; Waldner Alm, 2068 m, geöffnet Juli bis September.
Variante: Als Ausgangspunkt bietet sich auch Kasern, 1566 m, an; der Anstieg ist weniger steil, folgt aber weitgehend Waldstraßen. Gehzeit insgesamt ca. 4 Std.
Anschluss an: Tour 33.

In **Prettau (1)**, 1476 m, Hinweis »Waldner Alm«, auf einer Asphaltstraße zu den höher gelegenen Häusern, dann hinauf zum Waldrand und rechts über den Wieser Bach. Wer es gemütlich mag, folgt weiter der Sandstraße; kürzer, aber auch entschieden steiler ist der an der Brücke abzweigende Aufstieg durch den **Ameiser Wald**.

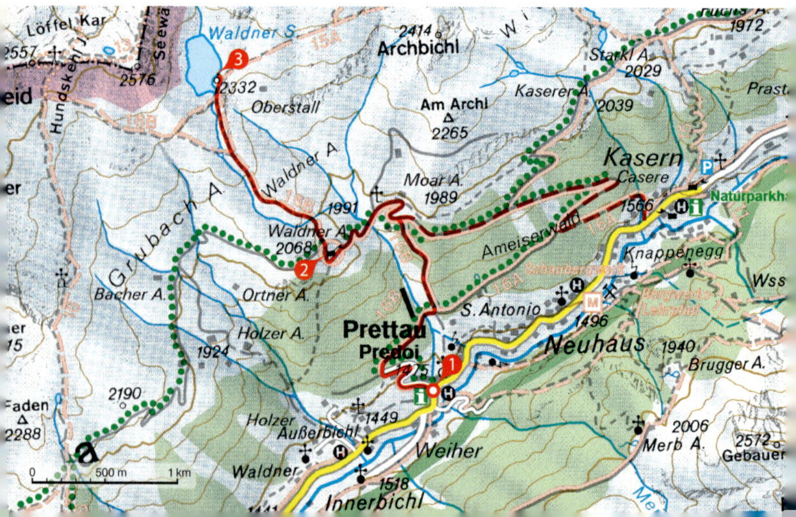

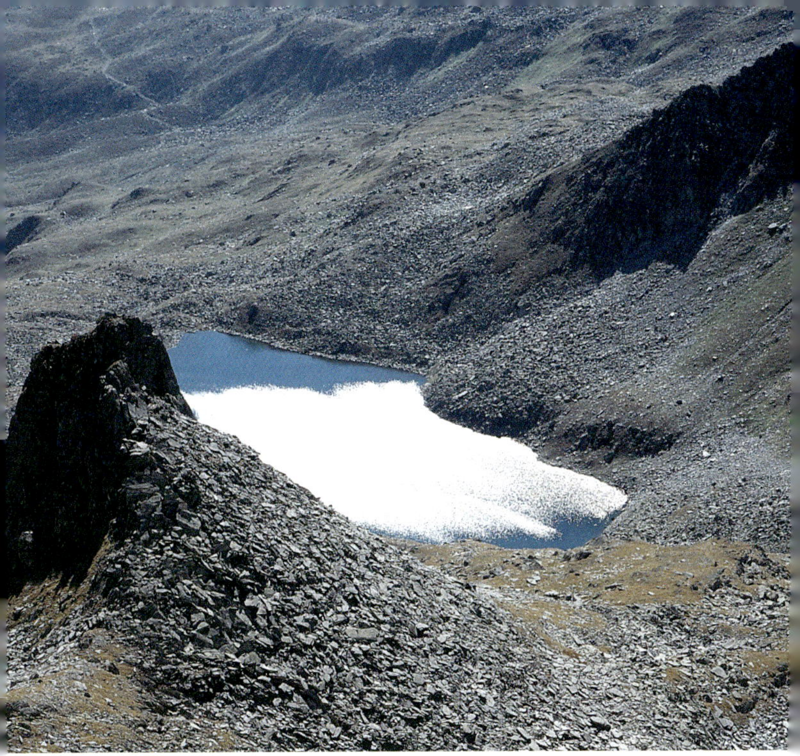

Stilles Gewässer: der Waldner See.

Knapp unterhalb der **Moaralm**, 1989 m, stößt man wieder auf das Sträßchen. Die Waldgrenze bleibt nun zurück, und am Weiterweg zur **Waldner Alm (2)**, 2068 m, bieten sich schöne Ausblicke auf die Gipfel der Durreckgruppe. Weiter auf dem viel begangenen Weg über den abgerundeten Waldner Eggen aufwärts zu einem Kreuz, dann flacher neben dem kleinen Waal zu einer Verzweigung. Hier geradeaus und über einen steinigen Hang bergan, bis ganz unvermittelt links der **Waldner See (3)**, 2332 m, sichtbar wird. Schöne Rastplätze über dem Gewässer. – Abstieg auf demselben Weg.

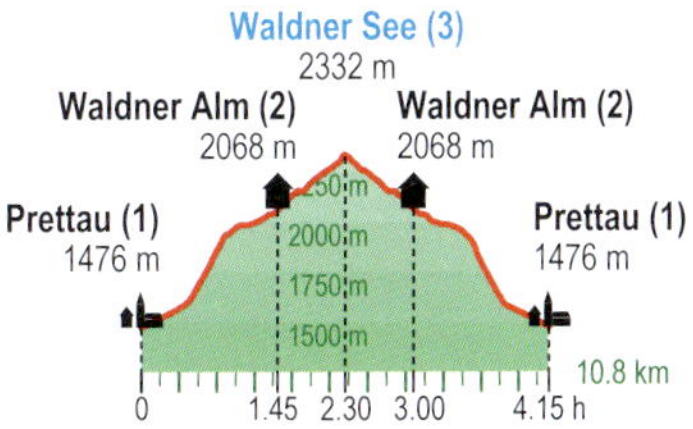

TOP 33 Rauhkofel, 3251 m

9.00 Std.

Stolze Felspyramide im Zillertaler Hauptkamm

Im Gegensatz zu den weiter westlich stehenden Dreitausendern des Zillertaler Hauptkamms lässt sich der Rauhkofel (fälschlicherweise oft als Rauchkofel bezeichnet) ohne Gletscherbegehung ersteigen, was ihn zu einem attraktiven (Fast-)Wanderziel macht. Die ebenmäßige Felspyramide über dem inneren Ahrntal bietet zudem ein riesiges Panorama, tief hinein nach Nordtirol, im Südwesten bis zu den fern glitzernden Adamello-Gletschern. Doch diese Aussicht muss man sich redlich verdienen; 1800 Steigungsmeter sind kein Pappenstiel, und der Südgrat des Berges wartet mit ein paar Passagen auf, bei denen es ohne Zuhilfenahme der Hände kein Weiterkommen mehr gibt.

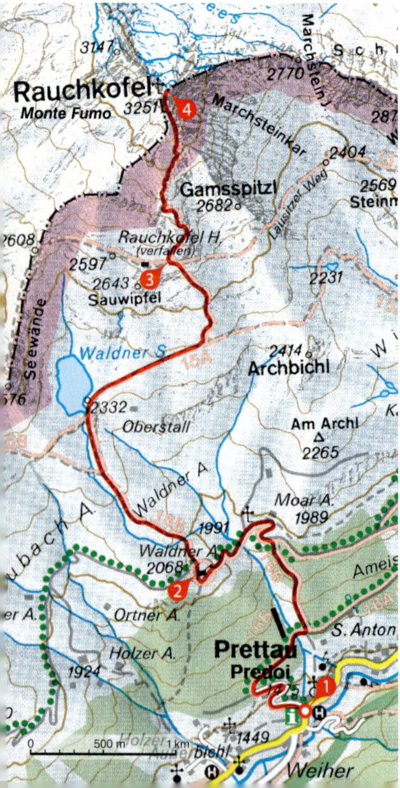

Ausgangspunkt: Prettau, 1476 m, im inneren Ahrntal, 24 km von Sand in Taufers. Busverbindung mit allen Ortschaften des Tals.
Anforderungen: Eine Tour für konditionsstarke, trittsichere Bergwanderer. Am Südgrat des Rauhkofels leichte Kletterpassagen. Nur bei sicherem Wetter gehen!
Höhenunterschied: 1800 m
Einkehr: In Prettau; Waldner Alm, 2068 m, geöffnet Juli bis September.
Anschluss an: Tour 32.

In **Prettau (1)**, 1476 m, Hinweis »Waldner Alm«, auf einer Asphaltstraße zu den höher gelegenen Häusern, dann hinauf zum Waldrand und hinüber zum Wieser Bach. Gleich jenseits der Brücke zweigt links der Weg 16A ab; er zieht steil und kaum Aussicht bietend bergan durch den **Ameiser Wald**. Knapp unterhalb der **Moaralm** stößt man wieder auf das Sandsträßchen. Hinter der **Waldner Alm (2)**, 2068 m, am abgerundeten Grasrücken des Waldner Eggen aufwärts, rechts am **Waldner See**, 2332 m, vorbei und in nunmehr leichtem Anstieg östlich

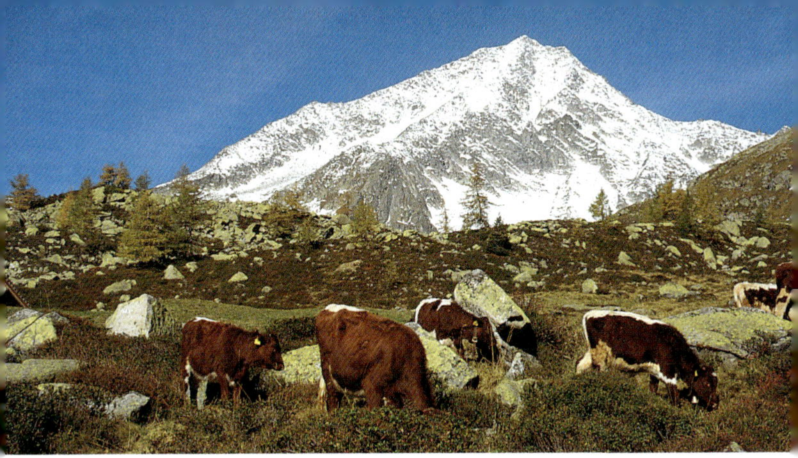

Felsgipfel über den Almen: der Rauhkofel.

über die steinigen Wiesen der Platta. An der beschilderten Weggabelung links und steil, aber gut bezeichnet über einen felsdurchsetzten Hang hinauf zum quer führenden **Lausitzer Weg (3)**, 2643 m. Auf ihm links ein paar Minuten zur Abzweigung des Gipfelsteigs (Schild »Rauchkofel«!).
Im Rücken des schroffen **Sauwipfels**, 2643 m, auf Platten und Blöcken über eine Mulde, dann auf gutem Weg links des Südgrats im Zickzack bergan. Unter einem kleinen Überhang hindurch und am zunehmend steileren Blockgrat aufwärts bis zu einer Schulter knapp links unterhalb des Vorgipfels, 3160 m. Gelegentlich weiße Markierungen, einige leichte Kletterstellen. Von der Schulter über Schrofen links abwärts zu einem Schneefeld und anschließend von Westen zum Gipfel des **Rauhkofels (4)**, 3251 m.
Abstieg auf demselben Weg.

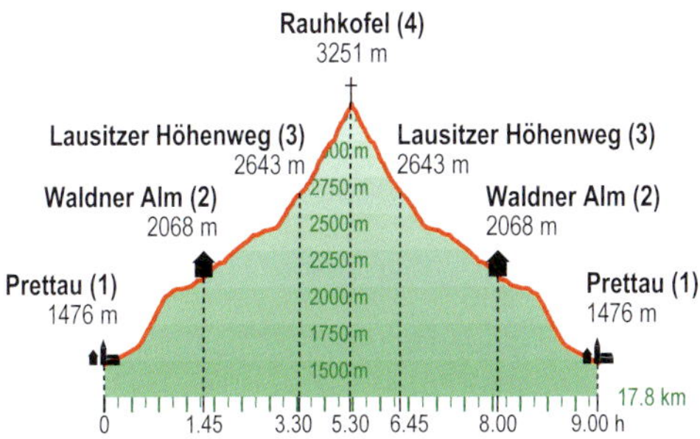

34 Rötalm, 2116 m

3.15 Std.

Auf den Spuren der Knappen

Der Ahrntaler Bergbau ist uralt; er dürfte, wie ein Beilfund aus dem Jahr 1864 belegt, bis in die Bronzezeit zurückreichen. Urkundlich wird das Bergwerk am Rötbach 1479 erstmals erwähnt; wenig später entstand das Berggericht Ahrn mit Sitz in Steinhaus. Der Kupferabbau war zeitweise so ergiebig, dass man im Nordtiroler Schwaz um den eigenen Absatz fürchtete und sogar Schürfverbote für das Ahrner Erz erwirkte. Heute ist der Bergbau nurmehr Geschichte, aber eine sehr lebendige, anschaulich präsentiert im Südtiroler Bergbaumuseum. Auch auf dem Weg zur Rötalm sieht man sich mit dem (Arbeits-)Leben der Knappen konfrontiert (Lehrpfad), und mit der alten Stollenbahn kann man sogar einfahren in den Bauch des Berges (St.-Ignaz-Stollen).

Talort: Prettau, 1476 m, im inneren Ahrntal, 24 km von Sand. Busverbindung zu den Talorten.
Ausgangspunkt: Parkplatz beim Bergbaumuseum, ca. 1550 m, 1,5 km hinter Prettau an der Talstraße.
Anforderungen: Halbtagswanderung, gut mit Museumsbesuch zu verbinden. Bergwerks-Lehrpfad mit eigener Markierung (Infotafeln, Markierungen 11, 11B, 3). Der alternative Abstieg von der Rötalm nach Heiliggeist nicht empfehlenswert!
Höhenunterschied: 600 m.
Einkehr: Rötalm, 2116 m, geöffnet von Mitte Juli bis Anfang Oktober.
Tipp: Südtiroler Bergbaumuseum/Schaubergwerk geöffnet von 6. April bis 5. November Dienstag bis Sonntag 10–18 Uhr (letzte Einfahrt 16 Uhr). Bei den Führungen wird der 1100 m lange St.-Ignaz-Stollen befahren (Voranmeldung für Stollenfahrt unerlässlich, Tel. +39/0474/654298. Warme Kleidung!
Anschluss an: Tour 35 und 38.

Die Wanderrunde beginnt beim ansprechend gestalteten **Bergbaumuseum (1)**. Hinter dem Gebäude rechts aufwärts in den Wald, dann auf gutem Weg, teilweise mit dem Lehrpfad (Markierung: gekreuzte Hämmer), bergan zum Bergstöckl, 1674 m. Wenig höher mündet ein Pfad von Kasern; links am Hang stiebt der Rötbach über eine Felsstufe herab (Abstecher, markiert), rechts zweigt ein Steiglein zur Bruggeralm ab. Der Weg zur Rötalm

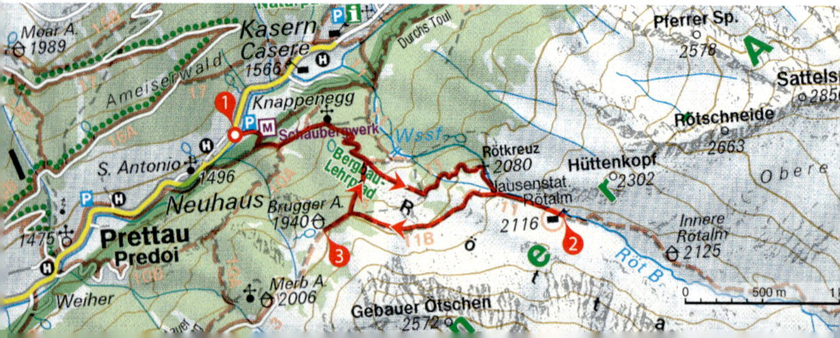

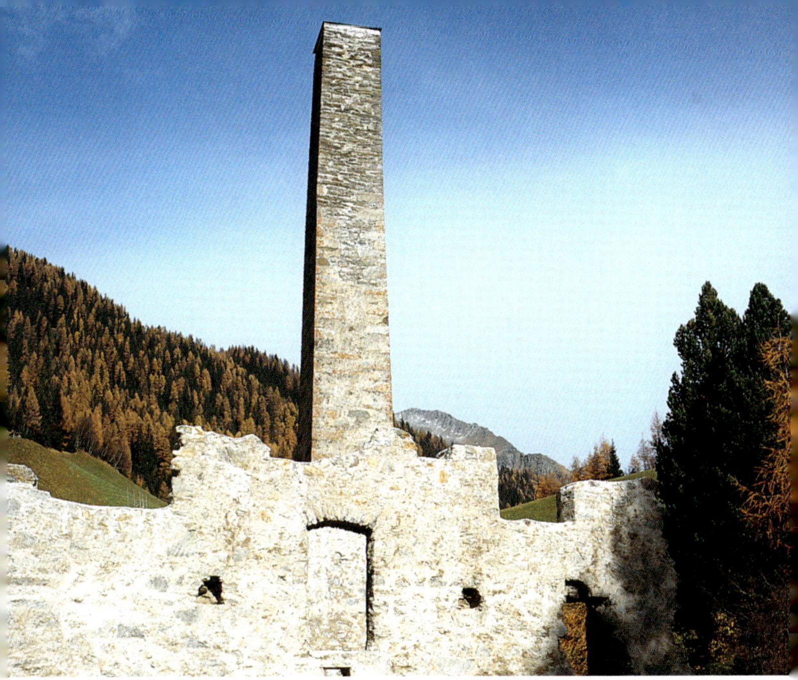

Nur noch eine Ruine: das alte Kupferbergwerk bei Prettau.

führt, in Kehren ansteigend, an mehreren alten Stollen vorbei zum **Rötkreuz**, 2064 m. Weiter neben dem Bach – vorbei an der Abzweigung zur Bruggeralm – flach zur **Rötalm (2)**, 2116 m, in schöner Lage am Rand des weiten Talbodens, über dem riesig die Rötspitze, 3495 m, aufragt.

Von der Alm kurz zurück zur genannten Verzweigung, dann links mit freier Sicht übers oberste Ahrntal auf den Zillertaler Hauptkamm leicht an Höhe verlierend zur **Bruggeralm (3)**, 1940 m. Direkt gegenüber, auf der orografisch rechten Seite des Tals, ragt wuchtig der Rauhkofel, 3251 m, in den Himmel (siehe Tour 33).

Noch vor der Almhütte hat man rechts die Abzweigung des Rückwegs. Er führt im Wald hinunter zum Anstieg. Auf ihm, vorbei am Bergstöckl, 1674 m, zurück zum Ausgangspunkt beim **Bergbaumuseum (1)**.

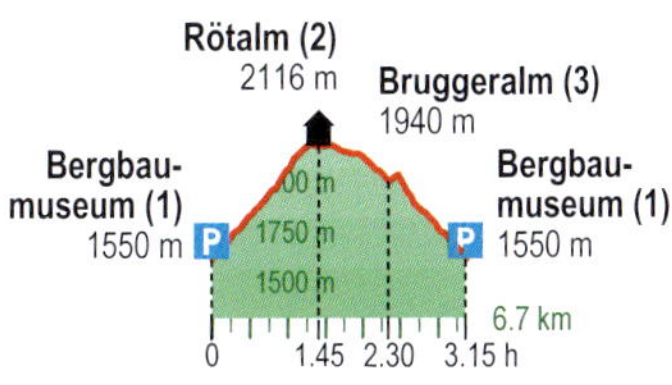

35 Lenkjöchl, 2590 m

5.30 Std.

Wanderrunde unter der Rötspitze

2-3-1-3. Was sich wie ein Pin-Code liest, ist eine Art Kurzfassung der beliebten Wanderrunde über das Lenkjöchl: zwei Täler, drei Hütten, ein Pass und ein Dreitausender samt (stark geschrumpftem) Gletscher – das ergibt garantiert einen abwechslungsreichen Bergtag. Und die rund tausend Steigungsmeter von Kasern hinauf zu dem Pass werden vom inneren Boden des Röttals angenehm flach unterbrochen, Prachtblick auf die Rötspitze, 3495 m, den alles beherrschenden Gipfel auf dieser Runde und Einkehrmöglichkeit inklusive. Beim Abstieg durch das Windtal kommen dann auch ein paar Erhebungen des Zillertaler Hauptkamms ins Blickfeld. Dominierend hier die felsige Pyramide des Rauhkofels, 3251 m, ein dankbares Ziel für trittsichere und ausdauernde Bergwanderer (siehe Tour 33).

Ausgangspunkt: Kasern, 1595 m, oberstes Dorf im Ahrntal, 27 km von Sand. Busverbindung zu den Dörfern des Tals.
Anforderungen: Recht lange Bergwanderung, ordentliche Wege. Markierungen 11, 12.
Höhenunterschied: 1000 m.

Einkehr: In Kasern; Rötalm, 2116 m, geöffnet von Mitte Juli bis Anfang Oktober; Lenkjöchlhütte, 2603 m, geöffnet von Anfang Juli bis Ende September, Tel. +39/0474/654144; Labesaualm, 1757 m, Sommerwirtschaft.
Anschluss an: Tour 34 und 38.

Dominiert die Hüttenwanderung: die Rötspitze.

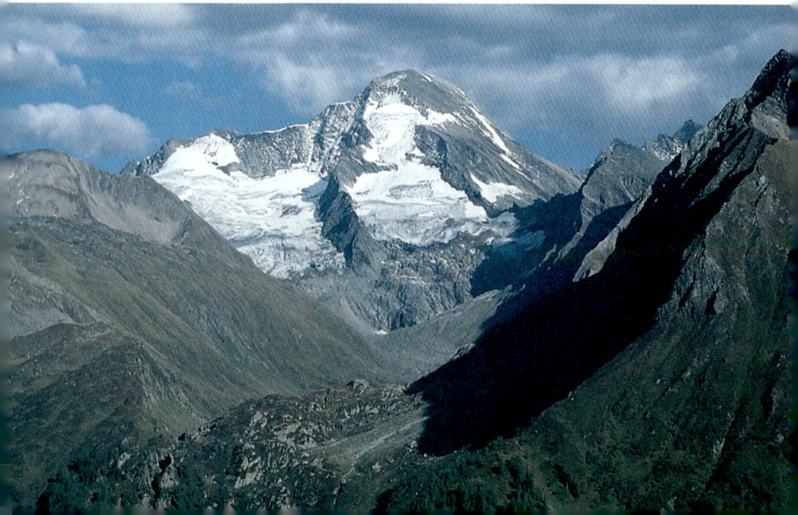

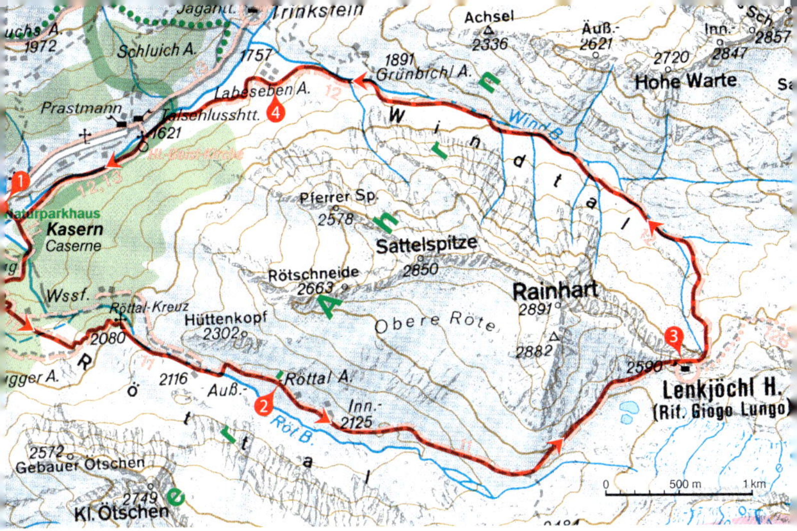

Von **Kasern (1)**, 1595 m, auf der Straße hinunter zur Ahr, über den Bach und auf breitem Weg zur nahen Rötbrücke, 1608 m. Dahinter im Wald aufwärts zu dem vom Bergbaumuseun (siehe Tour 34) heraufkommenden Pfad. Weiter in Schleifen schattig über der Mündung des Röttals bergan zum **Rötkreuz**, 2064 m, und flach taleinwärts zur prächtig gelegenen **Rötalm** (**2**, auch Röttal-Alm), 2116 m. Über den Bach nach links und fast eben zur verfallenen Inneren Rötalm, 2125 m. Dahinter beginnt der Weg wieder kräftig zu steigen. Um den Rainhart-Südgrat herum und mit freier Sicht auf die Rötspitze, 3495 m, und ihr Kees hinauf ins **Lenkjöchl (3)**, 2590 m.

Jenseits der Scharte auf ordentlichem Weg in Kehren hinunter ins Windtal, vorbei an einem stiebenden Wasserfall und talauswärts. In Serpentinen bergab zur **Labesaualm** (**4**, in Karten auch Labeseben-Alm), 1757 m, dann auf einer Schotterstraße hinunter zur Ahr und flach zum Kirchlein **Heilig Geist**, 1621 m, das sich an einen schützenden Felsblock lehnt. Das Kirchlein – ein beliebtes Fotomotiv – stammt aus dem 15. Jahrhundert und bewahrt gute, erst 1978 freigelegte Fresken aus spätgotischer Zeit.

Links vom Bach auf markiertem Weg weiter talauswärts, größtenteils im Wald, zuletzt rechts über die Ahr nach **Kasern (1)**.

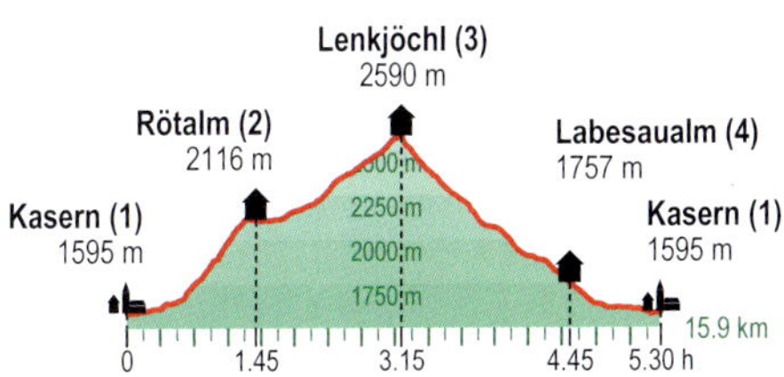

36 Heilig-Geist-Jöchl, 2658 m

5.00 Std.

Hinauf zum Zillertaler Hauptkamm

Früher, als das gemeine Volk noch zu Fuß, die Herrschaft per Kutsche reiste und beiderseits der Zillertaler Alpen die k.u.k. Monarchie regierte, kam den Passwegen vom Ahrntal in die Zillertaler Gründe (so heißen die Täler im Norden) eine weit größere Bedeutung zu. Vom Krimmler Tauern, 2633 m, etwa weiß man, dass über ihn Bozner Wein und Halleiner Salz gesäumt wurde, und auch über das Heilig-Geist-Jöchl führte ein viel begangener Pfad. Längst begegnet man da oben keinen Säumern mehr, dafür gelegentlich ein paar Wanderern, die das stimmungsvolle Panorama des Ahrntals genießen.

Ausgangspunkt: Kasern, 1595 m, oberstes Dorf im Ahrntal, 27 km von Sand in Taufers. Busverbindung mit den Ortschaften des Tals.
Anforderungen: Leichte Passwanderung auf schön angelegten Wegen. Markierung 15.
Höhenunterschied: 1070 m.
Einkehr: In Kasern; Fuchsalm, 1972 m, etwa 10 Min. von der Starklalm (Sommerwirtschaft).
Anschluss an: Tour 37.

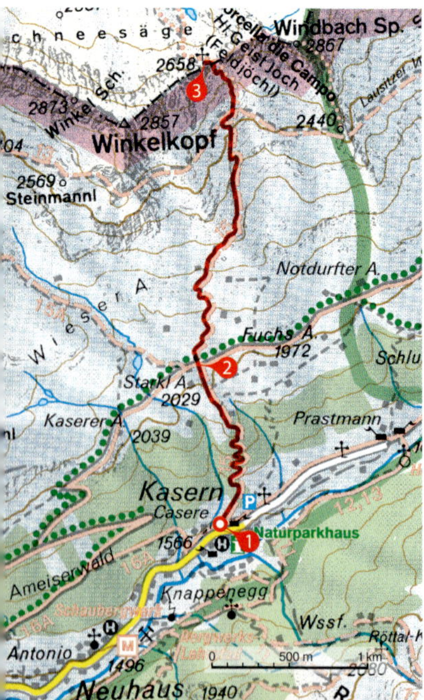

Von **Kasern (1)**, 1595 m, steigt man auf einem schön angelegten Serpentinenweg an der nördlichen Talflanke bergan, der Weg ist erst angenehm schattig, dann bietet er eine zunehmend freiere Aussicht auf die Durreckgruppe und das innerste Ahrntal. In der Nähe der **Starklalm (2)**, 2029 m, kreuzt man eine Sandstraße. Nun steigt man weiter über offenes, teilweise felsdurchsetztes Gelände aufwärts. In der Karmulde unterhalb des Jochs,

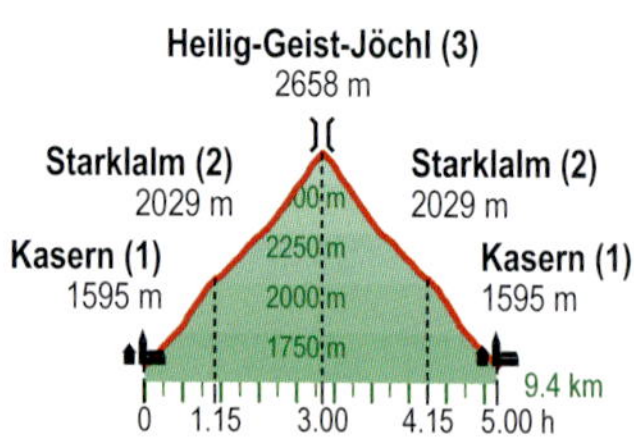

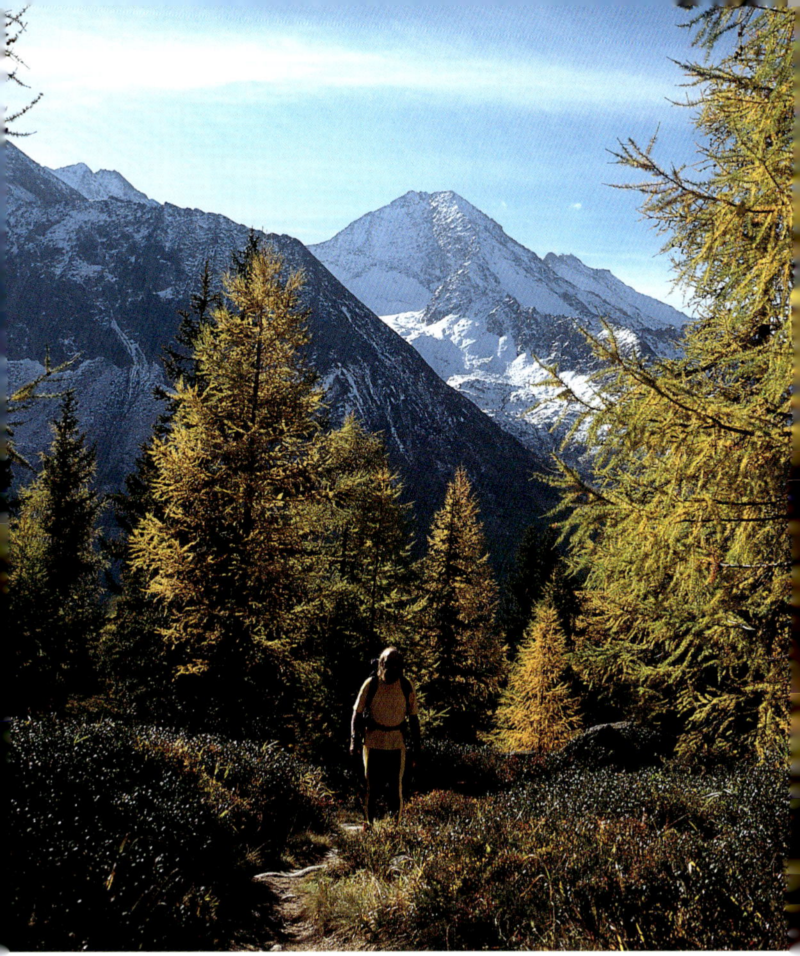

Auf dem Weg von Kasern hinauf zur Starklalm.

2522 m, kreuzt man den »Lausitzer Höhenweg« und geht dann weiter auf einem kunstvoll angelegten Plattenweg in ein paar Kehren in die enge Scharte des **Heilig-Geist-Jöchls (3)**, 2658 m. Von dort bietet sich ein schöner Blick ins Nordtiroler Zillergründl und zur schroffen Reichenspitze, 3303 m.
Der Abstieg folgt dem Anstiegsweg.

TOP **37** **Lausitzer Höhenweg**

8.30 Std.

Lausitzer Höhenweg

Höhenroute im innersten Ahrntal

Über ein Jahrhundert alt ist er mittlerweile, der »Lausitzer«, der als grenznahe Höhenroute unter dem Zillertaler Hauptkamm verläuft, vom Hundskehljoch, 2607 m, zur Birnlückenhütte, 2441 m: rund 15 Kilometer in hochalpinen Regionen und (verhältnismäßig) wenig Auf und Ab. Etwas erschwert wird die Begehung des aussichtsreichen, aber halt langen Höhenweges durch das weitgehende Fehlen von bewirtschafteten Stützpunkten. Das hat seinen Grund in der Nähe der österreichischen Grenze; nach der 1919 erfolgten Annektion Südtirols durch Italien wurden die Berghütten des DuÖAV am Alpenhauptkamm geschlossen, sie verfielen oder dienten den Zollbeamten als Unterkunft. Mittlerweile ist die Neugersdorfer Hütte, 2568 m, knapp unter dem Krimmler Tauern an das Land Südtirol zurückgegeben worden. Die Sektion aus der Lausitz möchte das Haus in den nächsten Jahren wiedereröffnen: der Stützpunkt am »Lausitzer Höhenweg«, ideal etwa auf halber Strecke gelegen.
Wer den gesamten Höhenweg begehen will, tut das (heute noch) in der Ostwestrichtung, mit Start bei der Birnlückenhütte. Als Tagestour empfiehlt sich eine Begehung des östlichen Abschnitts, vom Heilig-Geist-Kar zur Birnlückenhütte, alternativ und etwas kürzer über den Krimmler-Tauern-Weg (siehe Variante). Nach knapp dreistündigem Anstieg ist man oben am »Lausitzer«, wo die Panoramawanderung beginnt, hoch über dem innersten Ahrntal, mit freier Sicht auf die beiden ganz Großen hier: Dreiherrnspitze, 3498 m, und Rötspitze, 3495 m.

In Teilen noch gut erhalten: der »Lausitzer Höhenweg«.

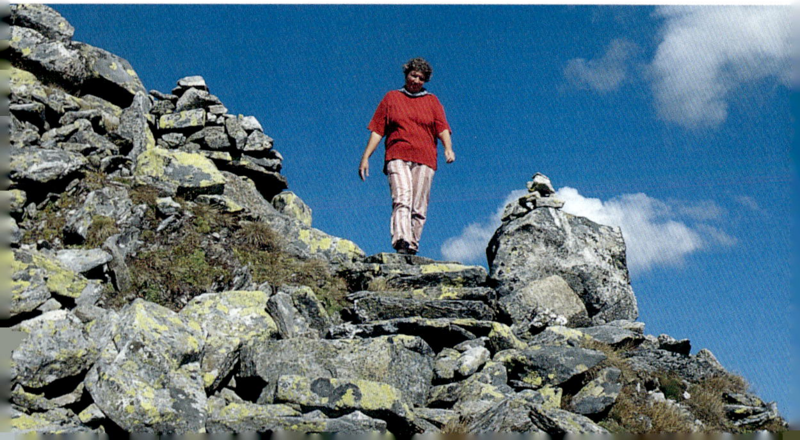

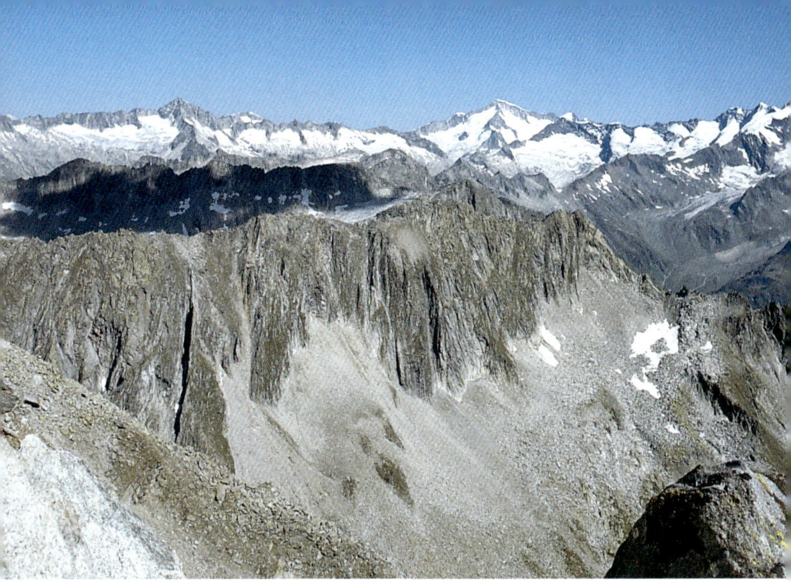

Aussichtsweg am Zillertaler Kamm: der »Lausitzer«. Blick zur Dreiherrnspitze.

Ausgangspunkt: Kasern, 1595 m, oberstes Dorf im Ahrntal, 27 km von Sand in Taufers. Busverbindung mit den Ortschaften des Tals.
Anforderungen: Lange, recht anstrengende Tagestour; bei Übernachtung in der Birnlückenhütte in umgekehrter Richtung empfehlenswert. Trittsicherheit erforderlich, einige seilgesicherte Passagen. Bei Schneelage in den Hochkaren ist eine Begehung nicht ratsam! Markierungen 15, 13.
Höhenunterschied: Etwa 1100 m (Gegensteigungen eingerechnet).
Einkehr: In Kasern; Birnlückenhütte, 2441 m, geöffnet von Mitte Juni bis Anfang Oktober, Tel. +39/0474/654140; Lahneralm, 1986 m, geöffnet im Sommer; Mehrere bewirtschaftete Almen im innersten Ahrntal.
Variante: Man kann alternativ über den alten Krimmler-Tauern-Pfad zum »Lausitzer Höhenweg« aufsteigen; etwa 3.30 Std. von Kasern. Fortsetzung der Tour wie nachfolgend beschrieben; Gesamtgehzeit 7 Std.
Anschluss an: Tour 34, 35, 36 und 38.

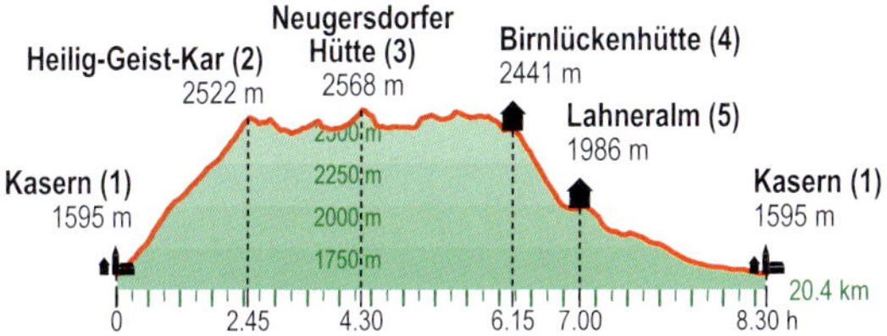

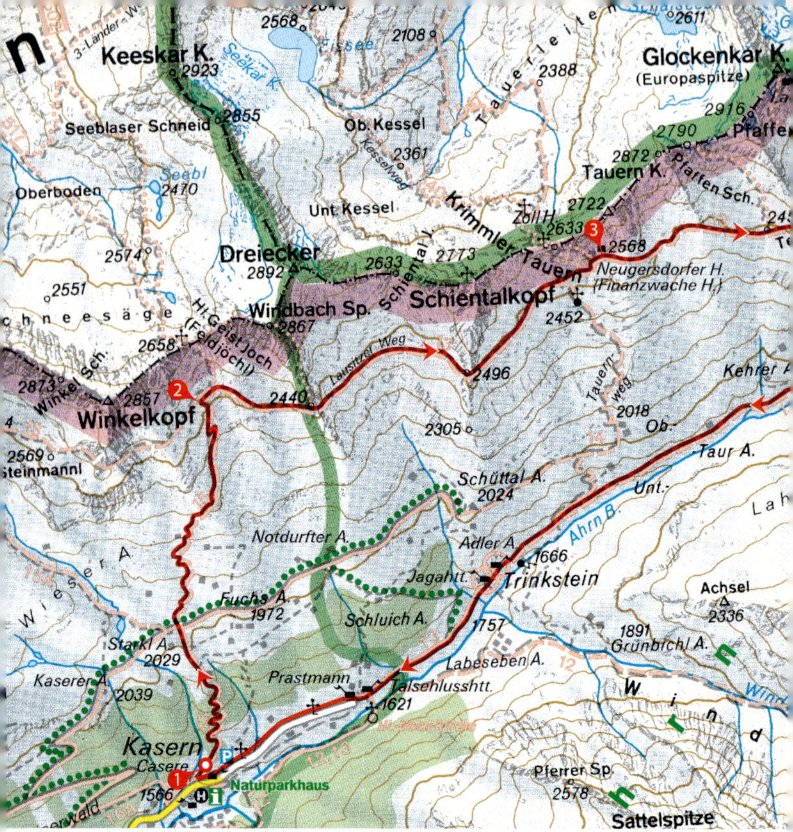

Von **Kasern (1)**, 1595 m, auf schön angelegtem Serpentinenweg an der nördlichen Talflanke bergan, erst angenehm schattig, dann mit zunehmend freierer Aussicht auf die Durreckgruppe und das innerste Ahrntal. In der Nähe der **Starklalm**, 2029 m, kreuzt man eine Sandstraße. Weiter über offenes, teilweise felsdurchsetztes Gelände aufwärts ins Kar unter dem **Heilig-Geist-Jöchl**, wo man auf den »**Lausitzer Höhenweg**« **(2)**, 2522 m, stößt. Er führt flach hinaus zur Geiereggschneide, zuletzt in felsigem Terrain etwas ausgesetzt (Drahtseil). Anschließend quert der Pfad, zunächst kurz absteigend (Sicherungen) in weitem Bogen das Kar über dem Schütttal hinüber zur Schöntalschneide, die am sogenannten »Scheaßl«, 2498 m, passiert wird. Unter dem Krimmler Tauern, 2633 m, kreuzt man den alten Passweg; wenig weiter läuft der »Lausitzer« an der ehem. **Neugersdorfer Hütte (3)**,

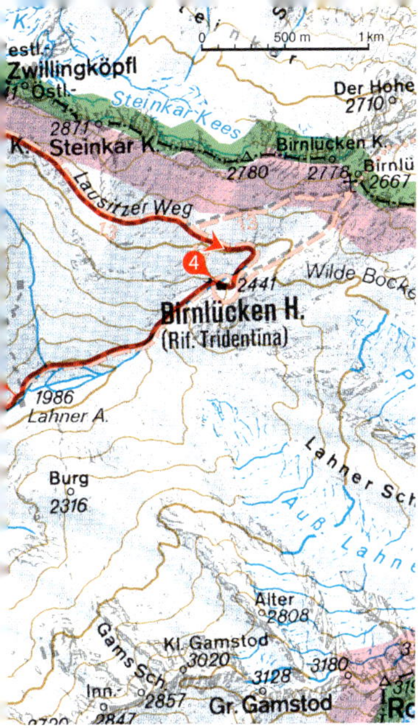

2568 m, vorbei. Flach durch das Kerrachkar, dann etwas heikel (rutschiges Gelände) hinauf zur steilen »**Teufelsstiege**« (Holzstufen, Drahtseil) an der schartigen Pfaffenschneide. Weiter ohne größere Höhenunterschiede unter dem Klockerkarkopf, 2912 m, hindurch; eine etwas ausgesetzte Passage ist mit Eisenstiften gesichert. Teils auf Steinplatten weiter, an der Weggabelung (Hinweis) über den felsdurchsetzten Hang schräg abwärts in den Steinlahngraben, und in kurzem Gegenanstieg zu der bereits lange sichtbaren **Birnlückenhütte (4)**, 2441 m. Wie bei Tour 38 über **Lahneralm (5)**, 1986 m, und **Trinkstein** zurück nach **Kasern (1)**.

Bizarre Felszähne am »Lausitzer Höhenweg«: die Pfaffenschneide.

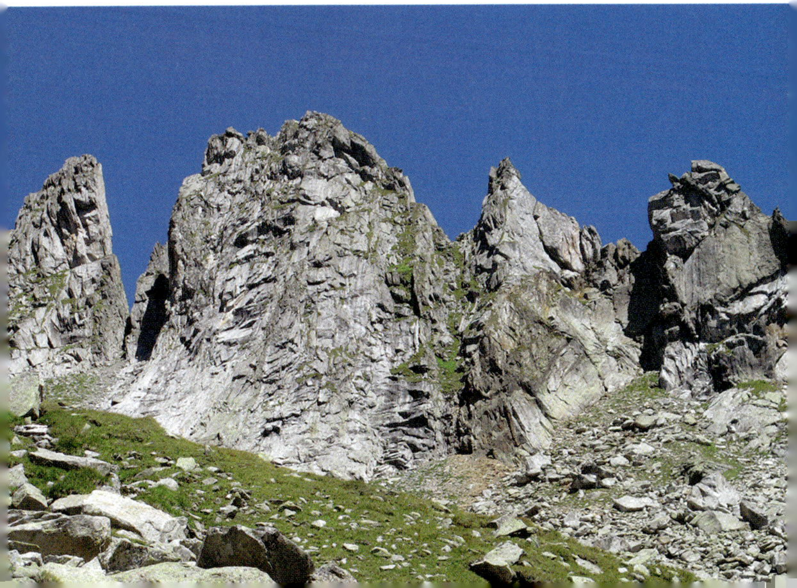

38 Birnlücke, 2667 m

6.15 Std.

Tal-, Hütten- und Passwanderung im hintersten Ahrntal

Der obere »Ausgang« des Ahrntals führt ins Krimmler Tal (Salzburg), und die Birnlücke, 2667 m, markiert die Grenze zwischen Zillertaler Hauptkamm (Westen) und Venedigergruppe (Hohe Tauern). Von beiden Gebirgsgruppen gibt's auf dem Weg aus dem inneren Tal zur Birnlückenhütte, 2441 m, einiges zu sehen; Blickfang ist natürlich die Dreiherrnspitze, 3498 m, – hier der mit Abstand höchste Gipfel – mit seinem Eispanzer. Sehr informativ ist die Schau talabwärts bis in die Gegend von Luttach, wo die Ahr nach Süden umbiegt. Und oben am Pass genießt man dann noch den »eisigen« Blick auf das zerklüftete Krimmler Kees in der Salzburger Nachbarschaft.

Ausgangspunkt: Kasern, 1595 m, oberstes Dorf im Ahrntal, 27 km von Sand. Bus zu den Ortschaften des Tals.
Anforderungen: Mäßig anstrengend, aber lang; Teilstücke lohnend. Markierung 13.
Höhenunterschied: 1070 m.

Einkehr: In Kasern; Prastmannalm, Talschlusshütte, Adleralm, Kehreralm, Lahneralm; alle im Sommer geöffnet. Nächtigung nur in der Birnlückenhütte, 2441 m, Mitte Juni bis Anfang Oktober, Tel. +39/0474/654140.
Anschluss an: Tour 34, 35, 36 und 37.

Die Talwanderung beginnt in **Kasern (1)** auf der nur leicht ansteigenden Straße nach **Prastmann**, 1623 m. Störender Verkehr muss dabei nicht befürchtet werden – neben Bikern ist hier höchstens die eine oder andere Kutsche mit zwei haferbetriebenen PS (und fußfaulen Passagieren) unterwegs. Das **Kirchlein Heilig Geist**, 1621 m, das sich – ein pittoreskes Bild – jenseits der Ahr an einen mächtigen, Schutz bietenden Felsblock lehnt, geht auf das 15. Jahrhundert zurück; es birgt schöne spätgotische Fresken. Weiter talein stößt man bald auf den aus wenigen Häusern bestehenden Weiler **Trinkstein**, 1680 m; dahinter zweigt links der kunstvoll angelegte, früher viel begangene Plattenweg zum Krimmler Tauern, 2633 m, ab. Bei der **Kehreralm (2)**, 1842 m, wechselt der Birnlückenweg die Talseite, wird aus dem Fahr- ein Fußweg. Er führt et-

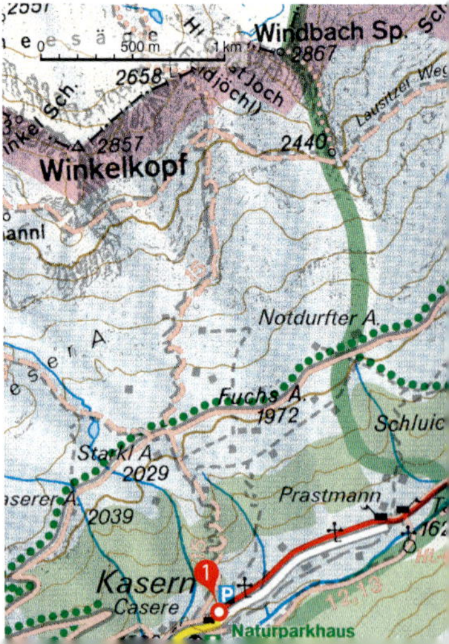

was steiler bergan zur **Lahneralm**, 1986 m, die sich einer schönen Lage am Lahner Moos erfreut. Über den sumpfigen Boden und dann in vielen Kehren geht es an einem steinigen Steilhang hinauf zur Wilden Bockeggen, einer markanten Felsschulter, auf der – von Weitem sichtbar – die **Birnlückenhütte (3)**, 2441 m, thront. Dahinter steigt man über den lang gestreckten Rücken der Bockeggen in die Mulde unter dem Pass und über Altschnee oder Geröll hinauf zur **Birnlücke (4)**, 2667 m. – Abstieg auf dem Anstiegsweg.

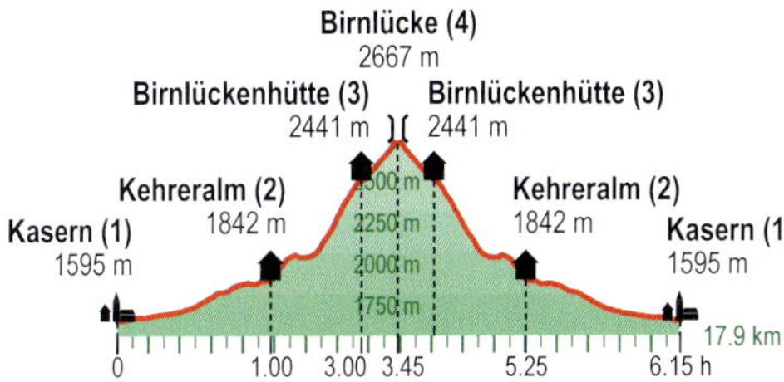

Nächste Doppelseite: die Birnlückenhütte vor den Gletschern des Ahrner Talschlusses.

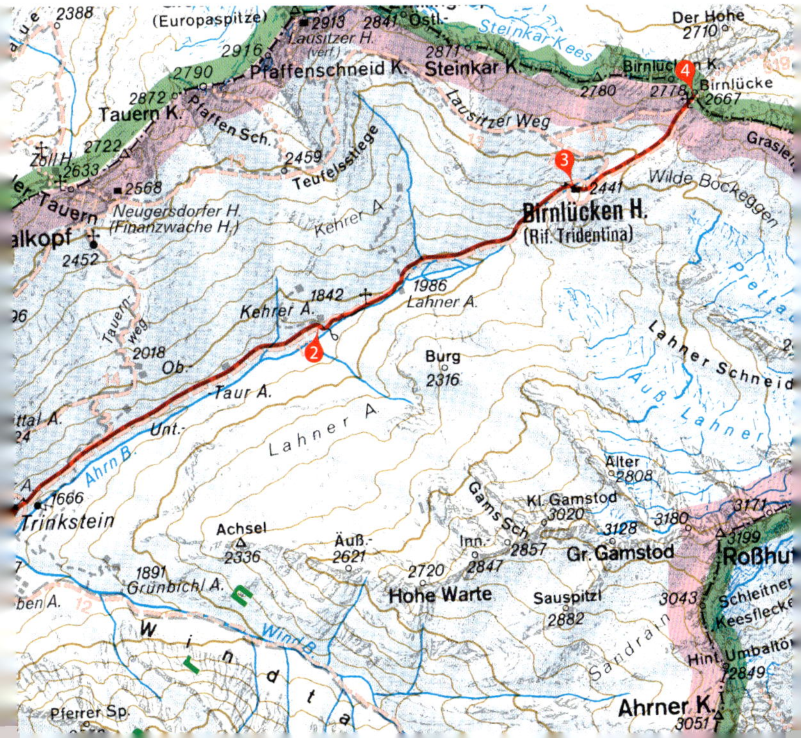

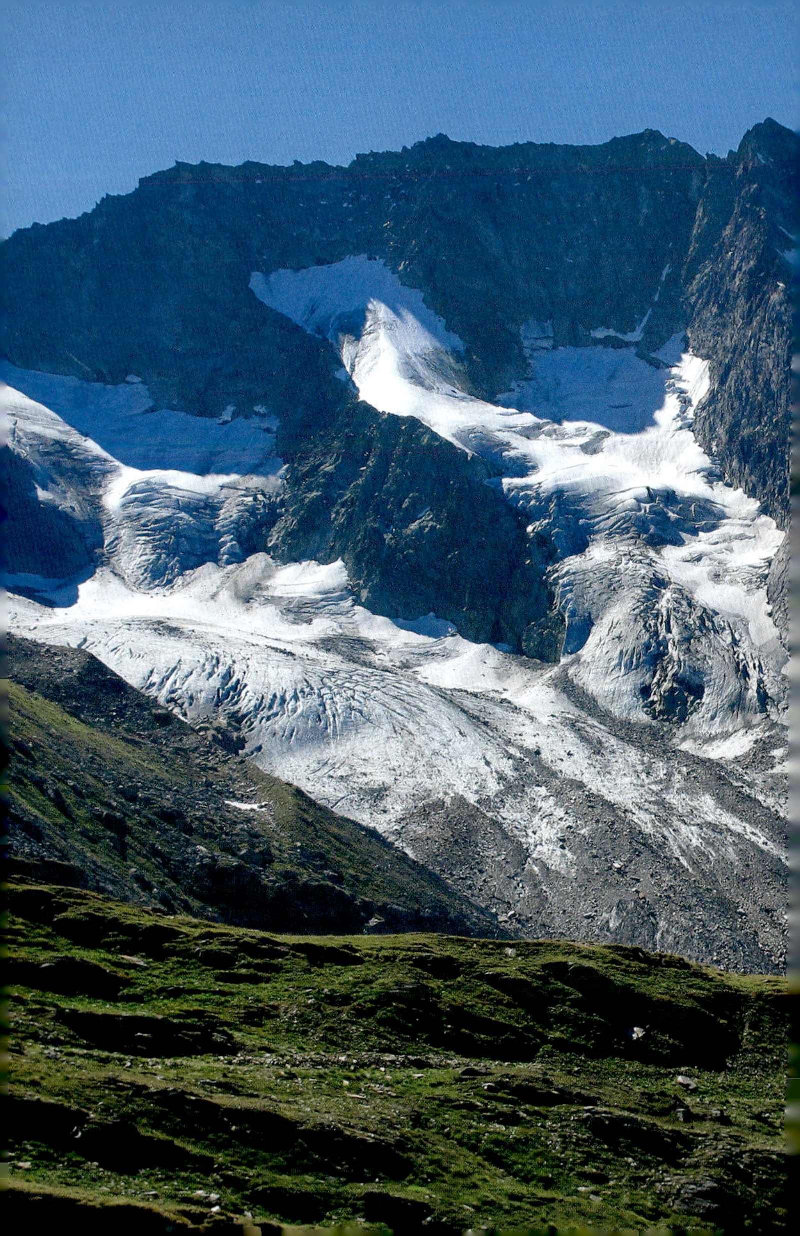

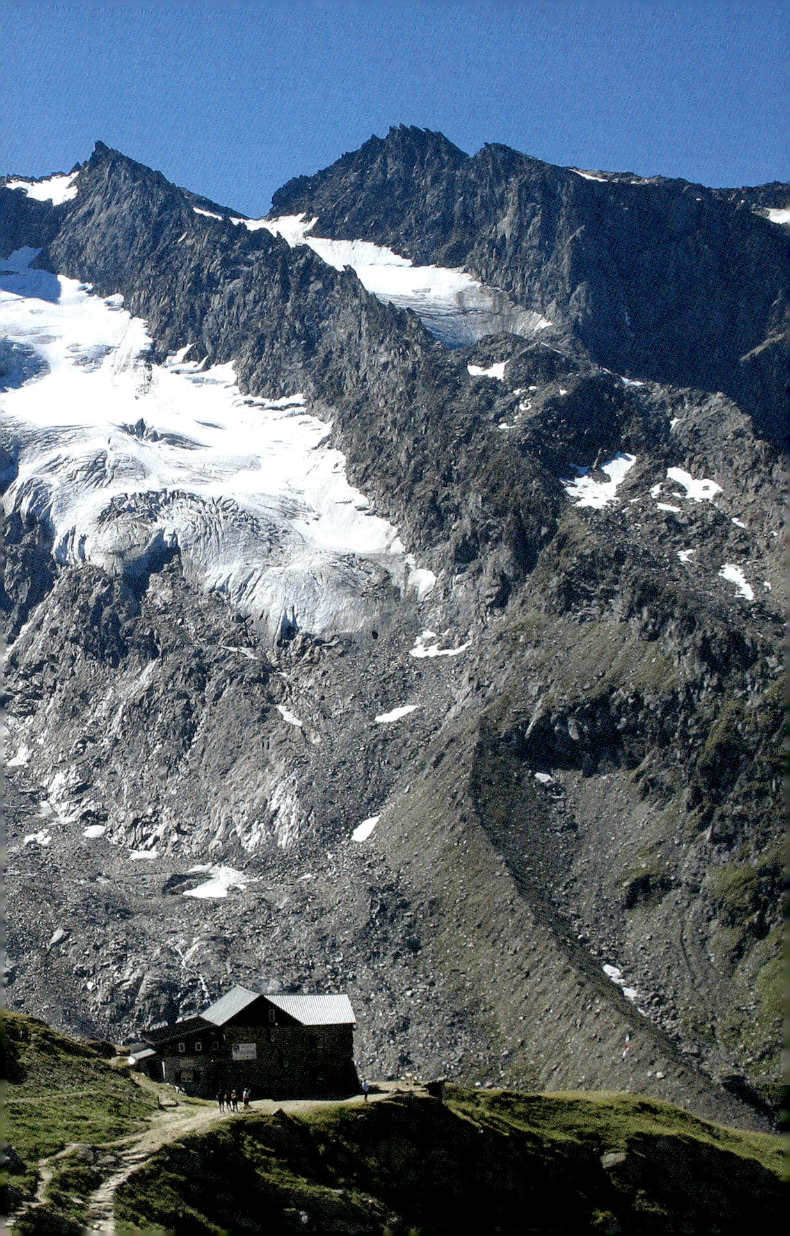

39 Sambock, 2396 m, und Windeck, 2418 m

4.30 Std.

Luftige Höhen über dem Tauferer Tal

Dass der Berg Windeck heißt, ist natürlich kein Zufall, und etwa bei Nordföhn pfeift einem da oben, anderthalb Kilometer über dem Tauferer Tal, der Wind ganz schön um die Ohren. Denn der südöstliche Eckpfeiler der Pfunderer Berge steht halt ziemlich »im Freien«, was aber auch seinen Vorteil hat. Das merkt man spätestens beim Blick ins (weite) Rund: im Norden aufgereiht wie Perlen an einer Schnur die Dreitausender des Zillertaler Hauptkamms, im Süden die Parade der Dolomiten. Sehr stimmungsvoll sind die Talblicke, von Bruneck hinauf bis in den weiten, flachen Boden von Sand in Taufers, durchs Reintal, über dessen Eingang wuchtig der Große Moosstock, 3059 m, aufragt, und hinab ins Mühlwalder Tal.

Talort: Pfalzen, 1022 m, Dorf an der »Pustertaler Sonnenstraße«, 6 km von Bruneck. Busverbindungen mit Terenten, Bruneck.
Ausgangspunkt: Platten, 1608 m, Streusiedlung am Sonnenhang über Pfalzen, Zufahrt 7,5 km. Parkplatz oberhalb der ehemaligen Jausenstation Lechner an der Straße.
Anforderungen: Bis zum Sambock Gipfelwanderung auf gutem Weg, am Nordgrat des Sambock Felspassagen (neue Sicherungen) und ungesicherte (leichte) Kletterstellen. Schwindelfreiheit und Bergerfahrung unerlässlich! Markierung 66A, 66 , am »Pfunderer Höhenweg« rot-weiße Kreismarkierung.
Höhenunterschied: 850 m.
Einkehr: Jausenstation Plattner Alm, 1942 m, im Sommer geöffnet.
Anschluss an: Tour 40.

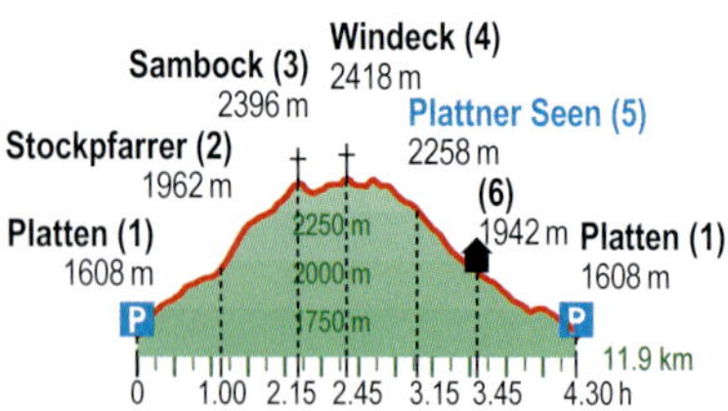

Die Gipfelwanderung beginnt in **Platten (1)** recht gemütlich auf einer Waldstraße, deren Kehren gleich oberhalb des Tierstallerhofs man auch abkürzen kann. Angenehm schattig bergan bis zum Ende der (Straßen-)Steigung; hier weist ein Schild links zum Sambock. Auf dem »Pfunderer Höhenweg« vorbei an zwei Hütten, dem sog. **Stockpfarrer (2)**, 1962 m, dann steil über einen Hang aufwärts. Das Kreuz »Auf der Platten«, 2175 m, bleibt links; über den breiten, erst zuletzt wieder stärker ansteigenden Grasrücken leiten die guten Markierungen zum Gipfel des **Sambock (3)**, 2396 m.
Hier hat man nicht nur eine herrliche Aussicht, sondern auch Blickverbindung mit dem **Windeck (4)**, 2418 m, dem zweiten Gipfelziel. Am überraschend schroffen Nordgrat des Sambock mit einigem Auf und Ab (leichte Kletterstellen, Sicherungen) in eine namenlose Senke, 2365 m, dann über den schrofen-

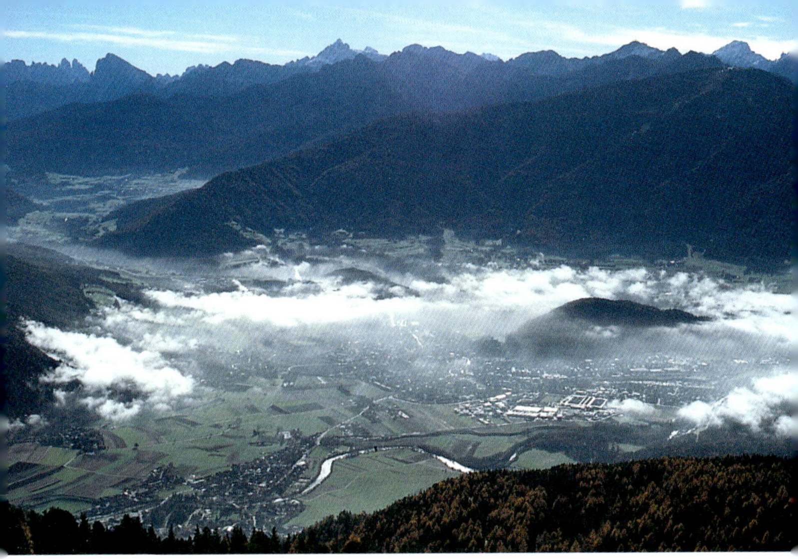

Tiefblick vom Sambock auf den Brunecker Talkessel.

durchsetzten Kamm aufwärts, an der Verzweigung (Hinweis) rechts und über den Grat zum »windigen Eck«.
Zurück zur Verzweigung und auf dem »**Pfunderer Höhenweg**« über die **Bruggerspitze**, 2428 m, hinweg. Dahinter am felsigen Grat leicht abwärts, dann links über Wiesenhänge zu den bereits sichtbaren **Plattner Seen (5)**, 2258 m, hinunter. Weiter im Tal des Plattner Bachs talabwärts zur **Plattner Alm (6)** und auf der Straße im Wald zurück nach **Platten (1)**.

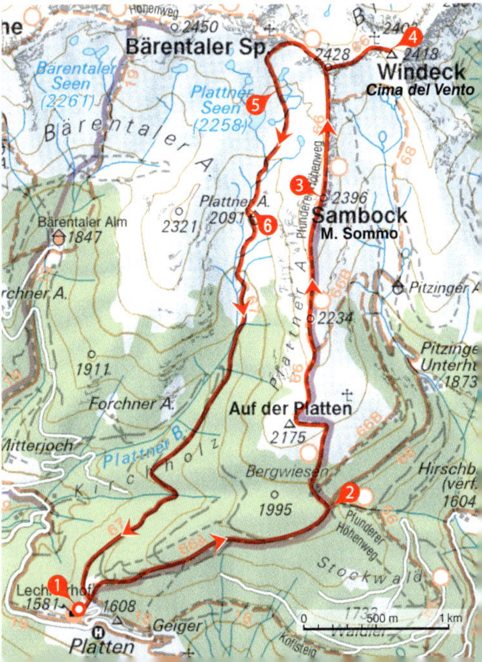

40 Sambock, 2396 m – Putzenhöhe, 2438 m

7.15 Std.

Aussichtstour auf dem östlichsten Teil des »Pfunderer Höhenwegs«

Oben sein, möglichst lange, über Grate und Kammhöhen von Gipfel zu Gipfel wandern, schauen und genießen. Das kann man besonders schön auf dem östlichsten Abschnitt des »Pfunderer Höhenwegs«, der vom Sambock über mehrere kleinere Erhebungen bis ins Sattele führt. Es lohnt bereits eine Tagestour, mit Abstieg zum Grünbachsee und ins »Bärental«. Einziger Schönheitsfehler: der Straßenhatscher hinauf und zurück nach Platten.

Ausgangspunkt: Platten, 1608 m, 7,5 km von Pfalzen; Parkplatz oberhalb der ehemaligen Jausenstation Lechnerhof.
Anforderungen: Lange Überschreitung, am Kamm kurze Kletterstellen (I). Markierung 66A, 66, 20, 19; am »Pfunderer Höhenweg« rot-weiße Kreismarkierung.
Höhenunterschied: 1350 m.
Einkehr: Keine.
Anschluss an: Tour 39.

Wie bei Tour 39 von **Platten (1)** auf den **Sambock (2)** und weiter über seinen felsigen Nordgrat zur Bruggerspitze, 2428 m, dann am schrofigen Kamm links zur **Plattnerjochspitze**, 2439 m, mit kleinem Kreuz. Dahinter erneut leicht bergab und hinüber zum nächsten Gipfel, der **Bärentaler Spitze**, 2450 m, zuletzt steil über Blockwerk. Links die winzigen Augen der Bärentaler Seen. Weiter am Kamm mit dem »Pfunderer Höhenweg« – erst ab-, dann wieder aufsteigend – zur **Putzenhöhe (3)**, 2438 m. Der Grat ist teilweise recht schmal und felsig: also Vorsicht! Vom Gipfel kann man südseitig direkt zur Hochalm, 2192 m, absteigen. Interessanter ist allerdings der kleine Umweg über den **Grünbachsee**, 2258 m. Dabei verlässt man den Weg zur Hochalm am Ansatz-

Rötspitze und Dreiherrnspitze vom Sambock-Kamm aus.

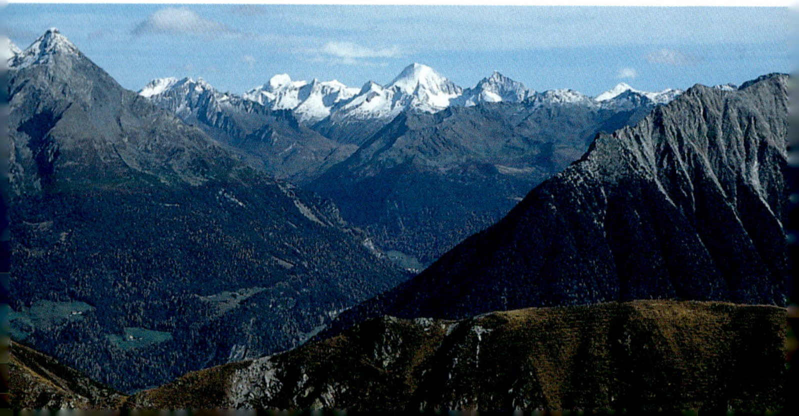

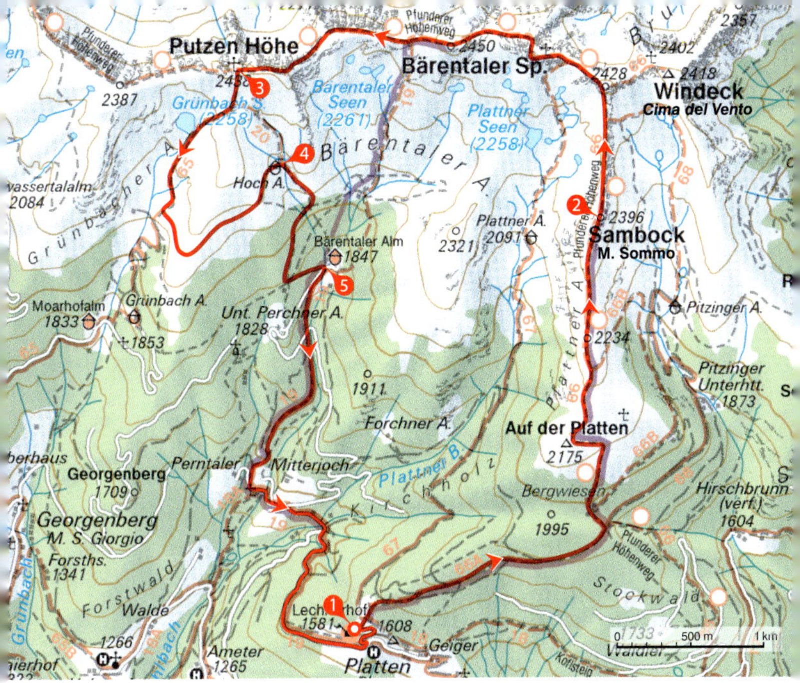

punkt des Südgrats und steigt südwestlich über Wiesen ab zu dem Gewässer (Markierung 65). Am Abfluss nicht weiter dem rot-weiß gekennzeichneten Weg folgen, sondern links in eine unmarkierte Spur einbiegen, die schräg gegen den abgeflachten Rücken zwischen dem Katzen- und dem Bärental ansteigt (Rastplatz, Blick auf Dolomiten). An der Ostseite des Rückens auf Viehtritten und Wegspuren leicht absteigend taleinwärts, bis man auf einen deutlichen Pfad stößt, der flach zur **Hochalm (4)**, 2192 m, führt. Nun auf rot-weiß markiertem Weg über die steilen, felsdurchsetzten Hänge bergab zur **Bärentaler Alm (5)**, 1847 m. Hier stößt man auf die alte Zufahrt, die links des Bachs talabwärts führt und schließlich in die neue Almstraße mündet. Auf ihr über ein paar Serpentinen hinunter zur Asphaltstraße. Und dann: nochmals bergauf nach **Platten (1)**.

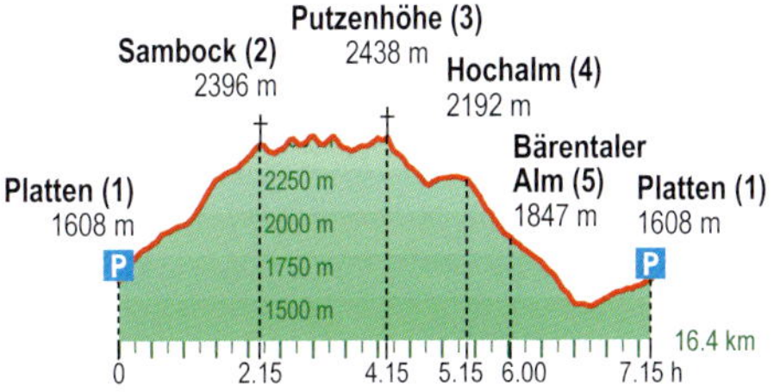

41 St. Martin, 1173 m – Schloss Schöneck

2.00 Std.

Kleine Wanderrunde über dem Pustertal

Einen hübschen Mix aus Geschichte, Kunst und Natur bietet die kleine Wanderung rund um den Unterlauf des Grienbachs. Und hinterher kann man beim »Tanzer« in Issing auch gleich noch Feines der Pustertaler Küche probieren …

Ausgangspunkt: Issing, 986 m, Dörfchen an der »Pustertaler Sonnenstraße«, 2 km westlich von Pfalzen. Bus von Terenten, Kiens und Pfalzen – Bruneck.
Anforderungen: Ausgedehnter Spaziergang.
Höhenunterschied: 300 m.
Einkehr: In Issing, am Issinger Weiher und in Hofern.
Tipp: Am besten kennenlernen kann man die Mittelgebirgsterrasse von Pfalzen-Terenten auf Schusters Rappen, auf dem durchgehend mit »7« bezeichneten Weg, der von Stegen über das Sonnenplateau nach Terenten führt; etwa 6 Std.

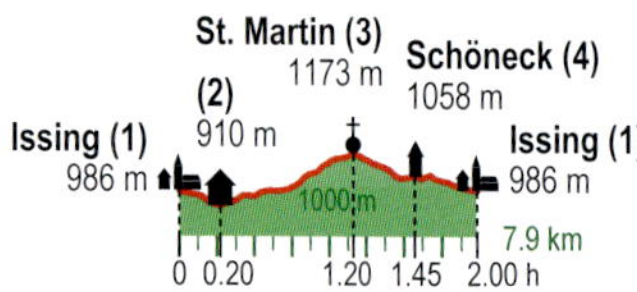

In **Issing (1)**, 986 m, neben der Kirche kurz abwärts zu einem quer führenden Sträßchen, auf ihm rechts mit der Markierung 5 hinunter zum **Issinger Weiher (2)**, 910 m. Ganz in der Nähe befindet sich die Latschenölbrennerei Bergila (Besichtigung und Kauf). Zur Straße nach Kiens, dann der blau-weißen Markierung folgend in den Wald (Hinweis an einem Baum). Über den Grienbach zum **Perchnerhof**, 941 m, hinter dem Anwesen schräg aufwärts zum Waldrand, anschließend in angenehmer Steigung westlich bergan zum ehemaligen **Bauernhof Neller**, 1015 m. Ein paar Meter dahinter rechts von der Straße ab, hinauf zu einem Fahrweg und mit ihm zum **Brandholzerhof**,

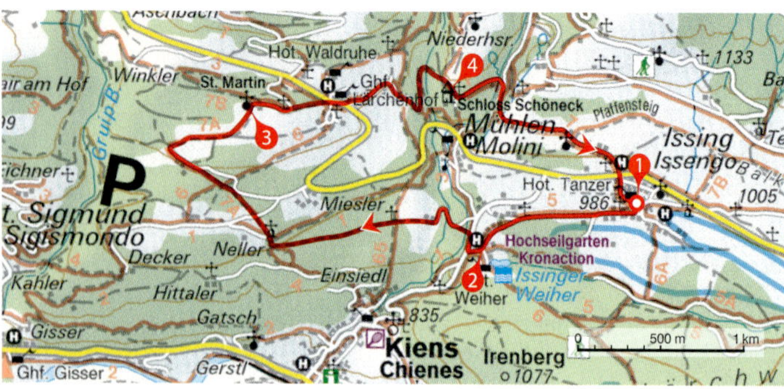

1099 m, in hübscher Aussichtslage. Auf einem Ziehweg noch ein Stück bergan, dann rechts, Markierung 7A, erst flach, dann leicht ansteigend, zum **Kirchlein St. Martin (3)**, 1173 m, das einen sehenswerten Flügelaltar aus der Pacherschule (um 1520) besitzt. (Das Gotteshaus ist leider meistens geschlossen.) Von St. Martin auf dem Asphaltsträßchen abwärts bis zur Linkskurve, hier geradeaus und hinunter zum **Gh. Lärchenhof**, 1107 m, in **Hofern**. Kurz auf der »Pustertaler Sonnenstraße« abwärts, dann links mit der rot-weißen Bezeichnung 7 auf einem Fahrweg leicht bergab. Unter dem letzten Haus hindurch und links (schlecht markiert!) schräg hinunter in den Graben des Grienbachs. Auf solider Brücke übers Wasser und am gegenüberliegenden Hang leicht bergan zum **Schloss Schöneck (4)**, 1058 m. Hier wurde 1377 der Ritter und Minnesänger Oswald von Wolkenstein geboren (Privatbesitz, Besichtigung nicht möglich). Auf der Schlosszufahrt am Waldrand abwärts zum Plattner Bach, dann auf Asphalt zu den Höfen von **Hasenried** und zurück nach **Issing (1)**.

Das gotische Kirchlein St. Martin.

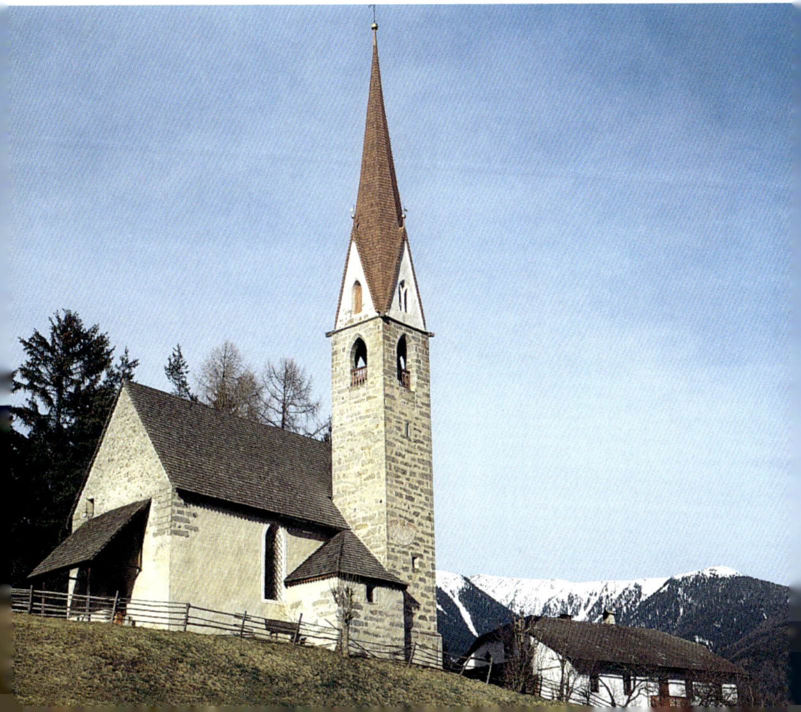

42 Tiefrastenhütte und Kempspitze, 2704 m

6.30 Std.

Hüttenwanderung oder Gipfeltour?

Über dem inneren Winnebachtal erhebt sich die Kempspitze, ein mächtiger Bergklotz mit ausladenden Flanken und berühmtem Panorama. Dass sie recht häufig Besuch erhält, liegt natürlich auch an der Tiefrastenhütte; von dem 1978 eröffneten Haus ist es gerade noch gut eine Wanderstunde bis zum Gipfelkreuz. Oben stellt man zwar fest, dass die Kempspitze, 2704 m, keineswegs der höchste Punkt über dem Talschluss ist (Graunock, 2827 m), doch das tut der Rundschau kaum Abbruch. Sehr schön wirkt der Kontrast zwischen den dunklen Gesteinen der Pfunderer Berge und den »bleichen« Dolomitzacken am südlichen Horizont.

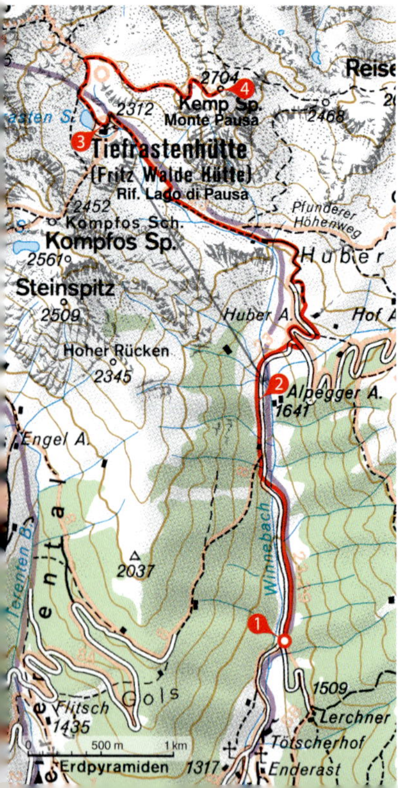

Talort: Terenten, 1209 m, in aussichtsreicher Hanglage an der »Pustertaler Sonnenstraße«, 6 km von Niedervintl. Bus von Niedervintl und Pfalzen – Bruneck.
Ausgangspunkt: Parkplatz, 1425 m, im Winnebachtal, Zufahrt von der »Pustertaler Sonnenstraße« 2 km; Abzweigung knapp 2 km östlich von Terenten.
Anforderungen: Zur Hütte guter Weg, für Kempspitze sicherer Tritt, Ausdauer.
Höhenunterschied: Tiefrastenhütte 890 m, Kempspitze 1280 m.
Einkehr: Astnerbergalm, 1641 m, Anfang Mai bis Mitte November; Tiefrastenhütte, 2312 m, von Ende Mai bis Ende Oktober, Tel. +39/0474/554999.
Anschluss an: Tour 43.

Die Tour startet auf dem ins **Winnebachtal (1)** führenden Almsträßchen. Hinter der **Astnerbergalm (2**, früher Alpegger Alm), 1641 m, steigt die breite, zunehmend schottrige Spur in ein paar Kehren über eine Talstufe hinauf zur verfallenen **Huberalm**. Links stiebt der Winnebach über eine Felsstufe herab. Weiter auf einem ordentlichen Weg zum Tiefrastenhüttl, 2028 m, und über üppige Alpenrosenhänge zur **AV-Hütte (3)** gleichen Namens, 2312 m.

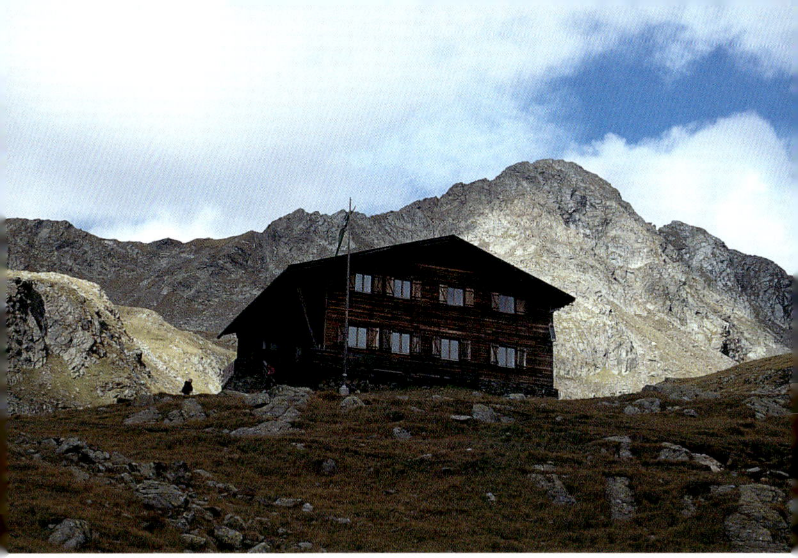

Über dem innersten Winnebachtal: die Tiefrastenhütte.

Sie steht auf einer kleinen Anhöhe über dem **Tiefrastensee**; hübscher Blick talauswärts bis zu den Dolomiten.

Umfassender ist die Aussicht natürlich von der Kempspitze, die sich östlich über der Hütte erhebt. Gipfelaspiranten können gleich Maß nehmen: 400 Höhenmeter bis zum großen Gipfelkreuz. Zunächst kurz taleinwärts, bei der Weggabelung (Hinweis) rechts und aufwärts gegen den lang gestreckten Rücken, der heranführt an den eigentlichen Bergkörper. In Kehren über Geröll zu einer Rippe, dann etwas heikel über abschüssige Felsen zum schrofendurchsetzten Gipfelaufbau und über ihn leicht zum höchsten Punkt der **Kempspitze (4)**, 2704 m. – Abstieg auf demselben Weg.

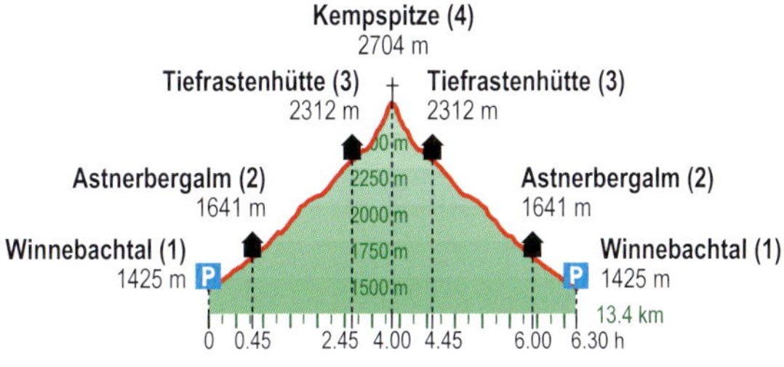

43 Eidechsspitze, 2738 m

7.30 Std.

Ein Eckpfeiler der Pfunderer Berge

Bei der Fahrt ins Pustertal ist sein mächtiger Rücken nicht zu übersehen, der hoch über dem Eingang zum Pfunderer Tal aufragt. Dass der Gipfel ein großes Panorama bieten muss, ist da schon klar, dass der Anstieg sich ganz ordentlich in die Länge zieht, ebenfalls. Und wenn man dann den (besonders lohnenden) Abstieg über die Tiefrastenhütte nimmt, ist ein erlebnisreicher, ausgefüllter Tourentag garantiert. Bei den Einheimischen gilt die »Hegedex« (= Eidechse) als Wetterzeiger: Wenn er sich eine Wolkenmütze aufsetzt, ist es Zeit, nach dem Regenschirm zu gucken.

Ausgangspunkt: Terententai; Zufahrt von Terenten Richtung Margen. Abzweigung rechts und zum Terententai, 3,5 km. Parken: Straßengabelung, ca. 1430 m.
Anforderungen: Anstrengende Gipfelrunde, teilweise etwas raue Wege.

Höhenunterschied: 1520 m.
Einkehr: Englalm, 1826 m, geöffnet im Sommer; Tiefrastenhütte, 2312 m, Ende Mai bis Ende Oktober, Tel. +39/0474/554999; Astnerbergalm, 1641 m, Anfang Mai bis Mitte November.
Anschluss an: Tour 42 und 44.

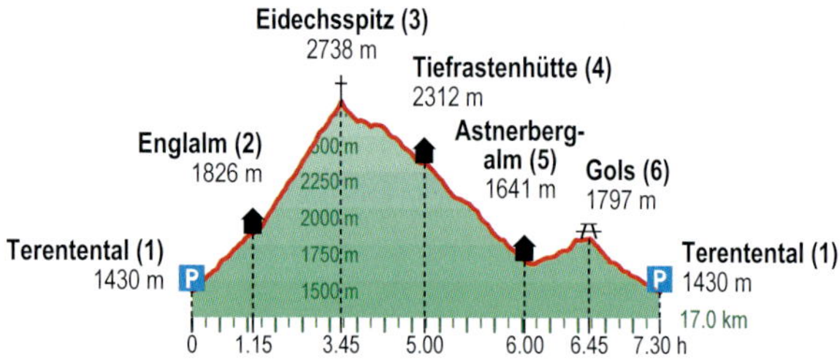

Von der **Straßengabelung** im **Terententai (1)** ganz kurz links, dann auf einem rauen Güterweg an der westlichen Flanke des Terententals bergan zur **Raffaltalm**, 1732 m, und zur **Englalm (2)**, 1826 m. Links an dem schmucken Holzhaus vorbei, ansteigend weiter taleinwärts und über eine felsdurchsetzte Rampe hinauf zur Kompfoßhütte, 2181 m. Die gut markierte Wegspur peilt nun den lang gestreckten, felsigen Ostgrat der Eidechsspitze an. An ihm aufwärts zur Einmündung des Tiefraster Weges, ca. 2670 m, und in kurzen Kehren zum Gipfel der **Eidechsspitze (3)**, 2738 m.
Zurück zur Verzweigung, dann links abwärts und hinüber zu dem felsigen Kamm, der sich zwischen Eidechsspitze und Donnerschlag, 2585 m, erhebt. Das Weglein läuft, allmählich an Höhe verlierend, durch seine Süd-

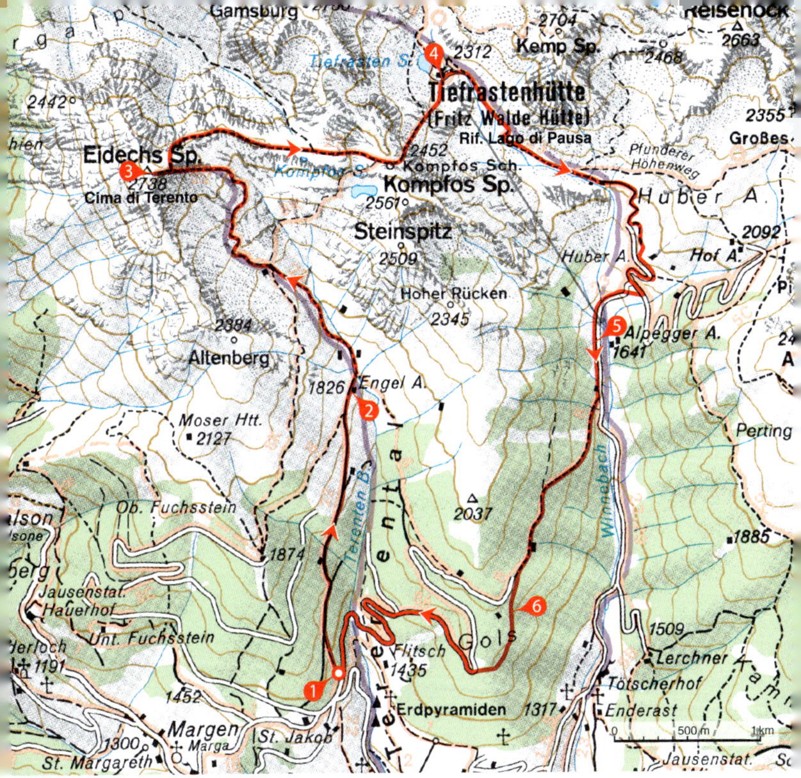

flanke hinüber zu dem ausgedehnten Buckelgelände von Kompfoß. Rechts unterhalb der **Kleine** und der **Große Kompfoßsee**, 2442 m. Nun hinab zur **Kompfoßscharte**, über den Bach und links kurz aufwärts. In der Ostflanke des Donnerschlags über leichte Felsstufen bergab, dann quer durch abschüssige Hänge und schließlich in ein paar Schleifen hinunter zur **Tiefrastenhütte (4)**, 2312 m, am gleichnamigen See. Auf dem Hüttenweg abwärts ins **Winnebachtal** (siehe Tour 42). Kurz hinter der **Astnerbergalm** (**5**, früher Alpegger Alm), 1641 m, zweigt rechts der »Alpenrosenweg«, Markierung 8, ab. Zunächst auf der Waldstraße gemütlich bergan, dann auf einem Fußweg steiler aufwärts zur Latschhütte, 1797 m. Flach auf einer Piste hinüber zur Aussichtskuppe von **Gols** (**6**, Bänke, Rastplatz), 1797 m, und in weiten Straßenschleifen hinunter ins **Terentental (1)**.

Nächste Doppelseite: Frühsommer in den Pfunderer Bergen: die Tiefrastenhütte.

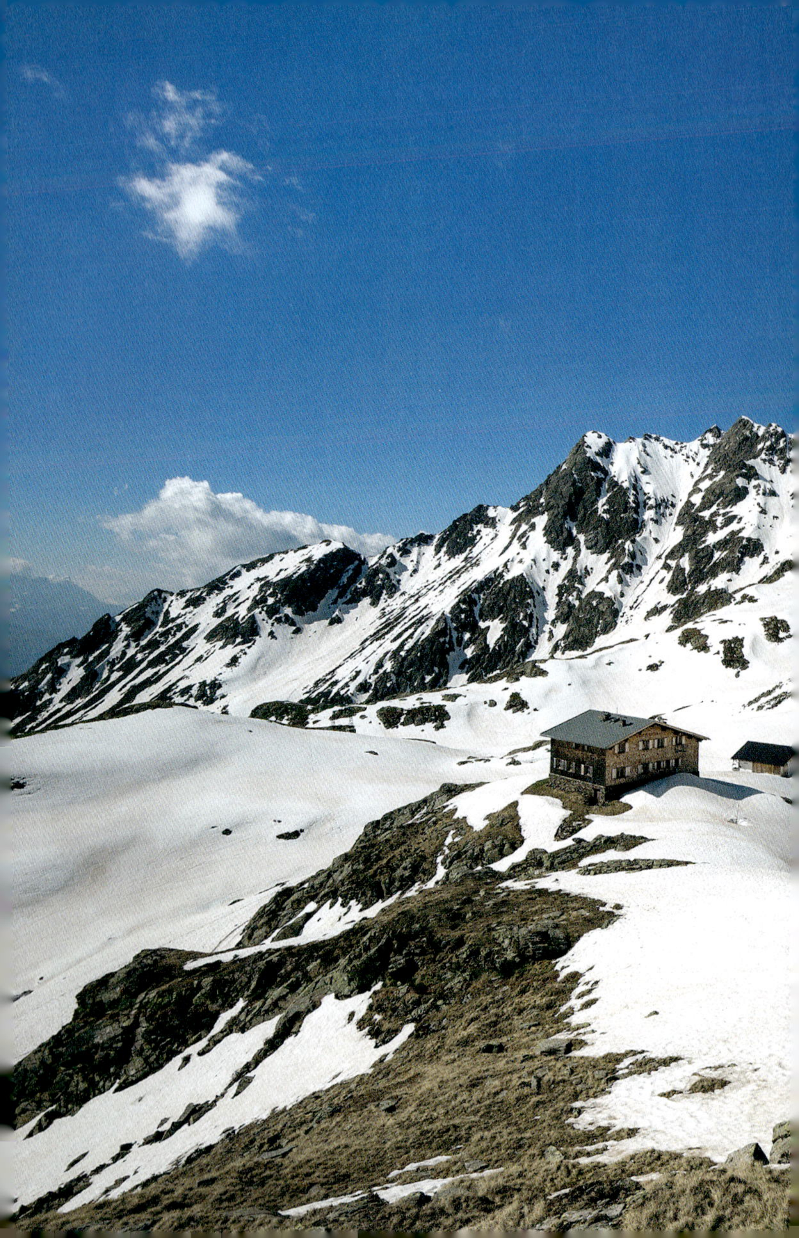

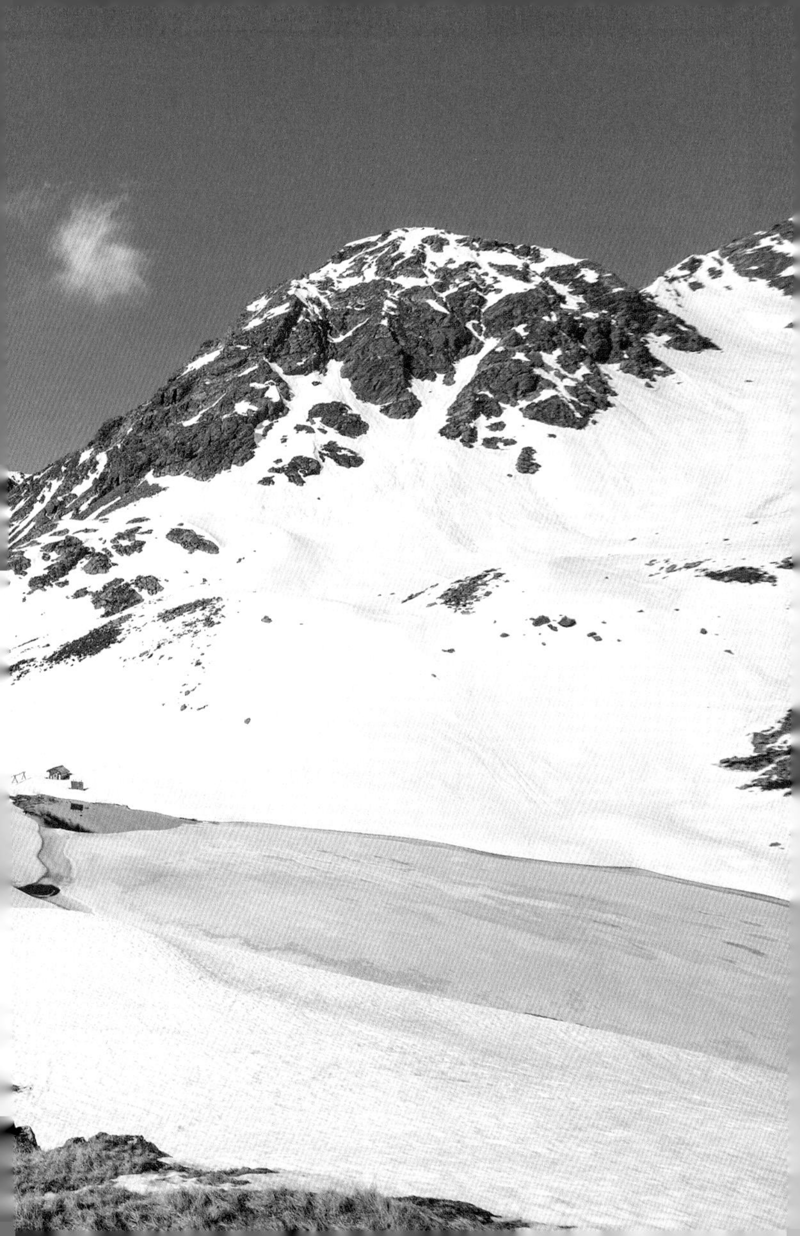

44 Terner Mühlen

2.00 Std.

Natur und Kultur

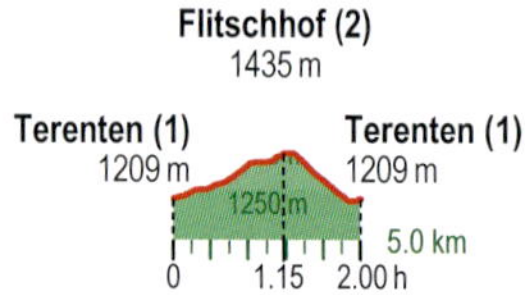

Viel zu sehen gibt es auf dieser kleinen Runde oberhalb von Terenten, manches auch, was zum Nachdenken anregt. Da bewegt das Wasser des Terner Bachs (manchmal) noch alte, schwere Mühlsteine, wird Brot nach Omas Rezepten gebacken, das Viehfutter dafür in »Dino-Eiern« gestapelt, während die Kühe im Stall stehen, anstatt draußen das Gras zu fressen; da zeigt der uralte Flitschhof sein von der Sonne dunkel gebräuntes Holzskelett, während im Ort fleißig Betonwände für die Touristen hochgezogen werden. Südtirol – auch ein Land der Kontraste.

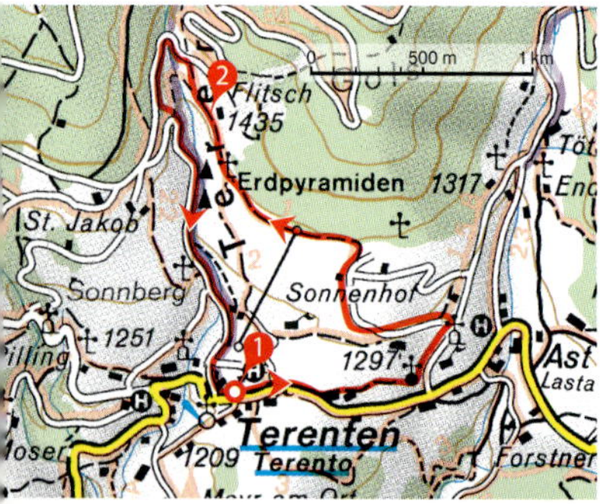

Ausgangspunkt: Terenten, 1209 m, Feriendorf in aussichtsreicher Lage an der »Pustertaler Sonnenstraße«, 6 km von Niedervintl. Busverbindungen mit Niedervintl und Pfalzen – Bruneck. Parkplatz in der Ortsmitte.
Anforderungen: Interessanter Spaziergang oberhalb von Terenten.
Höhenunterschied: 220 m.
Einkehr: Keine.
Anschluss an: Tour 43.
Tipp: Beim Terner Mühlenfest (1. Sonntag im August) drehen sich die Mühlenräder und es wird gemahlen. Von Mai bis Oktober ist je eine Mühle zugänglich.

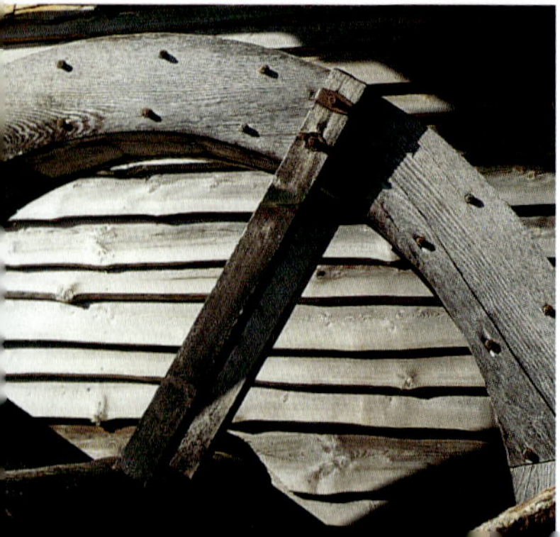

Die kleine Runde beginnt an der Hauptstraße in **Terenten (1)**. Man folgt ihr zunächst Richtung Pfalzen, bis die Markierung 1 links in eine Nebenstraße leitet. Zwischen den Häusern hindurch und über Wiesen zur Straße ins Winnebachtal. Auf ihr kurz bergan, dann links an den letzten Höfen vorbei hinauf zum Waldrand. Auf dem »**Promenadenweg**«

Detail eines Mühlrades.

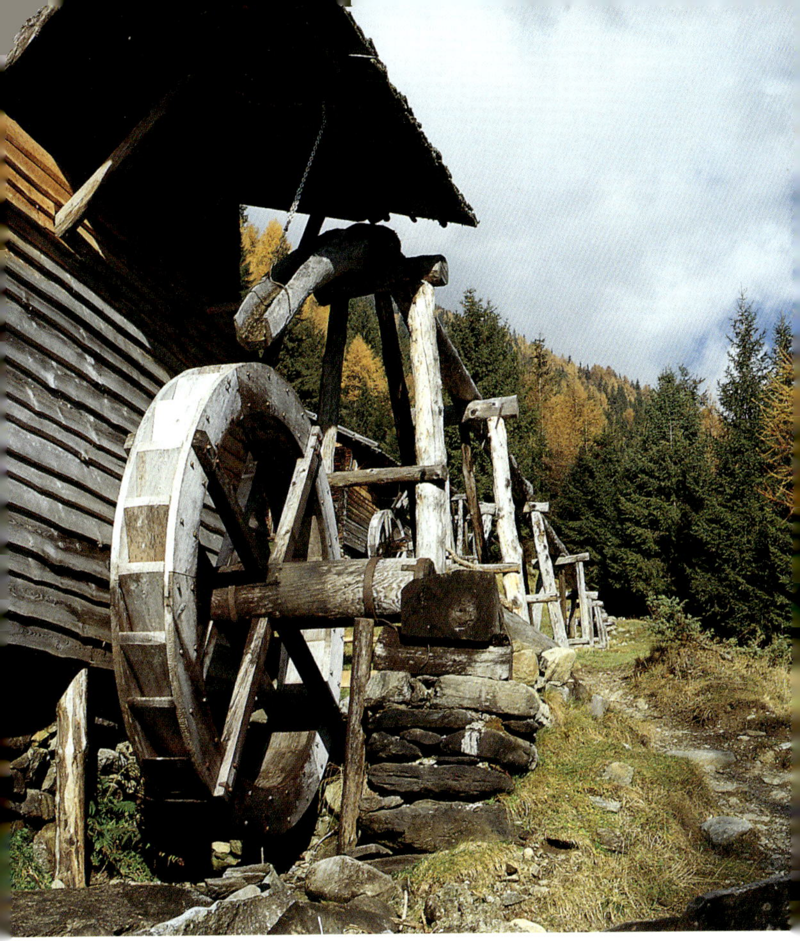

Wasserkraft, sinnvoll genutzt: die Terner Mühlen.

mit freier Sicht bis zu den Dolomiten westlich zu einer Straße, die ansteigend zum **Flitschhof (2)**, 1435 m, führt. Dahinter flach zum Terner Bach und an den **Terner Mühlen** vorbei hinunter zur Straße. Beim dauerhaft geschlossenen **Jenneweinhof**, 1330 m, steht man den Terentener Erdpyramiden direkt gegenüber. Weiter am Terner Bach entlang abwärts, ans linke Ufer und am Sporthotel Sonnenparadies vorbei zurück in die Ortsmitte von **Terenten (1)**.

TOP **45**

Pfunderer Höhenweg – Gaisscharte, 2720 m

8.15 Std.

Traumrunde über dem Pfunderer Talschluss

Wer die Pfunderer Berge und ihre stillen Schönheiten kennenlernen will, darf diese große Tour auf keinen Fall auslassen. Klangvolle Gipfelnamen sucht man über den Quelltälern des Pfunderer Bachs zwar vergebens, große Wände gibt's ebenfalls keine, dafür jede Menge von der berühmten »Bergesruh«. In manchen Karwinkeln, umstellt von steilen Bergflanken, über denen sich der blaue Himmel spannt, ist der »Alpentrecker« mit einem dünnen Weglein ganz allein. Es wäre gut möglich, dass ein paar Gämsen dem Zweibeiner zugucken. Der wiederum schaut nach den rot-weißen Kreismarkierungen des »Pfunderer Höhenweges«, die ihm Sicherheit geben und signalisieren: die Richtung stimmt. Und wenn man gleich noch eine Nacht im kleinen Brenninger-Biwak verbringt, dann ist es gar nicht mehr so fern, das »Abenteuer Alpen«.

Talort: Pfunders, 1158 m, kleines Bergdorf im gleichnamigen Tal, 10 km von Niedervintl. Busverbindung mit dem Pustertal.
Ausgangspunkt: Im Pfunderer Talschluss, etwa 6 km von Pfunders; Parkplatz, ca. 1450 m.
Anforderungen: Anspruchsvolle Runde über zwei hoch gelegene Scharten, teilweise weglos mit einigen gesicherten Abschnitten. Markierungen 20, 13; am »Pfunderer Höhenweg« rot-weiße Kreismarkierungen.

Höhenunterschied: 1500 m.
Einkehr: Obere Engbergalm, 2123 m, geöffnet im Sommer; Edelrauthütte, 2545 m, geöffnet Anfang Juni bis Anfang Oktober, Tel. +39/0474/653230. Im Sommer 2016 hat das neue Haus seinen Betrieb aufgenommen.
Tipp: Wenn man über das Brenninger-Biwak, 2157 m, durch das Weißensteintal direkt nach Dun absteigt, verkürzt sich die Tour erheblich; Gesamtgehzeit dann etwa 6 Std.
Anschluss an: Tour 14 und 15.

Die große Runde beginnt am Parkplatz bei **Dun (1)** mit der Wanderung durch die malerische Duner Klamm. Hinter der Mündung des Steinbergtals verlässt man den Fahrweg nach rechts, überquert den Weitenbergbach und folgt den rot-weißen Markierungen flach taleinwärts zur Unteren Engbergalm. Dahinter öffnet sich von Nordosten das von hohen Gipfeln umstandene **Engbergtal**. Der Weg leitet über einen grasigen Hang hinauf zur **Oberen Engbergalm (2)**, 2123 m. Nun steigt man nicht weiter bergan, sondern wandert erst flach, dann allmählich ansteigend taleinwärts (Richtung Nordosten), dabei unmarkierten Wegspuren folgend (nur bei guten Sichtverhältnissen!). Schließlich stößt man auf den von der Kellerscharte (d. h. von Westen) herabkommenden »**Pfunderer Höhenweg**«, der in diesem Bereich ziemlich verwaschene Markierungen aufweist. Er führt in weitem Bogen ansteigend in die **Dannelscharte (3)**, 2437 m.

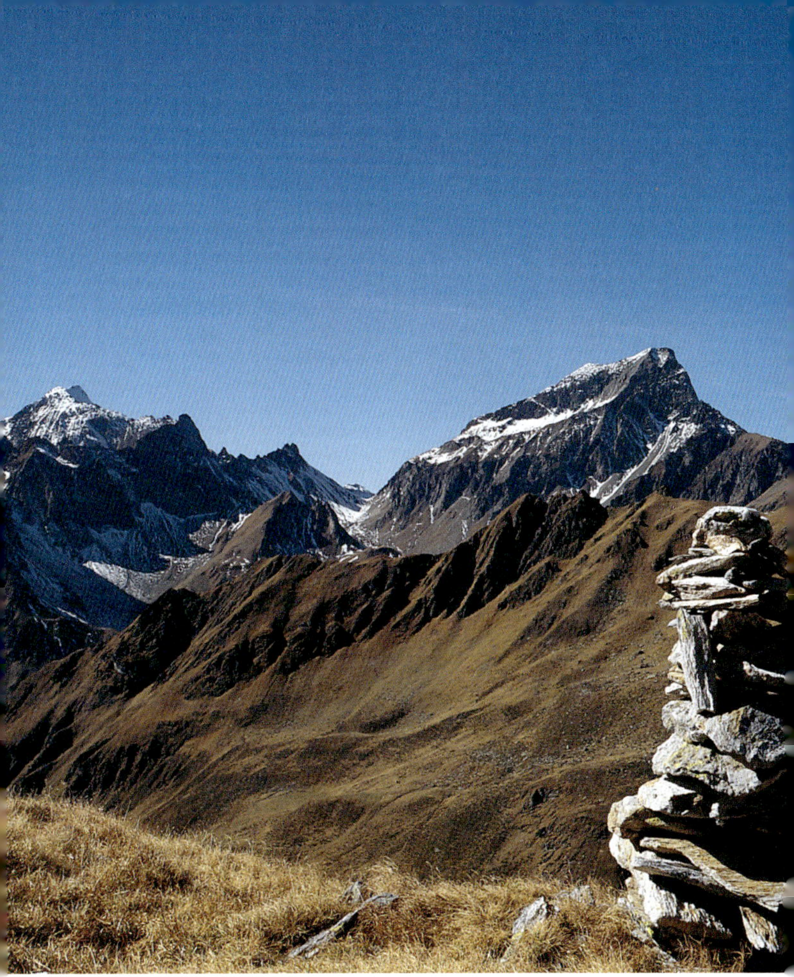

Dannelscharte: Bergeinsamkeit am Pfunderer Höhenweg.

Jenseits über Wiesen kurz abwärts, dann links etwas luftig quer durch jähe Abbrüche (Drahtseile) in das riesige Weißsteinkar. Rechts unterhalb (Hinweis) liegt das **Brenninger-Biwak**. Im Kar erst über Wiesen, dann mühsam im Blockwerk und zuletzt über Geröll hinauf in die enge **Gaisscharte (4)**, 2720 m.

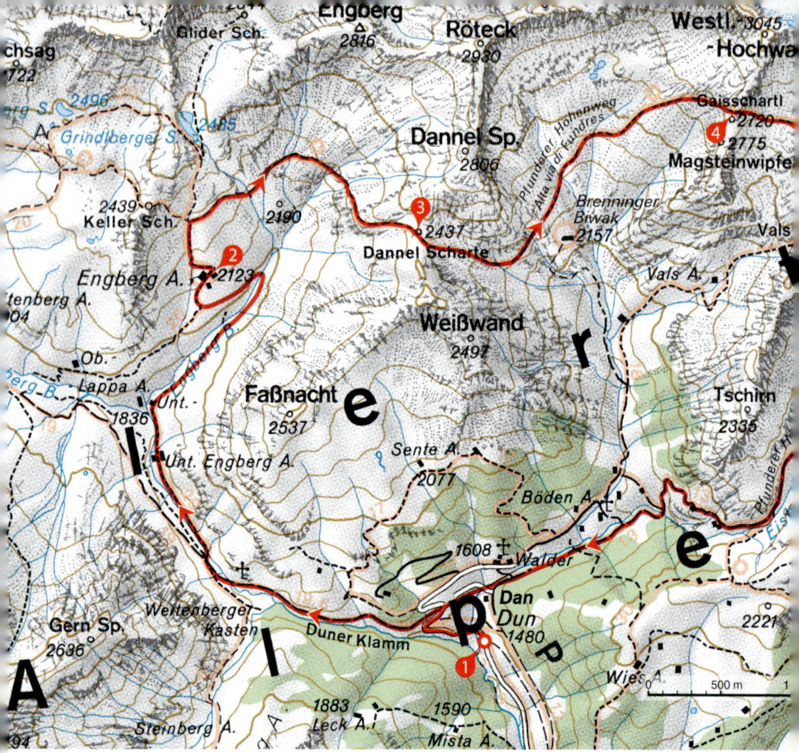

Dahinter an Drahtseilen sehr steil etwa 40 Meter abwärts (Schlüsselstelle), anschließend quer über das Obervalskar, vorbei an einem winzigen Seeauge, in eine grasige Senke, 2450 m. Hier kommen **Edelrauthütte** und Eisbruggsee ins Blickfeld.

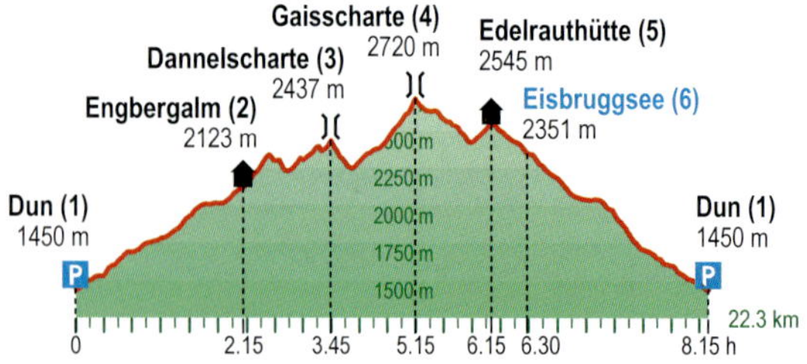

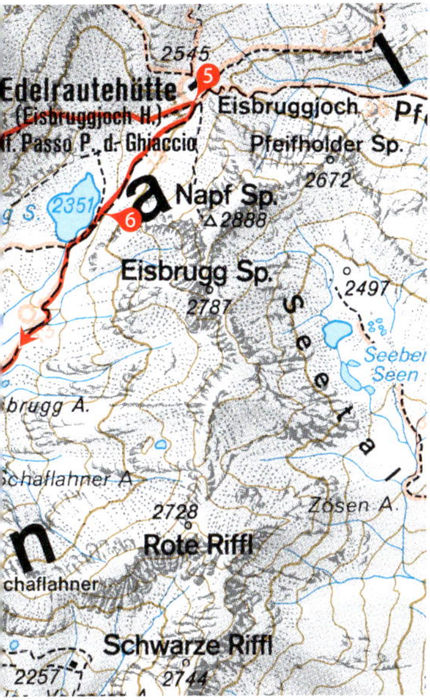

Am »Pfunderer Höhenweg« quert man oberhalb des Gewässers felsdurchsetzte Hänge (bei guter Sicht wegloser Abstieg zum Abfluss des Sees) und steigt dann leicht an zur **Edelrauthütte (5)**, 2545 m, am Eisbruggjoch.

Der Abstieg führt auf gutem Weg am **Eisbruggsee (6)** vorbei hinunter ins gleichnamige Tal. Das verengt sich unterhalb der Eisbruggalm, 2154 m, zu einer malerischen Klamm. An der folgenden Weggabelung geradeaus und quer über einen steilen Wiesenhang in eine winzige Scharte; dahinter in Kehren hinunter zum Bach. Am Wasser entlang, zuletzt auf einer Straße, zu den Höfen von **Dun (1)** und zurück zum Ausgangspunkt.

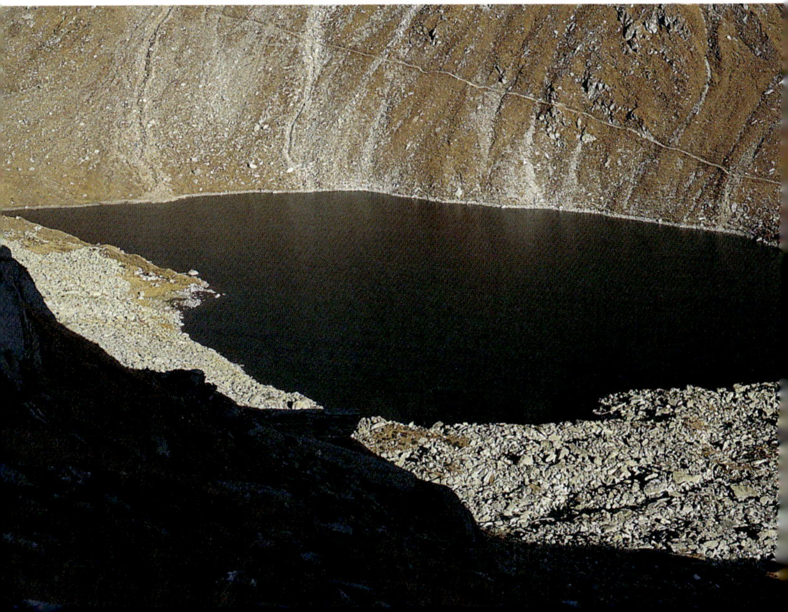

Der Eisbruggsee in den Pfunderer Bergen.

46 Gitsch, 2510 m

4.00 Std.

Hübsche Gitsch oder hässlicher Berg?

Was eine Gitsch ist, braucht man in Südtirol niemandem zu erklären, den Männern schon gar nicht. Hübsch sollte es halt sein, das Mädchen, und wohlgebaut. Eher sanfte Rundungen zeigt auch der Gitschberg, doch sein Name kommt aus dem Ladinischen (agüz = Spitz). Und seine Schönheit hat in jüngster Zeit erheblich gelitten: breite Skipisten statt Blumenwiesen, Liftmasten, Leitungsgräben und Schneezäune. Deshalb begleiten den sommerlichen Aufstieg von der Seilbahn zum großen Panorama auch weniger freundliche Gedanken, die mehr um des Menschen Unvernunft als um Naturschönheiten kreisen. Oben am Gitsch erläutert dann ein liebevoll gestaltetes Panorama die (wirklich bezaubernde) Rundschau, und der nordseitige Abstieg führt abrupt in eine ganz andere Welt: das wild-schöne Gesicht des Gitsch.

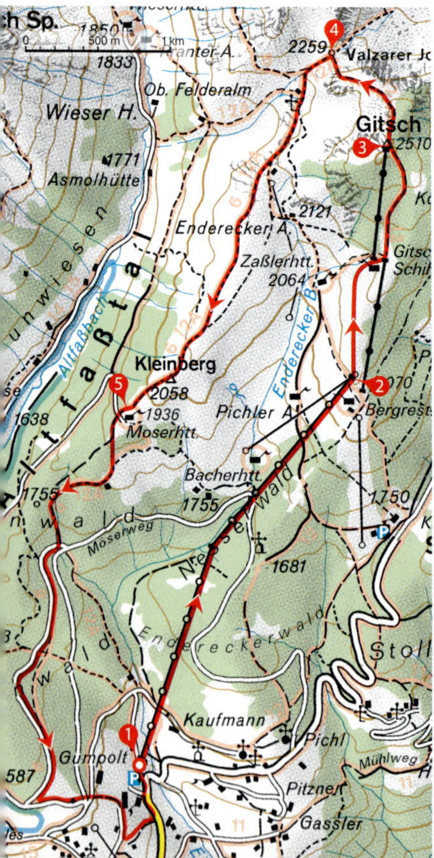

Talort: Meransen, 1428 m, in herrlicher Terrassenlage über dem Pustertal. Seilbahn und Straße von Mühlbach, 775 m.

Ausgangspunkt: Talstation der Gitschberg-Gondelbahn, Ende Mai bis Anfang November 8.30–11.45, 13–16.45 Uhr.

Anforderungen: Gitsch-Aufstieg problemlos, Abstieg ins Falzarer Joch leichtes Felsgelände, Trittsicherheit und etwas Bergerfahrung nötig. Nicht bei Nässe oder Altschnee gehen! Markierungen 12, 6B, 6.

Höhenunterschied: 550 m im Anstieg, knapp 1200 m im Abstieg.

Einkehr: In Meransen; Bergrestaurant Gitschberg, 2058 m, geöffnet während der Betriebszeiten der Gondelbahn; Moserhütte, 1936 m, am Südhang des Kleinen Gitsch, geöffnet im Sommer.

Anschluss an: Tour 47.

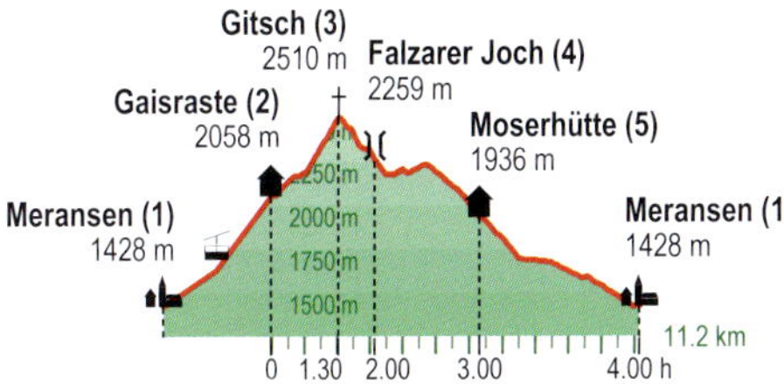

Mit der **Gitsch-Gondelbahn** gelangt man von **Meransen (1)** zur **Bergstation auf der Gaisraste (2)**, 2058 m. Der Aufstieg von der Seilbahnstation, ziemlich monoton, aber mit viel Aussicht, führt über den breiten Südrücken des Gitsch mit dem zutreffenden Namen Breiteben. Steiler wird's erst gegen den Gipfel hin; vorbei an einem großen Reflektor der SIP müht man sich über die (spärlich begrünte) Piste zum höchsten Punkt des **Gitsch (3)**, 2510 m.

Ganz anders dann der Abstieg: ein felsiger, recht zerklüfteter Grat, an dem das bestens markierte Steiglein hinabläuft, mit ein paar ganz leichten Kletterstellen, hundert Pfunderer Gipfeln, aber keinem einzigen Liftmast im Blickfeld. Die Kuppe über dem **Falzarer Joch (4)**, 2259 m, umgeht man links, dann zieht die Spur hinunter in die Scharte. Weiter abwärts zur **Weißalm**, 2177 m, dann auf einem breiten Güterweg unter Felsen leicht bergan zum flachen Ochsenboden, von dem man über die Zasslerhütte, 2064 m, nach Meransen absteigen kann. Mehr Aussicht bietet aber der Kammweg über den **Kleinen Gitsch**, 2262 m, und in der **Moserhütte (5)**, 1936 m, gibt's auch eine zünftige Brotzeit, Dolomitenblick inklusive.

Weiter auf Güterwegen im Wald bergab und zurück zur **Talstation der Gitsch-Gondelbahn** bei **Meransen (1)**.

Am Falzarer Joch; Blick übers Pfunderer Tal.

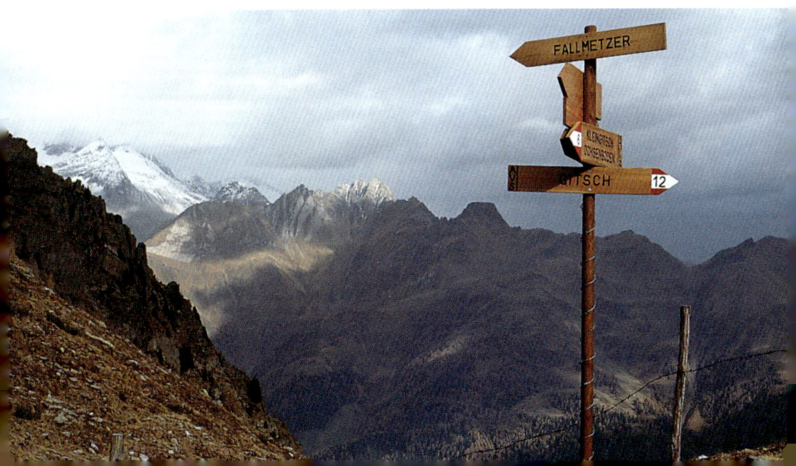

47 Seefeldsee, 2271 m

4.30 Std.

Spannender Weg zu einem versteckten Alpenfjord

Das schönste Wanderziel in der Umgebung von Meransen versteckt sich zwischen steilen Felsen im hintersten Altfaßtal: der große Seefeldsee, 2271 m, immerhin fast 300 Meter lang und über 20 Meter tief. Wie ein Fjord hockt das Gewässer in einem engen Graben – wenn Wolken ziehen, Licht und Schatten rasch wechseln, ein Bild von schaurig-wilder Schönheit. Mehr als nur eine Vorahnung von der herben Schönheit dieses Bergwinkels bietet bereits der Weg zum See; er quert, nur leicht steigend, die von zahlreichen Steilrinnen durchzogene Ostflanke des Altfaßtals. Man genießt packende Aus- und Tiefblicke, zum Gaisjoch, 2641 m, und zur Seefeldspitze, 2715 m, und auf den mäandernden Altfaßbach.

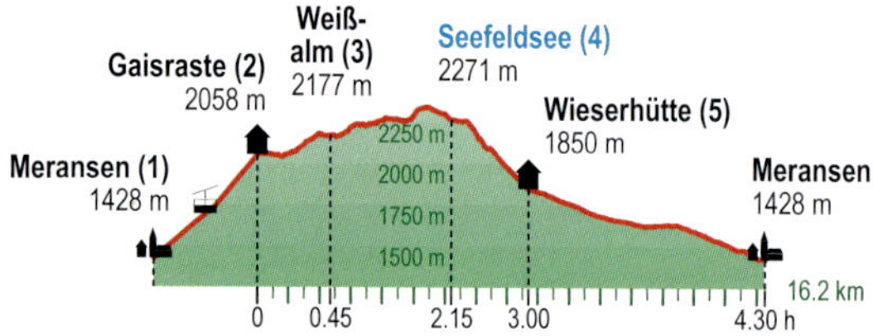

Talort: Meransen, 1428 m, siehe Tour 46.
Ausgangspunkt: Talstation der Gitschberg-Bahn (siehe Tour 46).
Anforderungen: Am »Schellebergsteig« einige gesicherte Passagen, im Frühsommer (Altschnee!) Querung der Steilrinnen evtl. gefährlich. Markierungen 21, 6, 15.
Höhenunterschied: Im Aufstieg etwa 400 m, im Abstieg 950 m.
Einkehr: In Meransen; Restaurant Gitschberg, geöffnet wie Gondelbahn; Zasslerhütte, 2064 m; Wieserhütte, 1850 m, eigene Käserei; Pranter Stadl, 1833 m; Großberghütte, 1640 m, im Sommer.
Anschluss an: Tour 46.
Tipp: Seenwanderung leicht zu dankbarer Gipfeltour erweiterbar. Der mit »6« bezeichnete Weg führt vorbei am Mittleren und Oberen Seefeldsee, 2514 m, zur Seefeldspitze, 2715 m, 1.30 Std. vom großen See.

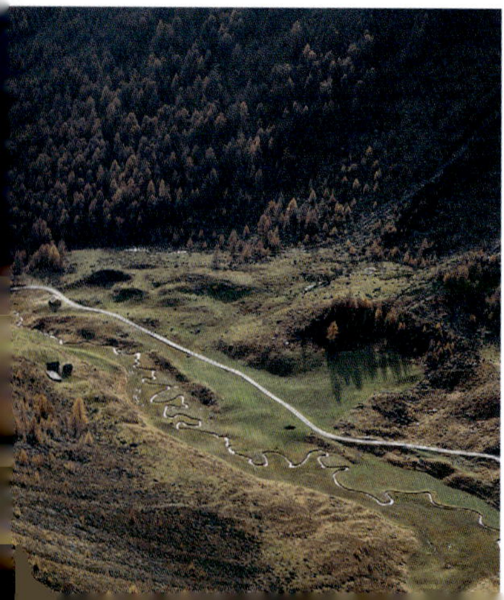

Mäanderndes Wasser im Altfaßtal.

Mit der **Gitsch-Gondelbahn** von **Meransen (1)** zur **Bergstation auf der Gaisraste (2)**, 2058 m. Hier führt ein bequemer Weg um den Rücken von Breiteben herum zur **Zasslerhütte**, 2064 m. Weiter auf einer Fahrspur zum Ochsenboden, dann kurz abwärts zur **Weißalm (3)**, 2177 m. Dahinter mündet rechts der Weg vom Falzarer Joch (s. Tour 46); der »**Schellebergsteig**«, Markierung 6, steigt über einen felsdurchsetzten Hang an zu einem aussichtsreichen Eck. Anschließend ohne größere Höhenunterschiede quer durch die zerschrundene Westflanke des **Fallmetzer**, 2568 m; mehrere kürzere Passagen sind hier mit Drahtseilen gesichert. Unter dem Nock, 2531 m, steigt die Spur dann steil an zu einer felsigen Anhöhe, 2380 m, über dem **Großen Seefeldsee (4)**, 2271 m. In der Nähe schöne Rastplätze mit Tiefblick auf das Gewässer; eigenartig die von tiefen Gräben durchzogene Buckellandschaft unter der Seefeldspitze. Man folgt Weg 6 noch ein kurzes Stück und steigt dann auf einer deutlichen Spur links hinunter zum See. Um ihn herum, dann über seinem unteren Ende leicht aufwärts. Hinter dem kleinen Felsriegel beginnt der Abstieg, erst steil in ein paar Kehren, dann an der rechten Talflanke hinabführend zur **Wieserhütte (5)**, 1850 m. Auf Sandstraße durch das lange Altfaßtal zurück nach **Meransen (1)**.

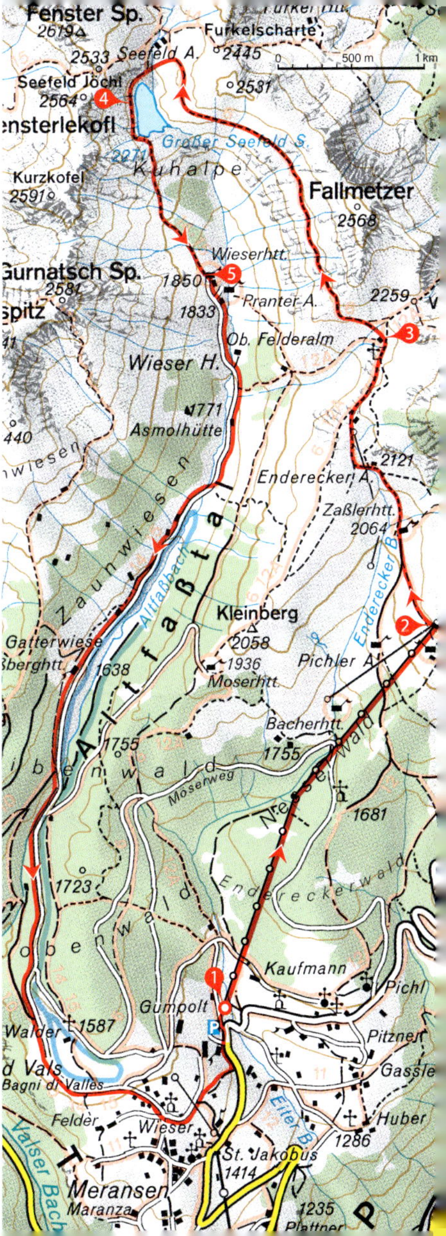

48 Peachenjöchl, 2201 m – Fanealm

4.15 Std.

Höhenwandern überm Pfunderer Tal

Zu Zeiten, als das Dörfchen Vals noch aus ein paar wenigen Häusern bestand, die sich um die Kirche scharten, kamen Besucher meistens nur bis zu dem weiter talabwärts gelegenen Valler Bad. Die Mineralquelle galt als wirksam bei rheumatischen Beschwerden. Das 1842 erbaute Badehaus ist längst verschwunden, dafür sind im Ort zahlreiche Neubauten entstanden, und eine Gondelbahn führt ins Skigebiet um das Valler Joch. Im Sommer ist sie Ausgangspunkt einer wenig beschwerlichen Höhenwanderung, die einen guten Eindruck von dem südwestlichsten Teil der Pfunderer Berge vermittelt.

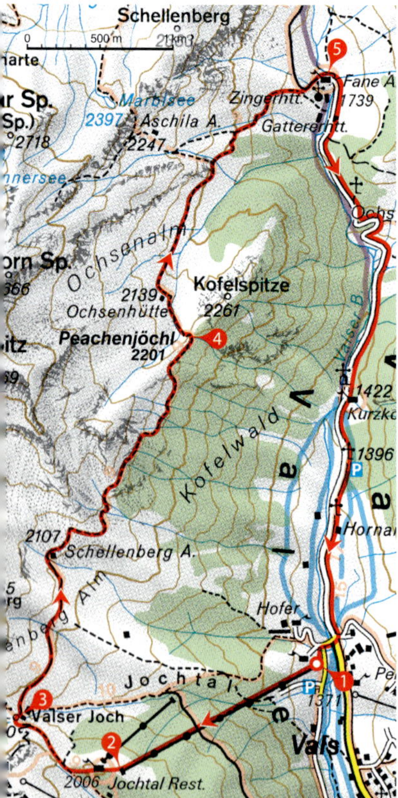

Ausgangspunkt: Talstation der Jochtal-Gondelbahn am Ortsende von Vals mit großem Parkplatz. In Betrieb von Ende Mai bis Anfang November 8.30–11.45 Uhr, 13–16.45 Uhr.
Anforderungen: Wenig anstrengende Höhen- und Talwanderung; zwischen der Rotensteinalm und dem Peachenjöchl einige felsige Passagen (Sicherungen); Trittsicherheit notwendig. Markierungen 9, 15.
Höhenunterschied: Im Anstieg 360 m, im Abstieg 1000 m.
Einkehr: In Vals; Bergstation Jochtal, 2006 m; Fanealm, 1739 m, geöffnet von Ende April bis Allerheiligen.
Anschluss an: Tour 49 und 50.

Mit der **Jochtal-Gondelbahn** von **Vals (1)** hinauf zur **Bergstation (2)**, 2006 m. Von dort auf gutem Weg leicht abwärts ins nahe **Valler Joch** (**3**, in Karten Valser Joch), 1920 m, einem früher viel benutzten Übergang nach Mauls. Aus dem Wiesensattel, rot-weiß-rot mit 9 markiert, nördlich über die Blumenhänge des Schellebergs leicht bergan zur **Rotensteinalm**, 2107 m.
Dahinter wird das Gelände felsiger; der geschickt trassierte Pfad schnei-

det die sogenannten »Weißen Brüche« (Sicherungen) und steuert dann die flache Senke des **Peachenjöchls (4)**, 2201 m, an. Schöner Rückblick auf Vals, genau über der Talmündung steht das Zackenprofil der Geislerspitzen. Links abwärts zur nahen Ochsenalm, 2139 m, und dann hinunter bis zur **Fanealm (5)**, 1739 m.

Das malerische Ensemble wird urkundlich bereits um 1450 erwähnt; es war einst die Sommersiedlung der Valser, die auf den umliegenden Almen ihr gesamtes Vieh weiden ließen.

Man geht auf der Straße talauswärts zum **Ochsensprung**, dann in Serpentinen über die Talstufe hinunter ins Flache und von dort zurück zur **Talstation der Jochtal-Gondelbahn** in **Vals (1)**.

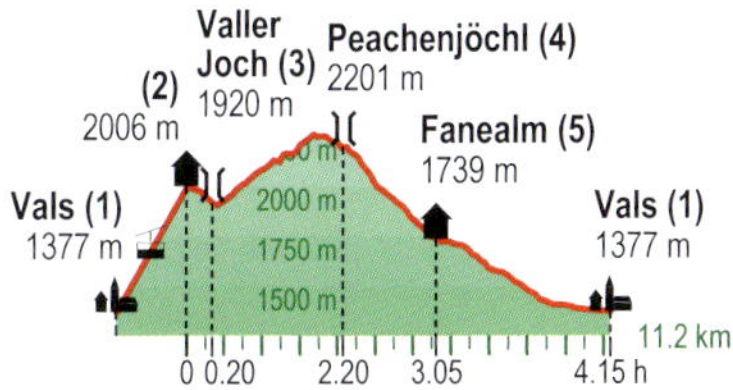

Beliebte Einkehr: die malerische Fanealm.

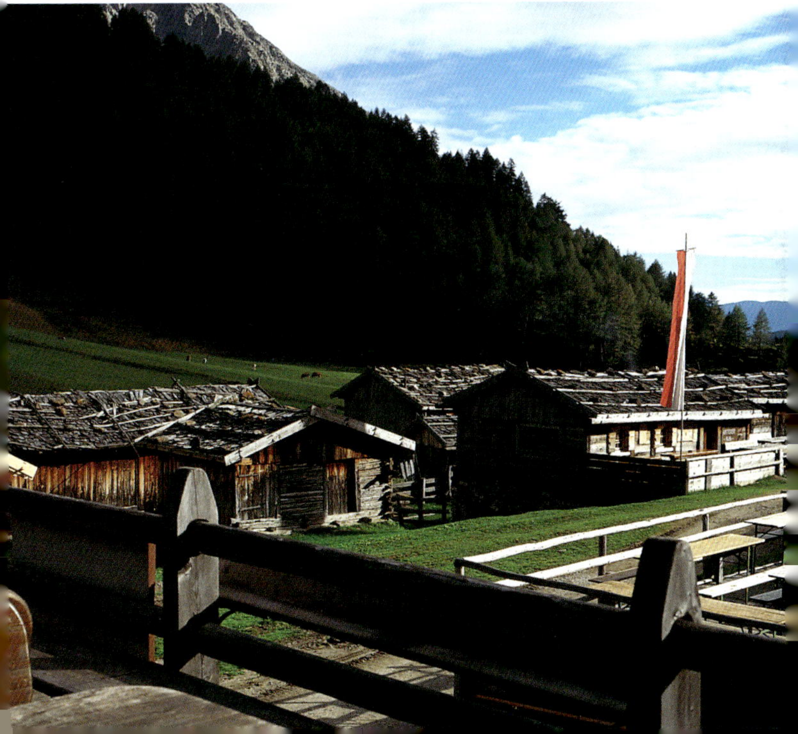

49 Wilder See, 2532 m

4.30 Std.

Verstecktes Juwel in den Pfunderer Bergen

Will man alten Sagen glauben, so sind alle Übeltäter der Gegend in den Wilden See verbannt, wo sie die meiste Zeit des Jahres unter einer dicken Eisschicht »kalte Pein« erdulden. Mutig, dass es 1834 zwei Männer – allerdings mit geistlichem Beistand – wagten, das verwunschene Gewässer auszuloten: 46 m tiefes Wasser ermittelten sie unter dem Eis. Mit seiner Fläche von gut 11 ha ist der Wilde See der größte natürliche See an der Südseite der Zillertaler Alpen. Und ein »brüllender« dazu. Er soll – wie auch andere Gewässer in den Alpen – Unwetter durch eigenartige Geräusche ankündigen – ein Phänomen, das bis heute nicht eindeutig erklärt werden konnte.

Talort: Vals, 1377 m, kleiner Ferienort im Valser Tal. Zufahrt von Mühlbach auf guter Straße, 9 km; Busverbindung.
Ausgangspunkt: Parkplatz knapp unterhalb der Fanealm, 1739 m. Schmale, teilweise sehr steile Zufahrt von Vals, 5 km. Im Sommer ist die Strecke für Motorfahrzeuge gesperrt (Taxidienst). Zu Fuß ab Parkplatz knapp 1 Std. bis zur Fanealm. Schneller geht's natürlich mit einem Bike …

Anforderungen: Mäßig anstrengende Wanderung auf überwiegend guten Wegen; an der Seeleite unterhalb des Wilden Sees kurze, etwas exponierte Passage (Vorsicht bei Nässe!). Markierung 18.
Höhenunterschied: 810 m.
Einkehr: Fanealm, 1739 m, beliebte Einkehr, geöffnet von Ende April bis Allerheiligen; Labesebenalm, 2138 m, im Sommer einfach bewirtschaftet.
Anschluss an: Tour 48 und 50.

Die Tour beginnt am **Parkplatz (1)**, führt zunächst an der idyllisch gelegenen **Fanealm**, 1739 m, vorbei und dann in die »Schramme«. Auf breitem Fahrweg durchwandert man die wilde, tief ins Schiefergestein gegrabene Klamm des Valser Bachs. An der **Weggabelung (2)** dahinter (1972 m, geradeaus zur Brixner Hütte) öffnet sich links das grüne Tal des Seebachs.

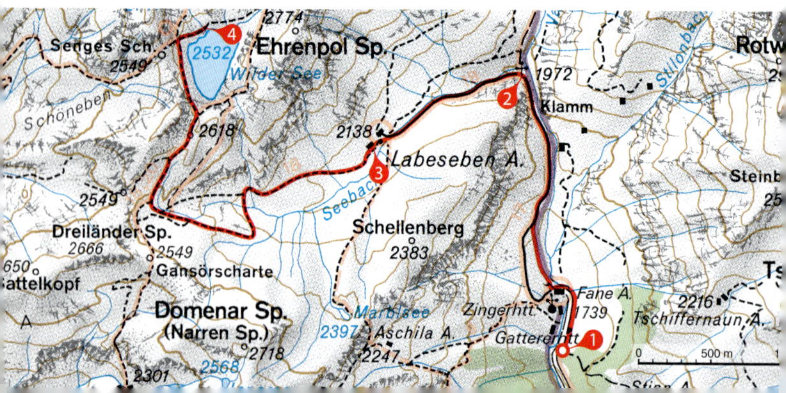

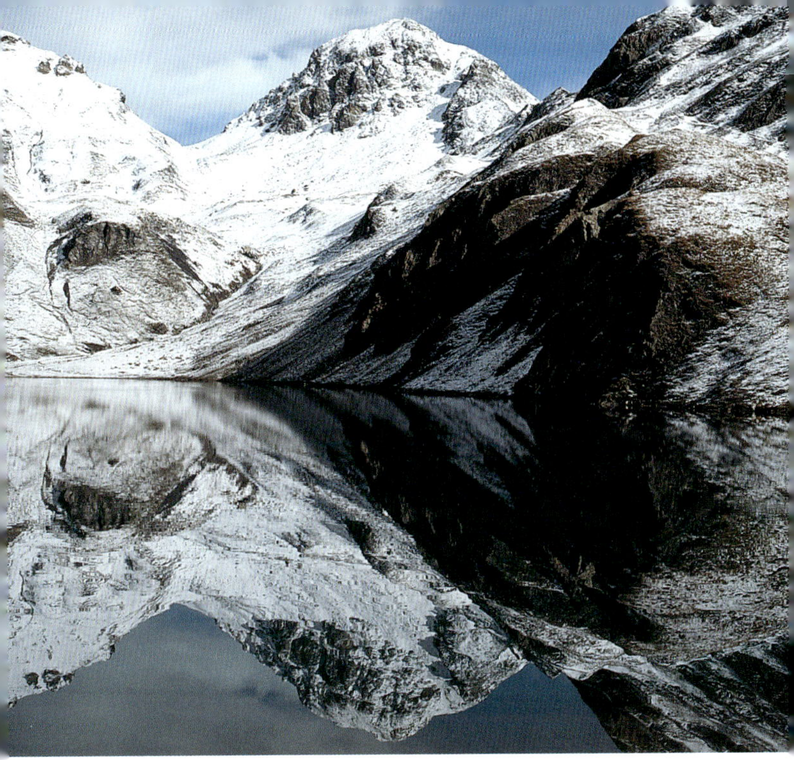

Der Wilde See nach dem ersten Schneefall im Herbst.

An der **Labesebenalm (3)**, 2138 m, endet das Sträßchen; der rot-weiß markierte Weg führt im Almgelände bergan, dann über den Seebach und schräg an einem Hang hinauf zum Salzbichl. Im Rückblick zeigt sich sehr schön der Wurmaulspitz, 3022 m, mit seinen von Erosion gezeichneten Steilflanken. An der Weggabelung im innersten Talboden, 2475 m, biegt man rechts zur Seeleite ab. Kurz aufwärts, dann flach über den steilen Grashang (Vorsicht!) zum Südufer des **Wilden Sees (4)**, 2532 m.

Abstieg auf demselben Weg.

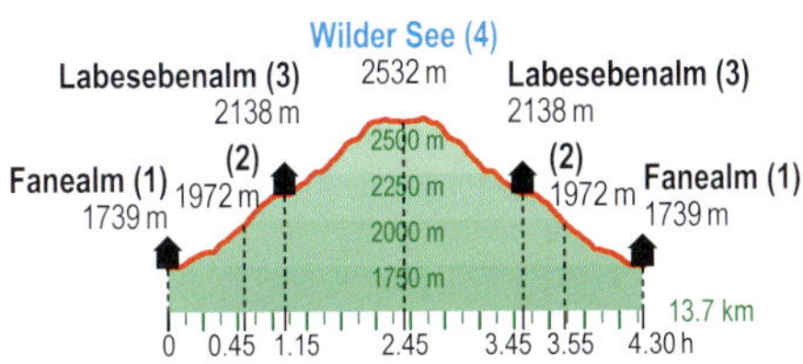

TOP

50 Wilde Kreuzspitze, 3132 m

7.00 Std.

Halb so wild!

Als höchste Erhebung der Pfunderer Berge ist die Wilde Kreuzspitze, 3132 m, natürlich ein beliebtes Tourenziel. Doch so »wild«, wie der Name suggeriert, gebärdet sich der mächtige Doppelgipfel gar nicht, mehr Geröll und Schrofen als steiler Fels: also auch für ausdauernde Wanderer lohnend. Grandios gibt sich das Panorama mit den Gletschergipfeln des Alpenhauptkamms auf der einen, dem Zackenprofil der Dolomiten auf der anderen Seite. Und in der Tiefe liegt zwischen dunklen Felsen der Wilde See.
Etwas »wilder« ist der Abstieg vom Rauhtaljoch; auf seiner Nordseite verbirgt sich sogar ein kleiner Gletscherrest mit zwei, drei Längsspalten. Ein großes Schild an der Scharte macht Wanderer auf die Gefahr aufmerksam; eine ausgetretene Spur umgeht das Resteis links im Geröll.

Talort: Vals, 1377 m, Zufahrt/Bus von Mühlbach auf guter Straße 9 km.
Ausgangspunkt: Parkplatz unterhalb Fanealm, 1739 m. Schmale, z. T. steile Zufahrt von Vals, 5 km. Strecke ist im Sommer für Motorfahrzeuge gesperrt (Taxidienst). Zu Fuß knapp 1 Std. Parkplatz – Fanealm, schneller mit Bike.
Anforderungen: Anstrengende Runde, Abstieg ins Rauhtal echt »rau«: Geröll, Schutt, darunter Gletscherrest. Markierung 18, 17.
Höhenunterschied: 1410 m.
Einkehr: Fanealm, s. Tour 49; Brixner Hütte, 2282 m, bewirtschaftet Mitte Juni–Mitte Oktober, Tel. +39/0472/677001; Labesebenalm, 2138 m, s. Tour 49.
Anschluss an: Tour 49.

Anstieg wie bei Tour 49 vom **Parkplatz (1)** über die **Labesebenalm (2)** zum **Wilden See (3)**, 2532 m. Nun auf markierter Spur links um den See herum, ein kurzes Stück mit dem »Pfunderer Höhenweg« und dann steil durch ein schmales Tälchen hinauf ins Karjöchl, 2917 m. Auf die Scharte mündet auch der Anstieg vom Pfitscher Tal bzw. der Sterzinger Hütte, 2344 m. Rechts auf dünner Spur über Geröll und Schrofen zum großen Kreuz am Südgipfel der **Wilden Kreuzspitze (4)**, 3132 m. Der Abstiegsweg führt über die Südostflanke hinunter ins **Rauhtaljoch**, 2808 m, über dem sich – ein echter Blickfang! – die Blickenspitze, 2988 m, erhebt. Aus der Scharte auf rot-weiß markierter Spur in der linken Geröllflan-

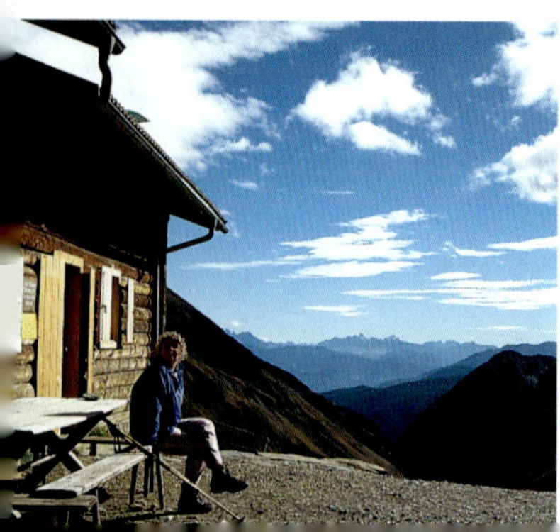

An der Brixner Hütte.

ke des Rauhtals abwärts zu einer grünen Kuppe, 2533 m, links an ihr vorbei und in steilen Kehren (bei Nässe unangenehm rutschig; Vorsicht!) hinunter in den weiten Boden der Pfannealm. Bis zur gastlichen **Brixner Hütte (5)**, 2282 m, ist es nicht mehr weit; der Bau von 1973 steht auf einer kleinen Anhöhe im hintersten Valser Tal. Über der Mündung zeigt sich die Langkofelgruppe, zur Linken ragt der Wurmaulspitz, 3022 m, hoch in den Himmel. Von der Hütte auf breitem Spazierweg hinab zur **Schramme**, wo man auf den Anstiegsweg stößt, der zurück zum **Parkplatz (1)** führt.

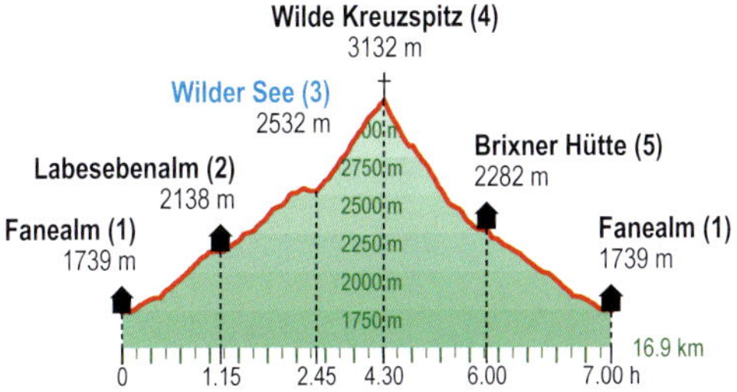

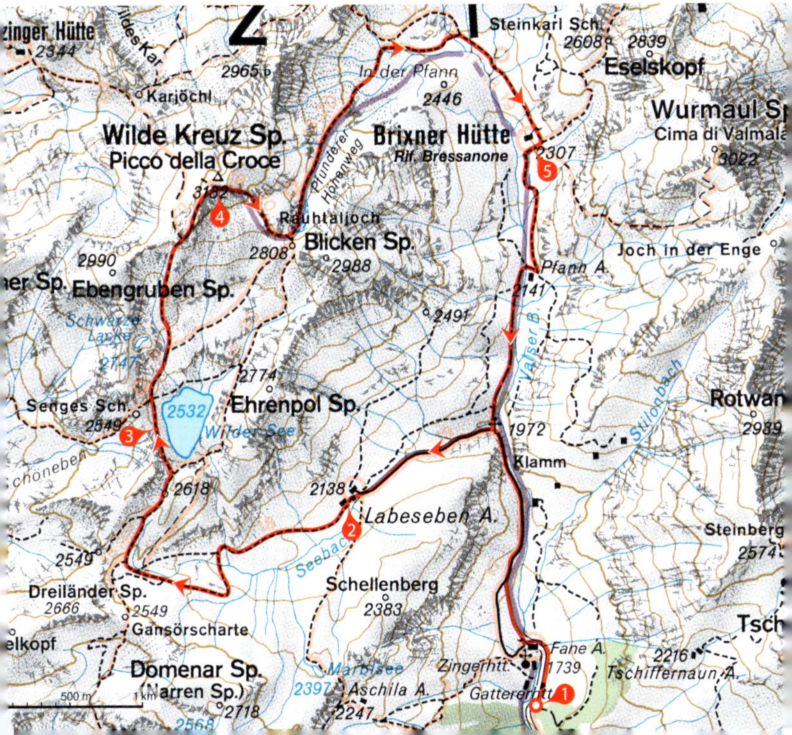

Stichwortverzeichnis

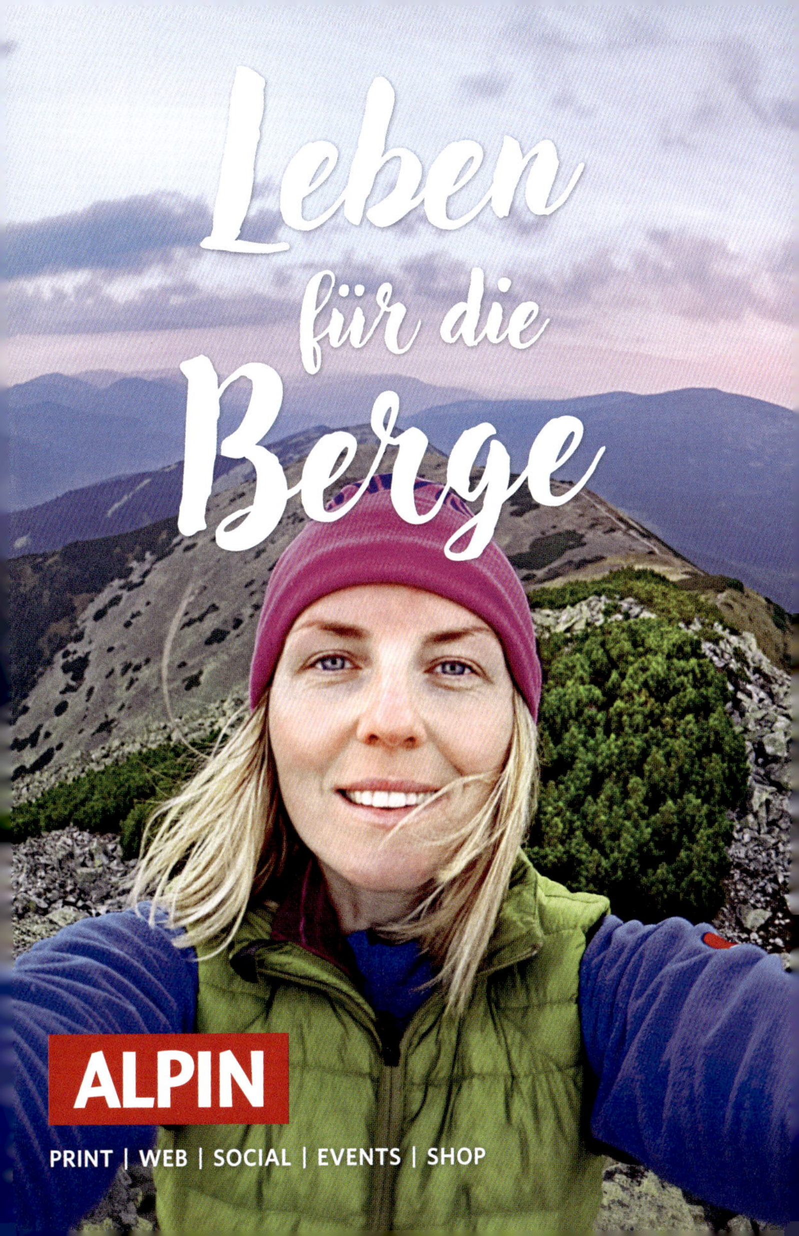
Leben
für die
Berge
ALPIN
PRINT | WEB | SOCIAL | EVENTS | SHOP

Umschlagbild:
Die Lobiser Schupfen im Reintal.

Bild im Innentitel:
Stein über Stein: die Reiner Kirche und der Hochgall.

Alle Fotos vom Autor, ausgenommen die Fotos der Seiten 2, 15, 53, 132/133 (Manfred Kostner) und Seite 93 (Bernd Ritschel).

Kartografie:
50 Wanderkärtchen im Maßstab 1:50.000,
zwei Übersichtskarten im Maßstab 1:275.000 und 1:600.000

Werk-Nr.: 4186

7., aktualisierte Auflage 2023

ISBN 978-3-7633-4723-0

FSC
www.fsc.org
MIX
Papier | Fördert gute Waldnutzung
FSC® C147178

Wir freuen uns über jeden Korrekturhinweis zu diesem Wanderführer!
Bitte per E-Mail an: leserzuschrift@rother.de

ROTHER BERGVERLAG · München
D-82041 Oberhaching · Keltenring 17 · Tel. +49 89 608669-0 · rother.de